ISBN 978-0-282-57285-3
PIBN 10480785

This book is a reproduction of an important historical work. Forgotten Books uses
state-of-the-art technology to digitally reconstruct the work, preserving the original format
whilst repairing imperfections present in the aged copy. In rare cases, an imperfection in
the original, such as a blemish or missing page, may be replicated in our edition. We do,
however, repair the vast majority of imperfections successfully; any imperfections that
remain are intentionally left to preserve the state of such historical works.

1 MONTH OF
FREE
READING

at

www.ForgottenBooks.com

By purchasing this book you are eligible for one month membership to ForgottenBooks.com, giving you unlimited access to our entire collection of over 1,000,000 titles via our web site and mobile apps.

To claim your free month visit:

www.forgottenbooks.com/free480785

MEMOIRES

DU

CHEVALIER D'ARVIEUX,

ENVOYE' EXTRAORDINAIRE DU ROY à la Porte, Conful d'Alep, d'Alger, de Tripoli, & autres Echelles du Levant.

CONTENANT

Ses Voyages à Conftantinople, dans l'Afie, la Syrie, la Paleftine, l'Egypte, & la Barbarie, la defcription de ces Païs, les Religions, les mœurs, les Coûtumes, le Négoce de ces Peuples, & leurs Gouvernemens, l'Hiftoire naturelle & les événemens les plus confiderables, recüeillis de fes Memoires originaux, & mis en ordre avec des réfléxions.

Par le R. P. JEAN-BAPTISTE LABAT, *de l'Ordre des Freres Prêcheurs.*

TOME TROISIE'ME.

❦

A PARIS,

Chez CHARLES-JEAN-BAPTISTE DELESPINE le Fils, Libraire, ruë S. Jacques, vis-à-vis la ruë des Noyers, à la Victoire.

M. DCC. XXXV.

Avec Approbation & Privilege du Roy.

TABLE

DES CHAPITRES CONTENUS dans ce troisiéme Volume.

TABLE

MEMOI

MEMOIRES

DU

CHEVALIER D'ARVIEUX.

TROISIE'ME PARTIE.

Contenant entre autres choses la Rela-
tion de ses Voyages chez les Arabes
du Mont-Carmel, avec des observa-
tions curieuses sur les mœurs, les
Coûtumes & la Religion de ces Peu-
ples.

AVERTISSEMENT.

Onsieur de la Roque s'est
donné la peine de faire im-
primer en 1717. à Paris chez
Caïlleau, le Voyage que M.
le Chevalier d'Arvieux a fait en 1664.
chez l'Emir Turabey, Chef des Arabes du Mont-Carmel. Cette Relation

Tome III.   A

1664.

a été reçûë avec applaudissemens de tous les Connoisseurs, le style est pur, les remarques sont judicieuses, on ne s'est point lassé de la lire, tant elle est belle, instructive & agréablement variée. Cela m'avertissoit de renvoyer à la Relation de M. de la Roque, ce que j'en devois dire en suivant l'ordre des Mémoires originaux que j'ai entre les mains, ne devant pas esperer que le Public reçût celle que je lui donnerois aussi bien que celle de ce célébre Ecrivain. J'aurois pris ce parti, si des personnes à qui je dois du respect ne m'avoient fait comprendre que je ne devois pas laisser le Public dans l'erreur où la Relation de M. de la Roque l'a jetté, & que j'étois dans l'obligation de le détromper.

On a vû dans la premiere Partie de ces Mémoires, que ce fut en 1660, que l'affaire des Carmes fut accommodée; que ce fut M. Souribe qui en fut chargé, M. Bettandier étant déja en France; que M. d'Arvieux l'accompagna par pure curiosité; que cet accommodement fut si aisé à faire, que mon Auteur n'eut pas le tems de connoître les Arabes, ni d'observer leurs mœurs & leurs coûtumes, & que ce ne fut qu'en 1664. que M. d'Arvieux fit le Voyage dont nous allons parler, & pour les raisons que nous allons dire. Si le Public perd quelque chose du côté du style, il y gagnera infailliblement d'un autre côté, qui n'est pas moins important.

CHAPITRE I.

Voyage du Chevalier d'Arvieux chez les Arabes du Mont-Carmel, & raisons de ce Voyage.

LA prise de Gigery par l'Armée Navale du Roi excita des murmures infinis dans l'Empire Ottoman, & sur-tout dans la Syrie & dans l'Egypte. Cette Ville quoique petite ne laisse pas d'être de conséquence par son Port, par sa situation entre Bugie & la Calle dans le Royaume d'Alger. Son Port auroit été une retraite assurée pour nos Vaisseaux Marchands & pour nos Corsaires, qui auroient désolez ces Pirates de profession, & les auroient attaquez quand ils seroient sortis de leurs Ports, ou quand ils y seroient revenu avec des prises. Leur commerce avec l'Egypte, la Syrie & les côtes de la Natolie, auroit été bien-tôt

A ij

On nous conseilloit d'embarquer fe-
cretement nos effets, & de nous retirer en France. Ce parti paroiſſoit le
plus ſûr & le plus aiſé ; mais il nous
expoſoit à perdre peut-être pour toûjours notre commerce dans le Païs. Les
autres Francs s'en feroient emparez,
ils auroient traité avec les Pachas &
les Gouverneurs, & quand le tems auroit été paſſé, il nous auroit été impoſſible de nous rétablir, ou bien il en
auroit coûté de groſſes ſommes d'argent
à la Nation.

Après avoir bien peſé toutes choſes, & conſideré mûrement tous les
inconveniens qu'il y avoit dans les
partis que l'on pouvoit prendre, il me
ſembla qu'il y avoit moins de danger
à demeurer ſur les lieux, que d'abandonner la partie, pourvû que je puſſe
trouver le moyen de conſerver nos
perſonnes & nos biens, & ſans com-
muniquer mon deſſein à perſonne, je ré-
ſolus de rechercher la protection &
l'amitié de l'Emir Turabey, le Chef
& le plus puiſſant de tous les Emirs du
Mont-Carmel, étant bien aſſuré que
c'étoit le ſeul qui pût me mettre à couvert de l'orage dont nous étions me-
nacez. Car de penſer à la protection du
Pacha de Seïde, quoique mon ami,

auſſi bien que tous ſes Officiers, c'é-
toit me tromper à plaiſir. D'eſperer de
découvrir leur deſſein, ſuppoſé qu'ils
euſſent réſolu notre perte, c'étoit tenter l'impoſſible, on ſçait que les Turcs
ſont extrêmement ſecrets, quand ils
ont réſolu de faire un coup d'impor-
tance, ils ſont diſſimulez au dernier
point : ce que j'en ai dit en pluſieurs
endroits de ces Mémoires le prouve
évidemment. Je m'en tins donc à la réſolution que j'avois formée de chercher ma ſûreté auprès de l'Emir Turabey.

Dans ce deſſein, je laiſſai croître
ma barbe, je l'entretins avec ſoin : car
plus elle eſt belle & longue, plus elle
eſt vénérable, la barbe chez ces Peuples eſt toute autre choſe encore que
chez les Capucins. Je me fis faire trois
paires d'habits à l'Arabeſque, & je
préparai les préſens que je devois faire à l'Emir. Je mis, en ſûreté l'argent
de ma caiſſe, mes livres, mes papiers,
les meubles, & les marchandiſes les
plus précieuſes qui étoient dans ma
maiſon ; j'envoyai mon frere puîné à
Rama, avec des inſtructions cachetées,
qu'il ne devoit ouvrir, que quand il
apprendroit qu'on ſe ſeroit porté à
quelque excès contre nous dans les au-

A iiij

boëtes ordinaires liées avec des rubans. Cinq aunes d'écarlatte de Venife pour faire des pantalons, dix livres
de tabac du Brefil, douze pains du plus
beau fucre de Marfeille, deux caiffes
de liqueurs de plufieurs façons, & un
grand & gros chapelet de corail rouge
que l'on eftime beaucoup.

Nous couchâmes le même jour à
Sour, le lendemain à Acre, & le jour
fuivant nous arrivâmes de bonne heure
au camp de l'Emir.

Je rencontrai pendant ces trois jours
de marche beaucoup de Maures & d'A-
rabes, qui n'eurent garde de me reconnoître, & me faluerent comme un Mu-
fulman. Je leur rendis le falut par un
figne de tête, avec le plus de gravité
qu'il me fut poffible.

Je trouvai en arrivant au camp de
l'Emir un Officier du Pacha de Seïde
de ma connoiffance, qui fut furpris de
me voir dans ce déguifement. Il me
fit defcendre fous fa tente, & m'entre-
tint quelque tems de ce qui fe paffoit
chez l'Emir, en attendant que ce Prince fût forti de la tente de fa femme. Il
fit mettre mon bagage chez-lui, & mes
chevaux furent accommodez.

Nous fûmes avertis que l'Emir étoit
dans fa tente d'audience. Elle étoit de

toile cirée verte, à la difference des autres, qui ne font que de poil de chévre noir. Sa Cour fut bien-tôt fort
nombreufe, on y voyoit venir de tous
côtez ceux qui avoient affaire à lui ; de
forte qu'il fallut attendre que la foule
fût un peu paffée, pour faire mon entrée avec plus de liberté.

Ceux qui m'avoient vû arriver au
camp fuivi de domeftiques habillez &
armez à la Turque, s'étoient informez
qui j'étois, & mes gens leur avoient
répondu que j'étois un François qui venoit rendre vifite à l'Emir.

Cette nouvelle fut bien-tôt répan-
duë dans le camp, & paffa aux domeftiques de l'Emir, qui lui en donnerent avis comme d'une chofe fort extraordinaire.

Dès que je fus averti que l'Emir demandoit à me voir, je me mis en marche pour l'aller faluer. Mes gens aufquels l'Officier Turc avoit joint trois
des fiens marchoient devant, & portoient chacun quelque partie du préfent que je devois lui faire. Nous nous
arrêtâmes à trois pas de l'ouverture de
la tente, & nous y fîmes une profonde révérence. Nous entrâmes & en fîmes une feconde. Je remarquai alors
que le Prince étoit affis les jambes croi-

A vj

—————— ce qu'il s'étoit imaginé que je paroî-
1664. trois devant lui habillé à la Françoife ;
il demanda à le voir. Omar Aga qui
étoit à côté de moi , lui dit , Seigneur
voici ce Franc , en me montrant à lui.
Il parut furpris , & s'adreffant à fes
Audiance principaux Officiers , il leur dit , ce n'eft
e l'Emir pas là un Franc , & me regardant avec
nne à un grand air de bonté ; eft-il poffible ,
Auteur. me dit-il , que vous foyez Franc. Je
lui répondis que j'étois François , & je
lui fis le compliment que j'avois préparé , il l'écoûta avec attention , en marquant par des geftes & par des fignes de
tête qu'il en étoit fatisfait.

Après que j'eûs achevé de parler ,
il me dit qu'il n'y avoit perfonne qui
ne me prît pour un veritable Bedoüin.
Vous êtes habillé comme eux , & vous
parlez notre Langue en perfection ; les
Francs ne la parlent pas , ils ont toûjours befoin d'un Interprete. Je lui répondis qu'il y avoit long-tems que je
voyageois dans les Etats du Grand Seigneur , & que l'étude particuliere que
j'avois faite de la Langue , & les converfations que j'avois fouvent avec fes
fujets, m'en avoient donné quelque connoiffance.

Alors il me remercia dans des termes très-polis du préfent que je lui fai-

pour les domestiques.

On apporta à l'Emir un petit pot de grez plein d'une confection faite d'une herbe que les Arabes appellent *Bergé*. C'est un diminutif de l'opiom, qui ne laisse pas de produire à peu près les mêmes effets. Je n'ai pû voir cette plante quelque soin que j'aye pû prendre. Le Arabes ne la connoissent point. La confection toute préparée leur vient d'Egypte. Ce pourroit être ce que les Medecins appellent *Meconium*, qui n'est autre chose qu'un suc tiré par expression des têtes ou des feüilles du pavot; mais tous les pavots n'ont pas la même vertu, ni la même force. Ce suc étant extrait, on le réduit par évaporation en consistence de pâte solide, que l'on amollit en y mêlant du miel & quelques drogues, qui lui ôtent une partie de sa mauvaise odeur, de son âcreté & de son amertume.

Le veritable opiom est une larme gomeuse que la chaleur fait sortir de la tête des pavots d'Egypte, & de quelques autres lieux de la Grece. Ceux d'Egypte sont les meilleurs; mais il est presque impossible d'en avoir de veritables qui n'ayent point été falsifiés. On prétend que les Turcs se les reservent tous. Cette raison ne me

L'eau de vie fait à peu près les mêmes effets fur ceux qui en ufent mmodérément ; on les appelle *Blaèz* dans les Païs-Bas. Ils perdent abfolument le goût de toute nourriture ; tombent à la fin dans la ptifie & dans une hidropifie qui les conduit au tombeau, après avoir mené une vie trifte, avoir perdu la memoire , & n'ayant plu goût que pour cette mauvaife liqueur , que l'on devroit p'ûtôt nommer eau de mort qu'eau de vie , puif-qu'elle n'eft bonne que pour ceux qui la vendent , & qu'elle eft fi pernicieufe à ceux qui la boivent.

Après une prife de *Bergé*, je foutins quelque tems une converfation qui me donna bien de l'exercice : car après que l'Emir fe fût affoupi, & qu'il eût ceffé de me queftionner , les Princes de fa famille qui étoient accourus au Camp , fur la nouvelle qu'il y étoit arrivé un Franc , commencerent à me faire une infinité de queftions aufquelles il me falloit répondre malgré l'operation du *Bergé* , qui m'affoupiffoit extraordinairement. Ces Princes me regardoient comme un homme qui venoit de l'autre monde, & me propofoient des chofes qui m'auroient fait rire dans tout autre lieu que ce-

lui où j'étois. Heureusement il survint
une affaire de consequence qui obligea l'Emir à se retirer chez la Princesse son épouse. Toute la compagnie
prit congé, & je me retirai avec
Omar Aga, suivi de ses domestiques,
à sa tente, où j'étois descendu, en
attendant, selon la coûtume, que l'E-
mir eût donné ses ordres pour mon
logement & ma subsistance. A peine
fus-je arrivé à la tente d'Omar Aga,
qu'il me prit une si prodigieuse envie de dormir, que je me jettai sur
mes hardes, & je m'endormis profon-
dement. Il fallut m'éveiller sur les
cinq heures, quand le Negre qui m'a-
voit presenté le tabac me vint rendre visite, & me conta tout ce que
l'Emir avoit dit de moi à la Princesse
& aux femmes qui la servoient : il
m'assura qu'on avoit fort estimé mes
presens, que l'on avoit goûté les confitures & les liqueurs, & qu'on les
avoit trouvées excellentes ; que le
chapelet de corail avoit charmé la Princesse à qui l'Emir en avoit fait present,
& qu'elle souhaitoit que j'allasse me
promener le soir devant sa tente, afin
qu'elle me pût voir par les fentes &
au travers des broussailles que l'on a
soin de mettre devant l'ouverture ;
mais

On ne couche jamais fur un drap tout blanc, parce que cette couleur étant comme une marque de leur Religion, ce feroit la profaner que de la fouler aux pieds. Ces toiles rayées viennent d'Egypte, on en fait un fort grand commerce dans toute la Turquie.

Mes gens ayant apporté mon bagage, le placerent dans ma tente, qui fe trouva ainfi partagée en deux, dont la premiere partie étoit pour moi, & l'autre pour eux. Les harnois de mes chevaux furent attachez à des chevilles plantées dans le mât de la tente, tout le monde en ufe ainfi, & mes chevaux furent placez autour de ma tente, attachez par les pieds à des piquets avec des entraves de cordes & fans licol.

Quand on fçût que j'étois établi dans ma tente, Omar Aga & les principaux du Camp vinrent me rendre vifite, je leur fis préfenter du caffé & des pipes, & après les complimens ordinaires & une affez longue converfation, chacun fe retira chez foi. Je laiffai mes gens dans ma tente, & j'allai me promener feul devant celle de la Princeffe. Je lui donnai le tems neceffaire pour me confiderer à fon

aise; mais je ne m'arrêtai point, &
je me retirai. Je ne vis personne, j'entendis seulement plusieurs voix de
femmes qui caquetoient de leur mieux,
sans pouvoir rien distinguer, & je me
retirai à ma tente qui en étoit éloignée
de trente pas.

L'Emir n'avoit encore donné ses
ordres que pour la nourriture de mes
domestiques & de mes chevaux. L'Officier qui avoit la charge de distribuer
l'orge, ne manqua pas de venir querir les sacs, & de leur en apporter ce
qu'il leur en falloit avec une ponctualité admirable. Mes gens mangerent
ce soir-là avec les domestiques de
l'Emir, & il me donnoit sa table, qui
étoit servie avec abondance & assez
de propreté. Mais les heures de leurs
repas & de leur retraite ne m'accommodoient pas : car l'Emir ne se couchoit qu'à deux heures après minuit,
se levoit à dix heures du matin, déjeûnoit à midi, dînoit à trois heures,
& soupoit à dix heures du soir.

Il connut bien par l'envie que j'avois de dormir, qu'il falloit me laisser libre, & me regla un ordinaire
particulier pour moi & pour mes gens,
& me dit ces paroles :

„Notre façon de vivre est si diffé-
B ij

,, rente de celle des autres Nations que
,, vous avez vûës, que vous aurez de
,, la peine à vous y accoûtumer. Nous
,, fommes des Bedoüins fans façon, ac-
,, coûtumez à une vie champêtre ; c'eſt
,, pourquoi ne vous contraignez point,
,, vivez comme vous avez accoûtumé,
,, demandez ce que vous defirerez, car
,, fi vous manquez de quelque chofe,
,, ce ne fera au moins que par votre
,, faute.

Il me dit cela d'une maniere fi obligeante, que j'acceptai le parti qu'il me
propoſoit, & après lui avoir fouhaité
le bon foir, je me retirai fous ma tente,
pour commencer dès le lendemain à
vivre en mon particulier.

L'Emir s'étant retiré, ordonna à
un de fes Efclaves de venir tous les
matins à fix heures, qui étoit celle de
mon lever, fçavoir le tems auquel je
voudrois manger, & me faire apporter de fa cuifine tout ce que je deman-
derois.

La premiere femme de chambre de
la Princeffe, mariée à cet Haffan dont
j'occupois la tente, s'y oppofa, &
pria l'Emir de lui permettre d'y venir
elle-même. Elle lui reprefenta que fon
mari étant un Franc & moi auffi, il
falloit neceffairement que nous fuf-

sions parents ; que ce seroit une im-
politesse d'avoir chez le Prince un parent de son mari, & de ne le pas servir ; que c'étoit par conséquent à elle
à prendre soin de moi, & qu'Hassan
trouveroit mauvais qu'elle en agît autrement. L'Emir le lui permit.

Elle ne manqua pas de venir le lendemain matin à ma tente, & s'étant
accroupie sur ses talons, & parlant à
travers le voile qui lui couvroit le
visage, elle me dit : ,, Bon jour, mon
,, cousin, vous soyez le bien-venu, la
,, benediction de Dieu est tombée sur
,, nous à votre arrivée, comment vous
,, portez-vous ?

Je répondis à ce compliment à la
maniere accoûtumée, c'est-à-dire, que
nous répétâmes plus de dix fois les
mêmes paroles. Après ces premieres
cérémonies, elle me demanda si je
voulois déjeûner, & ce que je voulois
qu'elle m'apportât. Je fus surpris de
cette nouvelle parentée à laquelle je
ne m'attendois pas ; je reçûs cependant
sans m'y opposer la qualité de cousin
qu'elle me donnoit, que je pris pour
une caresse particuliere qu'elle me
faisoit. Je crus être obligé de la traiter de même, & je la priai de me
faire voir la cousine à qui je parlois,

B iij

l'aſſûrant qu'elle ne ſe feroit point détort, & qu'il n'y avoit point d'inconvenient de ſe dévoiler devant ſes parens. Elle ne ſe le fit pas dire deux fois, elle jetta ſon voile derriere ſes épaules.

Portrait
d'une Femme Negre
qui ſe diſoit couſine de l'Auteur.

Je fus bien ſurpris que ma nouvelle couſine étoit une Negre la plus laide que j'euſſe jamais vûë. On en jugera par le portrait que j'en vais faire. Son viſage étoit rond & plat, ſes yeux étoient ronds, petits & jaunâtres, ſon nez étoit plus large que long, & comme perdu entre ſes deux joües élevées & boufflies. Un anneau d'argent de trois bons pouces de diametre étoit paſſé dans une de ſes larges narines, ſes levres étoient épaiſſes & relevées, & piquées de bleu, comme on marque les Pelerins de Jeruſalem; l'inferieure pendoit ſur ſon menton, & le couvroit preſqu'entierement; mais ſes dents étoient blanches, nettes, égales, bien rangées. C'étoit à mon avis tout ce qu'elle avoit de beau, à moins de dire que la laideur tient lieu de beauté chez les gens de ſa couleur, & en ce cas elle étoit effroyablement belle; mais elle étoit jeune & fort ſpirituelle, & ne ſervoit pas peu à ſa Maîtreſſe pour la faire paroître encore plus belle : elle l'étoit pourtant beaucoup, comme ma coufine me l'a affuré d'une maniere à me faire connoître qu'elle n'avoit pas befoin de ce fecours pour plaire au Prince fon époux.

Les cheveux de ma coufine étoieht châtins & bien crêpez, fes oreilles percées de plufieurs trous étoient chargées d'anneaux d'or & d'argent, & fon front couvert à moitié d'un crêpe verd étoit tout femé de petites pieces d'or & d'argent, qui font un ornement de conféquence chez ces Peuples. Elle n'avoit pour tout vêtement qu'une longue & ample chemife de toile bleuë.

La figure de cette coufine m'étonna bien fort, comme on le peut croire; mais je lui trouvai tant d'efprit, de politeffe & même d'enjoüement, que toutes ces bonnes qualitez jointes à une grande jeuneffe & à l'affiduité qu'elle avoit à me rendre fervice, firent que je m'accoûtumai à la voir, & que j'étois ravi de l'entendre difcourir.

Je la priai de me faire venir de quoi déjeûner, lui laiffant la liberté de m'envoyer ce qu'elle jugeroit à propos. Elle partit dans l'inftant; & comme elle avoit tout préparé avant

Déjeû qu'on d ne à l'A teur.

B iiij

la Sur-Intendante, & tous les domeſtiques lui obéïſſoient. Quand je me
trouvois ſeul, je la faiſois avertir, &
elle venoit auſſi-tôt, & c'eſt d'elle
que j'ai appris une infinité de parti-
cularitez, qui m'auroient toûjours été
inconnuës ſans ce ſecours.

Le zele de ſa Religion lui faiſoit
ſouhaiter que je l'embraſſaſſe, & que
je me mariaſſe à la Cour de l'Emir.
Elle avoit déja jetté les yeux ſur une
des ſuivantes de la Princeſſe, qui étoit
jeune, blanche & belle. Il eſt vrai
qu'elle ne m'en parla jamais; mais
elle le dit à ſon mari; de qui je le ſçûs
auſſi tôt, & nous nous en divertîmes
beaucoup.

Elle s'appelloit *Hiché*, c'eſt-à-dire
vivante, qui eſt le nom qu'ils donnent
à la premiere de toutes les femmes.
Elle ne manqua pas de dépêcher un
Exprès à ſon mari qui étoit à ſon
Village, & de lui mander de venir
promptement au Camp embraſſer un
de ſes couſins qui étoit arrivé depuis
deux jours, & que l'Emir avoit logé
dans ſa tente.

Haſſan s'imagina d'abord que c'é-
toit quelqu'un de ſes parens qui étoit
venu exprès d'Eſpagne pour le chercher. Il monta à cheval ſur le champ,

& tout transporté de joye il vint tout
droit descendre à sa tente.

Après m'avoir embrassé, & nous
être baisé réciproquement nos barbes,
il me demanda en assez mauvais Es-
pagnol si j'étois de Maillorque (c'é-
toit sa Patrie) Je lui répondis en même Langue que j'étois François, &
que quelques affaires particulieres
m'avoient amené chez l'Emir. Il pe-
netra d'abord la pensée de sa femme,
& le raisonnement qu'elle avoit fait
sur mon arrivée. Il me dit qu'elle
n'avoit pû le surprendre plus agréablement, qu'il étoit ravi de l'entretenir dans cette erreur, bien loin de l'en
désabuser ; que cette méprise ne lui
seroit pas inutile, & me pria de vivre
avec lui comme si nous eussions été
les meilleurs cousins du monde.

Hiehé qui nous écoutoit sans nous
entendre, parce que nous parlions
une Langue qu'elle ne sçavoit pas,
faisoit voir par ses gestes des trans-
ports de joye extraordinaires, & marmottoit entre ses dents des benedic-
tions à l'Arabesque. A la fin elle voulut parler à son tour, & s'adressant
à son mari, elle lui dit d'un ton qui
auroit pû passer pour un cri: J'envie
votre joye & votre bonheur, Hassan ;

que vous êtes heureux que Dieu vous
ait envoyé un parent comme celui-là
pour votre confolation, & qu'il foit
venu exprès de l'autre monde pour
vous chercher. Il faut le garder chez
nous, l'Emir lui donnera quelque emploi pour le retenir à fon fervice,
nous aurons foin de lui, vous lui don-
nerez votre maifon, & moi tout ce
que j'ai chez la Princeffe. S'il ne veut
pas demeurer au Camp, il choifira
tel Village qu'il voudra pour fa retraite : bon Dieu que les Papas du
Mont-Carmel feront aifes quand ils
le fçauront ici. Haffan l'interrompit
en lui difant : bon, mes yeux, vous
avez raifon, ce que vous penfez eft
bien jufte, mais il ne fait que d'arriver, nous parlerons de cela à loifir,
il faut lui donner le tems de fe repofer, & pendant que nous parlerons
de nos affaires, allez nous faire préparer à dîner. Elle s'y en alla fur le
champ : car les femmes de ce Païs-là
ne reffemblent point du tout aux nôtres, elles font obéïffantes, jamais
elles ne répliquent, leur devoir eft
toûjours devant leurs yeux. Elles regardent leurs maris comme leurs Seigneurs, elles les refpectent, elles les
fervent, elles les aiment avec une

B vj

tendreſſe reſpectueuſe. Nos Princes
1664. feroient une choſe d'éternelle mémoire
s'ils faiſoient venir quelques centaines de ces femmes Aſiatiques dans
leurs Etats, pour inſtruire les leurs par
leurs exemples, & leur apprendre les
vertus qui doivent être inſéparables
de leur état. Qui ſçait ſi malgré les
mauvaiſes habitudes qu'elles ont contractées, & qu'elles laiſſent comme
un héritage à leurs filles, elles ne ſe
corrigeroient pas un peu de leur fier-
té, de leurs inégalitez, & des autres
vices que l'on voit en elles, qui font
gemir les maris, qui par leur trop
grande tolerance ſont devenus comme
incurables?

Nous nous entretînmes pendant ſon
abſence de ſa plaiſante imagination,
mais elle ne nous donna pas le tems
d'avoir une longue converſation. Elle
revint bien-tôt chargée d'un grand
baſſin de potage au ris; des eſclaves
du Prince en apporterent d'autres
pleins de volailles boüillies & rôties,
de ragoûts, de pâtiſſerie, & enfin
d'un grand plat de fruits que l'Emir
eut la bonté de nous envoyer, pour
renouveller notre ancienne connoiſſance.

Hichè qui avoit publié par tout

l'arrivée du coufin de Haffan, fut
caufe que les principaux Arabes du   1664.
Camp vinrent fe mettre de la partie,
& nous témoigner la part qu'ils prenoient à notre joye. Le repas & les
complimens durerent jufqu'au foir,
que Haffan prit congé de la compagnie pour s'en retourner à fon Village, après m'avoir promis qu'il reviendroit le Samedi fuivant, & m'a-
voit fait promettre que j'irois m'y promener avec lui. Il voulut me recommander à Hiché, qui l'écouta modeftement, & lui répondit : vous me
faites tort, Haffan, de me recommander votre coufin & le mien, je
m'oublierois plûtôt moi-même. Soyez
en repos, portez-vous bien, & revenez de bonne heure. Nous nous
embraffâmes fi tendrement, que ces
témoignages d'une fi parfaite amitié
auroient levé tous les doutes de la
parenté, s'il y en avoit eu quelqu'un.
Hiché en pleuroit de joye, & auroit
baifé ma barbe fi elle avoit ofé.

Je faifois exactement ma cour foir
& matin à l'Emir. J'étois toûjours de
fa colation : il prenoit plaifir à m'entendre difcourir, & difoit quelquefois
à la compagnie : croyez-moi, ce n'eft
pas là un Franc, c'eft un véritable

me rendroit ce témoignage ; mais qu'il ne devoit rien attendre de bon de moi, si j'étois traître à la foi que j'avois reçûë au Baptême. Je m'appercevois bien que mes raisons ne lui déplaisoient pas. Il me disoit quelquefois , tu es honnête homme , c'est dommage que ton entêtement te prive de la gloire que Dieu a promise à ses fidéles serviteurs, qui sont les Musulmans.

Il se mit un jour en colere : qu'elle fut feinte ou veritable , c'est ce que je ne pus démêler. Il me fit d'abord des offres les plus avantageuses , & voyant que cela ne m'ébranloit point, il me menaça de la mort la plus cruelle , & même de me faire brûler tout vif avec de la fiente de vache. Je demeurai ferme à mon ordinaire. Il commanda qu'on me liât les pieds & les mains. Je crus alors que c'étoit fait de moi, j'offris ma vie à Dieu , & le priai de ne me point abandonner. En cet état , il me fit circoncire en sa présence , & me donna le nom de Hassan; mais on ne put jamais tirer de ma bouche leur confession de foi. Je leur disois dans la douleur de l'operation : je suis circoncis malgré moi ; mais je suis toûjours Chrétien, coupez moi la gorge, j'aime mieux mourir que de cesser de l'être.   On

On me pansa avec soin, je fus guéri en peu de jours, l'Emir recommença à me bien traiter, il me donna des terres que je faisois valoir aux conditions ordinaires des Chrétiens Grecs. Il me donna des habits, des chevaux, des armes, une tente & tout l'équipage d'un Cavalier, & il cessa de me parler de Religion, esperant venir à ses fins par la patience, & par les bienfaits dont il me combloit. Je regardai ces bons traitemens comme une nouvelle grace que Dieu me faisoit, & je me crus obligé de servir mon Maître avec encore plus d'assiduité qu'auparavant.

L'Emir crut que l'amour d'une femme, & la tendresse que j'aurois pour mes enfans acheveroient de me gagner. Dans cette vûë, il me proposa de me marier avec Hiché, qui étoit la premiere femme de Chambre de la Princesse, & qui avoit toute sa faveur. La crainte d'irriter le Prince fit que je consentis à ce mariage. Je connoissois Hiché, je l'avois vûë plus d'une fois, je sçavois qu'elle étoit très-laide; mais je sçavois aussi qu'elle avoit de l'esprit infiniment, un bon cœur & beaucoup de raison.

Le Prince & la Princesse nous firent des présens considerables, nous en re-

Mariage d Hassan ave Hiché.

Bedoüin, je l'aime fans l'avoir con
que depuis quatre ou cinq jours,
y a là-dedans quelque chofe de f
naturel. Je remarquois en effet qu
avoit pour moi des attentions tout
particulieres, & que fa confian
augmentoit tous les jours. Tous l
autres Emirs fes parens me con
bloient d'honnêtetez, & quand l
Prince n'étoit point vifible, c'é
chez moi qu'ils s'affembloient,
attendant l'heure de l'audience.

Hiché ne manqua pas de dire
l'Emir que fon mari viendroit me ch
cher, pour aller paffer deux ou trois
jours avec lui à Muzeinat. L'Emir
après avoir un peu rêvé y confentit,
& me le dit, ajoûtant que je me d
vertirois à la chaffe du fanglier. Je
lui répondis que c'étoit moins le plai
fir de la chaffe qui m'y engageoir,
que celui de voir fes Sujets, & d'en
tendre de leur bouche les loüanges
qu'ils donnoient à fa fageffe & à la
prudence avec laquelle il les gouver
noit. Au moins, me répliqua-t'il, fi
vous êtes mieux traité à Muzeinat
que dans mon Camp, ne vous en
prenez qu'à vous-même : vous fcavez
ce que je vous ai dit, je vous le
repete, vivez à votre maniere, ne

vous gênez fur rien, & vous me
ferez plaifir. Je ne répondis à cette
honnêteté que par une profonde révérence.

Haſſan ne manqua pas de venir
dîner avec moi le Samedi fuivant.
J'allai à l'ordinaire à la colation de
l'Emir, je pris congé de lui, & nous
montâmes à cheval pour nous rendre
à Muzeinat. Je ne menai avec moi
qu'un valet. Il y a trois petites lieuës
du Camp à ce Village, qui eſt fitué
dans le fond d'un vallon fort agréable, bien fertile.& bien cultivé.

Dès qu'on nous apperçut de loin,
une troupe de Chrétiens Grecs, qui
habitoient ce Village, vint au-devant
de nous. Nous mîmes pied à terre
pour les recevoir, & après les complimens, les baifers de barbes, & les
autres civilitez accoûtumées nous montâmes à cheval, & fuivis de ces bonnes gens nous arrivâmes à Muzeinat,
& fûmes defcendre à la maifon de
Haſſan. Elle étoit affez commode &
affez propre pour le Païs.

Nous y trouvâmes le fouper tout
prêt. Ces bons Païfans avoient fait
les derniers efforts pour nous bien
régaler. Une table ronde de paille
coufuë fut d'abord couverte de poif-

son frit, d'œufs, de ris , de lai
de salades, & de tout le fruit de
saison. On ouvrit trois cruches
très-bon vin, mais un peu troub
parce que ces Peuples n'ont pas l
sage des tonneaux : ils le mett
dans des outres ou dans des cruc
dès que les raisins font foulez , &
bouchent quand le vin a boüilli su
samment, après les avoir rempli
ce qui ne suffit pas pour le rend
bien clair. A cela près il étoit exce
lent. Les principaux Chrétiens
Village vinrent souper avec nou
repas fut long : la conversation d
encore long-tems après que nous f
mes sortis de table , on y parl
Arabe & Grec vulgaire , je n'av
pas besoin d'Interprete pour ces La
gues , & cela faisoit un plaisir in
à ces bonnes gens.

Le lendemain matin nous entend
mes la Messe des Grecs, nous prîme
le caffé, & je fus me promener av
Hassan aux environs du Village.

Je remarquai que ce Village éto
grand , il paroissoit même plus con
sidérable qu'il ne l'étoit en effet
par e que les maisons sont sépar
les unes des autres par des jardins
où ils cultivent des légumes, de

fleurs & des fruits, & fur tout des
pafteques ou melons d'eau des deux
efpeces qui font excellens. Les maifons font toutes environnées de treil-
les qui donnent de très-bon raifin.
J'en vis de cette efpece, qu'on appelle
en France Raifins de Corinthe, parçe
que c'eft apparemment des environs
de cette Ville qu'on a apporté les premiers feps : ils font extrêmement petits, & extrêmement doux & agréables au goût. On fait un trafic prodigieux de ces raifins quand ils font
fecs. La quantité qu'on en confomme
dans le Levant, dans l'Italie, l'Efpagne, le Portugal, l'Angleterre, les
Païs-Bas, les Royaumes du Nord &
l'Allemagne, eft tout-à-fait incroya-
ble. On les fait entrer dans les ragoûts, dans la pâtifferie. Les Anglois
ne trouveroient pas leur Pouding bon
s'il n'étoit farci de ces raifins. Ils font
en effet fort délicats. Les François en
ufoient autrefois bien moins que les
autres Nations : ils en ont apporté l'u-
fage du Levant, & ils s'y font accoûtumez ; car on peut dire qu'ils font
les finges des autres dans le manger
& dans les boiffons. Ils y ont rafiné
à merveille ; & comme ils font généreux, ils prodiguent leurs medes pour

1664.

ne change point de nature quand on
lui a coupé la queuë. Tu n'es pas pré-
destiné au salut des Fidéles ; mais
ne dois pas souffrir que tu abuses de
l'extérieur de notre sainte Religion. Je
t'aime pourtant, tu es fidéle, exact,
tu es honnête homme ; mais tu n'es
pas Mahometan. Je te permets de vivre comme tu voudras. Va-t'en à Muzeinat manger du porc avec les Chrétiens. Je te donne le Village à gouverner, & je t'en fais le Maître absolu.
Tu pourras y demeurer & y faire les
exercices de ta Religion avec liberté,
& personne ne me blâmera du mépris
que tu fais de ton salut, aussi bien tu
n'es d'aucun secours à ta femme.

· Je ne répondis rien, j'acceptai le
parti, je baisai sa main, & après l'avoir
remercié, je m'en allai à mon Village,
d'où comme je vous ai dit, je ne re-
viens qu'une ou deux fois la semaine
recevoir les ordres de l'Emir & faire ma
cour.

Après que Hassan m'eût fait son
Histoire, il me déclara qu'il avoit résolu de s'enfuir, qu'il en avoit cher-
ché l'occasion plusieurs fois ; mais
qu'outre la difficulté qu'il y avoit de
passer des terres des Arabes sur celles
des Turcs qui sont leurs ennemis, il

oit trouvé perfonne à qui il pût fe
ier pour une affaire de cette impor-
e. Il me demanda enfuite mon con-
& mon affiftance.

: lui confeillai de conferver les pre-
s habits des Turcs & des Maures,
feroient dépoüillez dans les che-
s, d'en faire un paquet, & de s'en
: avec cela à la riviere la plus pro-
de Seïde, de jetter fes habits Ara-
dans quelque trou & de s'habiller
Turque, & qu'ainfi déguifé, il
eroit par tout fans rien craindre,
l viendroit chez-moi, où j'aurois
ı de difpofer toutes chofes pour le
e embarquer dans le premier Vaif-
ı qui iroit à Marfeille, que s'il ne
trouvoit pas à Seïde, il iroit tout
t chez les Capucins, & leur diroit
il étoit, & que ces Peres que j'au-
inftruit, & à qui je l'aurois recom-
ıdé, ne manqueroient pas de faire
: ce qui feroit à faire pour fa fatis-
ion.

l goûta mon confeil, & me promit
e mettre en ufage, dès qu'il fçauroit
: je ferois arrivé à Seïde.

Votre converfation-quoique longue
oit encore duré quelque tems, fi
Païfans qui nous cherchoient ne
ıs avoient trouvez, & ne nous euf-

C iiij

ſent avertis que le dîné étoit prêt, &
qu'on nous attendoit il y avoit déja
long-tems. Nous y allâmes. Ces bonnes gens nous regalerent de leur mieux,
& nous retournâmes enſuite au Camp
de l'Emir, qui me demanda ſi Haſſan
m'avoit fait faire bonne chere, & s'il
ne m'avoit pas mené à la chaſſe du
Sanglier. Je lui répondis qu'il m'avoit
fort bien regalé ; mais que l'empreſſement de revenir à ſa cour m'avoit fait
remettre la chaſſe à une autre fois, que
j'étois fort content de mon voyage,
parce que j'avois vû des Païs charmans,
& ſur-tout parce que j'avois été témoin des loüanges que ſes ſujets donnoient à ſa juſtice & à ſa bonté. Il
nous gouverne comme un bon pere,
m'ont-ils dit, & nous prions Dieu tous
les jours pour ſa ſanté & pour ſa proſ-
perité. Nous ſommes heureux d'avoir
un ſi bon Maître, nos freres qui ſont
ſujets des Turcs ne ſont pas ſi heureux. Je remarquai que ce diſcours fit
plaiſir à l'Emir, qui me dit, Dieu ne
met les Princes au-deſſus des Peuples
que pour les gouverner, comme il les
gouverne lui-même. La juſtice & la miſericorde ſont deux de ſes grands attri-
buts ; mais il faut que la miſericorde
l'emporte ſur la juſtice, parce que les

pourroit tirer de l'argent. Dans cette
penſée il le retint dans ſa maiſon ;
mais les Religieux du Mont-Carmel
& les autres Catholiques de la Ville
firent une quête pour le racheter, &
ils convinrent avec l'Aga du prix de ſa
rançon ; mais quand il fut queſtion de
le livrer à ces Religieux ; le jeune
homme déclara qu'il ne s'étoit retiré
d'avec les Chrétiens que pour ſe faiー
re Turc, & demanda d'être conduit
à l'Emir.

Cette affaire devint ſérieuſe pour
l'Aga. Il s'agiſſoit de la Religion, &
les zelez Muſulmans dirent à l'Aga
que s'il le livroit aux Chrétiens, ils
s'en plaindroient comme ayant vendu
un Mahometan aux Infideles. Ainſi le
marché demeura ſans execution, &
le Venitien fut remis à quelques Arabes, qui le conduiſirent au camp de
l'Emir, que l'on avertit de la bonne
volonté de ce jeune homme.

Il ne fut pas plûtôt arrivé que j'en
fus averti ; je fus chez l'Emir, & je le
lui demandai pour me ſervir de Valet. L'Emir me l'accorda auſſi-tôt, &
de fort bonne grace. Il vint avec moi
ne ſçachant pas qui j'étois. Je le menai à ma tente, & j'arrêtai Haſſan à
ſouper & à coucher, afin que nous

fement. Haſſan qui ſervoit d'Interprete, lui dit pluſieurs fois, fais le ſigne
de la Croix & demeure Chrétien, ſinon tu t'en repentiras, crois-moi, n'eſ-
pere rien, & fais ton ſalut.

Le jeune homme au lieu de ſuivre
un conſeil ſi ſage, leva le doigt & ſe
mit à crier, *lala Mehemed*. C'étoit
tout ce qu'il avoit pû retenir de la
profeſſion de foy Mahometane qu'on
s'étoit efforcé de lui enſeigner pendant
qu'il avoit été à Caïfa, au lieu de
dire; *La illah ila allah Mehemed
Raſſoul allah*, qui ſignifie, il n'y a
point de Dieu que Dieu, & Mahomet
eſt l'Envoyé de Dieu.

Alors l'Emir ſe tournant vers la compagnie; peut-on aimer, leur dit-il,
une Religion qu'on ne connoît pas?

Les Marchands de Damas qui ſuivent toûjours le Camp de l'Emir, gens
zelez pour leur loy, & ſuperſtitieux à
l'excez, lui dirent; Seigneur, ce jeune homme eſt aſſûrément predeſtiné:
voyez par quelle ſuite de miracles,
étant né de parens Infidéles, il a mis
ſa vie en danger pour vous venir trouver, afin d'embraſſer notre ſainte Religion, c'eſt une ame Turque dans le
corps d'un Chrétien. Voyez avec quelle fermeté il a prononcé les ſaintes

paroles ; c'eſt Dieu qui les lui a miſes
dans le cœur avant qu'elles ſortiſſent
de ſa bouche. Ce ſeroit détruire l'ouvrage de Dieu de ne le pas recevoir ,
& de le remettre entre les mains des
Infidéles. Ordonnez , Seigneur , qu'il
ſoit circoncis , & vous ferez une action
digne de votre pieté, dont Dieu vous
tiendra compte ; en faiſant réüſſir tous
vos deſſeins , & augmentant vos
jours.

L'Emir qui mépriſoit ce jeune homme , ne fut que très-foiblement touché
du diſcours empreſſé de ces Marchands.
Il fit ſigne de la main au Venitien pour
lui faire entendre ce que c'étoit que
la circonciſion , eſperant que la peur
de l'opération le feroit changer de
deſſein ; mais le Venitien lui répondit par un ſigne de tête qu'il s'y ſoumet-
toit. Alors l'Emir ne pouvant plus re-
culer , l'abandonna à ces Marchands
pour en faire ce qu'ils voudroient. Ils
le menerent chez eux , & le dépouil-
lerent de ſes habits de Matelot qu'il
avoit encore , lui en donnerent d'autres à la mode du païs , & l'ayant paré de ce qu'ils avoient de plus beau,
ils le firent monter à cheval , le promenerent par tout le camp , & le conduiſirent au premier Village , où un

Barbier fit l'operation. Il y demeura
jufqu'à ce que la playe fût guerie, &
revint à pied au camp, où on le laiffa vivre comme il put, & comme il
voulut.

Il ne fut pas quinze jours fans s'ennuyer de la vie des Arabes. Comme il
étoit ftupide, groffier & fans efprit,
il ne pouvoit rien apprendre de la langue Arabe, pas même pour demander
fes neceffitez. Cela fit que tout le monde le méprifa. Il s'apperçût bien qu'il
s'étoit trompé dans fon calcul, & que
l'Emir n'étoit pas d'humeur à le charger de richeffes ; tout le monde le mé-
prifoit, & on le laiffoit dans un coin à
fumer fon tabac. Il mangeoit avec les
valets, & couchoit dans les tentes, ou
dehors, comme il pouvoit.

A la fin il fut contraint de revenir
me chercher. Il m'avoit toûjours évi-
té. Il vint donc à ma tente & me témoigna le regret qu'il avoit de la faute qu'il avoit faite, & me pria les larmes aux yeux de le tirer du malheureux état où il s'étoit precipité.

Haffan étant entré dans ce moment
le chaffa à coups de pieds de fa tente,
en lui difant ; Eft-il tems, miferable,
de revenir à nous, tu as abandonné
ton Dieu & ta foy.: va-t'en demeurer

avec les chiens ; fi je dis un mot à l'E-
mir , il te fera brûler avec de la fiente
de vache. C'eſt une menace terrible
chez les Arabes , parce que cette fiente
faiſant un feu fort lent , celui qu'on
y expoſe en ſouffre infiniment davantage.

Je priai Haſſan de le laiſſer en repos,
& de ne lui pas faire le mal dont il
l'avoit menacé , & même de trouver
bon qu'il me vînt voir quelquefois. Je
connus effectivement que cet apoſtat
étoit veritablement touché , j'en eus
pitié , & je priai Haſſan de le prendre
pour ſon valet , pendant qu'il demeureroit à ſon Village , & de le mener
avec lui quand il auroit occaſion de
quitter les Arabes pour repaſſer en Europe. Haſſan m'accorda de bonne grace ce que je lui demandois , & em-
mena dès le même jour ſon nouveau
valet Soliman à Muzeïnat.

Je dirai dans la ſuite de ces Memoires de quelle maniere Haſſan & ſon
valet ſe ſauverent.

CHAPITRE IV.

Negotiation de l'Auteur chez l'Emir Turabey, & les honnêtetez qu'il reçût des autres Emirs.

JE trouvai moyen d'avoir une audience-fecrete de l'Emir. Je lui dis fans façon que dans l'état où j'avois laiflé les affaires en partant de Seïde, les François avoient tout à craindre du reffentiment que les Turcs avoient de la prife de Gigery , & que je lui demandois fa protection pour moi & pour mes freres & mes effets. Je vous l'accorde de tout mon cœur , me dit-il , & non feulement pour vous , vos freres & vos effets ; mais encore pour tous les François qui viendront fous vos aufpices ; & non feulement pour l'occafion qui fe prefente , mais pour toûjours. Prenez feulement bien vos mefures pour venir fur mes terres ; pourvû que je fois averti , vous trouverez une bonne efcorte , & vous demeurerez ou dans mon Camp , ce qui me feroit plaifir , ou dans tel autre lieu que vous voudrez choifir. Je vous ferai expedier des lettres , que,

tous les Arabes refpecteront. Je le
remerciai comme je devois d'une grace qu'il m'accordoit avec tant de politeffe , & ayant trouvé une occafion
pour écrire à Seïde à mon frere, je
lui mandai ce que j'avois fait , & où
j'étois ; car j'étois parti fans dire mon
deffein à perfonne. Je le chargeai encore de m'envoyer par le retour de
la même occafion plufieurs chofes
dont je voulois faire des prefen, & de
me donner avis de tout ce qui fe paffoit par certaines adreffes fecretes que
je lui indiquai.

Cette confidence que j'avois fait à
l'Emir de l'état de mes affaires , me
mit dans fon efprit encore mieux que
je n'y étois. Dès que je n'étois pas
avec lui il m'envoyoit chercher , & fe
plaignoit dans des termes polis que je
l'abandonnois. Vous ne dînez pas à
mon heure ; mais du moins venez
prendre du caffé & fumer avec moi;
on en prend à toute heure , & je ne
vous donnerai point de Bergé, puifqu'il
vous fait du mal. Toutes ces faveurs
m'attiroient des politeffes de tout le
monde. J'étois affuré d'être vifité de
tous les Emirs & autres Seigneurs Arabes qui venoient à la Cour. Il eft
vrai que j'étois quelquefois fatigué de

répondre aux queſtions qu'ils me faiſoient ſur une infinité de choſes qui
piquoient leur curioſité; mais j'en retirois cet avantage, que je m'accoûtu-
mois de plus en plus à m'expliquer
facilement dans leur Langue, où je
trouvois tous les jours de nouvelles
beautez. Je leur faiſois preſenter du
caffé & du tabac, & quand ils s'y
trouvoient à l'heure de mon repas,
j'en faiſois ſervir la couſine Hiché,
qui avoit ſoin que rien ne nous man-
quât pour leur faire bonne chere. On
ne m'appelloit dans tous les Camps
que le Franc de l'Emir : on me regardoit comme ſon Favori , & on me
prioit de lui demander ce qu'on n'o-
ſoit pas lui demander à lui-même. Il
ne m'a jamais rien refuſé. Je ne l'ac-
corderois pas à tout autre qu'à vous,
me diſoit-il quelquefois ; mais puis-
je refuſer quelque choſe à une perſonne que j'aime & que j'eſtime ?

Ces Meſſieurs étoient tellement
attentifs quand je leur parlois de la
puiſſance du Roi, de la Juſtice de
ſon Gouvernement , de ſes armées,
de la diſcipline de ſes troupes , de
nos manieres de faire la guerre, d'aſ-
ſieger les Places & de les emporter,
que je fus obligé pour les contenter,

de faire un petit fort avec du carton,
pour leur faire comprendre ce qu'ils
ne pouvoient comprendre quand il
n'étoit tracé que ſur du papier. L'effet
du canon leur paroiſſoit quelque choſe
de divin. Comment eſt-il poſſible, di-
ſoient-ils, qu'un peu de pou dre donne
tant de force à une maſſe de fer pour lui
faire renverſer des murailles ſi épaiſſes
& briſer dé ſi groſſes pierres ? Perſonne ne m'interrompoit pendanr que
je parlois ; ils étoient immobiles , on
les auroit pris pour des ſtatuës, ſi l'on
n'avoit vû le mouvement de leurs
doigts, avec leſquels ils peignoient
leurs barbes , qui eſt leur contenance
ordinaire quand quelque diſcours leur
plaît.

Ils ſe racontoient les uns aux autres
ce que je leur avois dit, & ceux qui ne
l'avoient pas entendu de ma bouche,
venoient exprès pour me le faire recommencer, de ſorte que j'en étois
fatigué ; mais il falloit avoir cette com-
plaiſance pour des Princes qui avoient
pour moi une infinité de politeſſes.

Ils me prioient ſouvent d'aller manger chez eux , & me régaloient de
leur mieux, & j'étois tellement accoûtumé à leurs mets & à leurs ragoûts,
que je ne trouvois plus de différence

entre leurs manieres & les nôtres Nous
avions entre autres chofes une abondance prodigieufe de toutes fortes de
fruits, & fur tout de pafteques, je
m'en accommodois à merveille, & j'ai
été un mois entier fans boire une gout-
te d'eau. Ces fruits me tenoient lieu de
boiffon. Rien n'eft plus humectant &
plus rafraîchiffant. J'en ai mangé en
Italie & à Malte, que je croyois les
meilleurs qui fuffent au monde. Celles
de Syrie, & fur tout de Damas & du
Mont-Liban étoient toute autre chofe.

C'étoit une chofe fi extraordinaire
de voir un Franc chez les Arabes, habillé comme eux, parlant leur Langue,
vivant à leur maniere, que l'on me
vouloit voir dans tous les Camps des
Emirs qui font éloignez de celui du
grand Emir d'une lieuë ou environ,
& où ces Princes ont la même autho-
rité que le grand Emir dans le fien.

L'Auteur
va au Camp
de l'Emir
Dervick.

Le plus jeune de ces Emirs s'appelloit Dervick, ce n'eft pas qu'il eût embraffé la profeffion de cette efpece de
Religieux, il en étoit bien éloigné,
le pur hazard le lui avoit fait donner.
J'avois vû plufieurs fois ce jeune Prince chez l'Emir, il étoit venu prendre
du caffé & fumer dans ma tente. Il me
convia d'aller dans fon Camp pour

à fatisfaire la curiofité de fa mere & de fa fœur, qui avoient envie de voir un Franc. Il m'y conduifit ; mais quand nous y arrivâmes, ces Princeffes ne purent jamais me diftinguer d'une centáine d'Arabes qui étoient à la fuite du Prince.

Après qu'il m'eût donné la colation, il me mena promener autour de la tente des Princeffes, pour leur donner le loifir de me confiderer à leur aife, & vers le foir, un peu avant qu'on fervît le fouper, on vint avertir que les Princeffes alloient fortir pour prendre le frais. Auffi-tôt tous les hommes fe retirerent par refpeft dans leurs tentes. Les Officiers que l'Emir avoit chargé d'avoir foin de moi, me firent entrer dans celle qui m'étoit deftinée, & me firent voir les Princeffes par un trou qu'ils avoient pratiqué, afin que je les puffe voir. Elles fe promenerent quelque tems ; elles femblerent même affefter de venir fort près de ma tente, d'où je crois qu'elles fçavoient que je les confiderois.

La mere de l'Emir Dervick, veuve de l'Emir *Khachan*, qui avoit été le plus beau & le mieux fait de tous fes freres, étoit belle, grande & fort blanche, elle étoit âgée de trente-cinq ans.

Portrait de la mere de l'Emir Dervick.

—————— entre leurs manieres & les nôtres. Nous

avions entre autres choses une abondance prodigieuse de toutes sortes de
fruits, & sur tout de pasteques, je
m'en accommodois à merveille, & j'ai
été un mois entier sans boire une gout-
te d'eau. Ces fruits me tenoient lieu de
boisson. Rien n'est plus humectant &
plus rafraîchissant. J'en ai mangé en
Italie & à Malte, que je croyois les
meilleurs qui fussent au monde. Celles
de Syrie, & sur tout de Damas & du
Mont-Liban étoient toute autre chose.

C'étoit une chose si extrao:dinaire
de voir un Franc chez les Arabes, habillé comme eux, parlant leur Langue,
vivant à leur maniere, que l'on me
vouloit voir dans tous les Camps des
Emirs qui sont éloignez de celui du
grand Emir d'une lieuë ou environ,
& où ces Princes ont la même autho-
rité que le grand Emir dans le sien.

L'Auteur
va au Camp
de l'Emir
Dervick. Le plus jeune de ces Emirs s'appelloit Dervick, ce n'est pas qu'il eût embrassé la profession de cette espece de
Religieux. il en étoit bien éloigné,
le pur hazard le lui avoit fait donner.
J'avois vû plusieurs fois ce jeune Prince chez l'Emir, il étoit venu prendre
du caffé & fumer dans ma tente. Il me
convia d'aller dans son Camp pour

fátisfaire la curiofité de fa mere & de
fa fœur, qui avoient envie de voir un
Franc. Il m'y conduifit ; mais quand
nous y arrivâmes, ces Princeffes ne purent jamais me diftinguer d'une centáine d'Arabes qui étoient à la fuite
du Prince.

Après qu'il m'eût donné la colation,
il me mena promener autour de la
tente des Princeffes, pour leur donner le loifir de me confiderer à leur
aife , & vers le foir , un peu avant
qu'on fervît le fouper , on vint avertir que les Princeffes alloient fortir pour
prendre le frais. Auffi-tôt tous les hommes fe retirerent par refpect dans leurs
tentes. Les Officiers que l'Emir avoit
chargé d'avoir foin de moi , me firent
entrer dans celle qui m'étoit deftinée,
& me firent voir les Princeffes par un
trou qu'ils avoient pratiqué, afin que
je les puffe voir. Elles fe promenerent quelque tems ; elles femblerent
même affecter de venir fort près de
ma tente, d'où je crois qu'elles fçavoient

La m

étoit belle , grande & fort blanche,
elle étoit âgée de trénte-cinq ans.

La Princesse sa fille étoit petite,
d'une taille aisée & bien prise, son
visage un peu long étoit fort blanc;
elle avoit un très-beau teint. Ses yeux
étoient grands & bien fendus, & bor-
dez légérement d'une couleur noire,
composée avec de la rutie : c'est la mode du Païs, mode très-ancienne, &
qui a passée des femmes Grecques aux
Romaines dans les siecles passez.
Elle pouvoit avoir environ quinze
ans.

L'Emir Dervick n'avoit que dix-
huit ans ; il ressembloit beaucoup à sa
sœur, mais beaucoup plus grand. Il
étoit civil, honnête, poli, & d'une
douceur qu'on ne s'imagineroit pas
devoir trouver dans une Nation qu'on
croit ne s'en point picquer. Il vivoit
avec moi & avec ses gens comme avec
ses égaux & ses camarades. Il étoit
extrêmement liberal, il faisoit du bien
à tout le monde, & cette vertu le
faisoit aimer & respecter de tous ses
Sujets. Il en étoit le maître absolu,
plus par cet endroit que par le droit
que sa naissance lui donnoit sur eux.

Nous nous mîmes à table après que
les Princesses furent rentrées dans leur
tente, & contre la coûtume des Arabes, nous y fûmes long-tems, parce

que nous avions du vin que l'on ſervoit à la ronde , & à petits coups.

Nous fûmes regalez enſuite d'un
concert de voix, de violons , de tambours & de flûtes , qui n'étoit pas
moins lugubre que celui dont Haſſan
avoit été régalé le ſoir de ſes nôces.

Leur chant eſt uni, avec des pauſes
fort longues. On pouroit le compa-
rer à la palmodie des Grecs. La'meſu-
ſure eſt ſi juſte & ſi bien executée
dans cette muſique Arabe , qu'elle ne
laiſſe pas d'être agréable , & que l'o-
reille s'y fait aiſément.

On ſervoit pendant ce concert du
vin à la ronde. Ceux qui n'étoient
pas accoûtumez d'en boire s'en trouvoient aſſoupis , & tenoient long-tems
la taſſe à la main en rêvant , les chanſons en faiſoient pleurer quelques-uns.
Ces chanſons en effet étoient fort tendres. Tout le monde étoit ſérieux ,
excepté moi qui rioit quelquefois ,
parce que l'Emir nous faiſoit des petits contes fort divertiſſans , & qu'on
pouvoit regarder comme des galante-
ries fort ſpirituelles.

A l'exemple du Prince chacun en
voulut faire à ſon tour. J'en fis un qui
leur fit perdre leur ſérieux , & malgré leur gravité , je leur fis jetter de

grands éclats de rire.

Il y avoit de ces chanfons qui étoient heroïques, dans lefquelles on racontoit les grandes actions des Heros de la famille de l'Emir. Je ne fçai fi les Efpagnols ont pris leurs chanfons des Arabes, ou fi les Arabes ont reçû les leurs des Efpagnols ; mais c'eft à peu près la même chofe.

Les Princeffes ayant foupé, on entendit une vingtaine de voix de femmes qui chantoient devant leur tente pour les divertir. Notre concert finit auffi-tôt, il fe fit dans la tente de l'E-mir un grand filence, & tout le monde s'appliqua à entendre cette nouvelle mufique : on ne laiffoit pas de boire, le vin finit avec la mufique, & auffi-tôt on fe leva de table, on donna le bon foir à l'Emir, & on fe retira.

J'avois fait apporter des boëtes de confitures féches, je priai l'Emir d'en vouloir accepter deux douzaines, il vit bien ce que cela fignifioit, & les envoya fur le champ de ma part aux Princeffes. C'étoit une faveur dont il n'y avoit pas d'exemple, auffi l'en remerciai-je de mon mieux.

L'Emir m'envoya un de fes meilleurs lits, il confiftoit à l'ordinaire en un petit

tit matelas de cotton, un carreau de
velours cramoifi, une couverture de
fatin, avec un drap de toile de lin
blanc & une *fatta*. Il avoit auffi donné fes ordres pour mes Valets & mes
chevaux.

Le jour fuivant la Princeffe mere fe
leva dès huit heures, & m'envoya un
préfent de pâtifferie, de pain, de miel,
de crême, de beurre frais, & un baffin de confitures de Damas. Deux jeunes Eunuques noirs en furent les porteurs, & furent bien contents du préfent que je leur fis.

L'Emir vint fans façon déjeûner avec
moi dans ma tente, on ne peut mieux
faire les honneurs de fa maifon qu'il
les faifoit, nous prîmes du caffé, parce que le vin nous manquoit, & puis
nous montâmes à cheval pour aller rendre vifite à un de fes oncles qui vouloit
me voir.

Cet Emir nous reçût très-poliment,
& nous traita autant bien qu'on le pouvoit fouhaiter, & avec toute la civilité
imaginable. Il me demanda fi je m'ac-
coûtumois à leurs manieres, & lui ayant
répondu qu'elles me plaifoient infiniment : Demeurez donc avec nous, me
dit-il, vous y ferez aimé & eftimé, &
tous tant que nous fommes, nous nous

Tome III. D

étudierons à vous procurer toutes fortes
de plaisirs. Je le remerciai de sa bonne
volonté, & le suppliai de me la conserver pour une autre occasion. La conversation qui dura jusqu'à trois heures
après midi roula sur les coûtumes de
France, dont ce Prince étoit fort curieux de sçavoir des nouvelles. Nous
montâmes ensuite à cheval, & nous
allâmes au fond d'un large vallon où
il y avoit une petite plaine. Là les deux
Emirs avec leurs gens se partagerent
en deux Escadrons d'environ deux cens
hommes chacun, & firent une espece de
combat avec de longs roseaux qu'ils se
lançoient avec beaucoup d'adresse. J'ai
déja parlé de ce jeu dans un autre endroit, ainsi je n'en dirai rien davantage. Ce divertissement dura deux heures, après quoi les deux troupes se rangerent sous leurs Chefs, & les Emirs
ayant mis pied à terre, tout le monde
les imita, on s'assit à l'ombre sous des
arbres, on nous servit du caffé qu'on
avoit fait sur le lieu, qui étoit aussi
bon & aussi proprement que s'il nous
l'avoit fait servir sous la tente. Après
nous être reposez, nous prîmes congé les uns des autres, les deux Emirs
s'embrasserent tendrement, mais sans
baiser leurs barbes, parce que l'Emir

Dervick étoit encore trop jeune, pour
en avoir!

Je pris congé des deux Emirs, & je
me retirai au Camp de l'Emir Turabey
avec mes gens, après avoir remercié l'E-
mir Dervick de l'escorte qu'il me vouloit donner. Il est vrai aussi que je n'en
avois pas besoin : car j'étois connu par
tout. J'allois seul sans rien craindre,
& toûjours avec mon équipage Arabe,
& quand je rencontrois des troupes
d'Arabes, ils venoient me conduire par
honneur.

Je trouvai la cousine Hiché dans
l'impatience de nous revoir. Je trouvai
aussi Hassan! Elle nous apporta le souper qu'elle nous avoit préparé avec son
attention ordinaire, & pour l'en ré-
compenser, je lui contai tout ce que
j'avois vû & appris dans mon petit
voyage; dont elle ne manqua pas d'aller regaler l'Emir & sa Maîtresse.

Dès que nous eûmes soupé, nous
allâmes à la tente d'audiance. Je trouvai l'Emir fort chagrin contre son ordinaire, il me parut en colere contre
quelques-uns de ses Officiers, qui l'é-
coûtoient sans rien répondre, de peur
de le fâcher davantage. Cette mauvaise humeur fut cause que je me contentai de lui faire la révérence, qu'il

D ij

me rendit fort gracieufement ; après
quoi je me retirai tout doucement dans ma
rente, en attendant que la coufine Hiché pût me venir inftruire de la caufe
du chagrin du Prince.

Hiché qui me vit revenir prefque
fur mes pas, vint auffi-tôt m'entretenir
le refte de la foirée, & fçavoir la
caufe de mon prompt retour. Je la lui
dis, & la parenté & l'amitié l'enga-
gerent à ne me pas faire un myftére de
tout ce qui s'étoit paffé pendant mon
abfence. Elle me dit donc que le Secretaire de l'Emir étoit tombé malade
d'une fiévre continuë à quatre lieuës
du Camp, dans un Village où l'Emir
l'avoit envoyé en Commiffion, & qu'il
n'avoit perfonne auprès de lui pour
faire fes dépêches, qu'à la verité il
pouvoit envoyer chercher un Secretaire chez les autres Emirs ; mais que
comme il y avoit toûjours quelque jaloufie fecrete entre eux, il ne vouloit
pas confier fes fecrets à leurs domeftiques, qu'il y avoit dans le Camp une
douzaine d'Agas envoyez par des Pachas & autres Seigneurs, avec fept ou
huit perfonnes chacun, & leurs chevaux & mulets de bagages, qui ne le
chagrinoient pas tant par la dépenfe
qu'il étoit obligé de faire pour leur

nourriture , que par l'empreſſement
qu'ils témoignoient pour s'en retourner , & que depuis trois ou quatre
jours , il ſembloit qu'ils s'étoient donné le mot pour le déſeſperer à force de
demander leurs réponſes.

Il eſt vrai , ajoûta-t'elle , qu'il y a
chez l'Emir un vieux Secretaire , qui a
été un des plus habiles Ecrivains du
Païs ; mais outre ſon âge déja fort
avancé , l'uſage du *Berge* lui a tellement affoibli les nerfs, que ſa tête, ſon
corps , & ſes mains tremblent de telle
maniere , qu'il ne peut pas tenir la plume. Tout le ſervice que l'Emir peut
tirer de lui , eſt de lui ſervir d'Interprete , quand les Turcs qu'on lui envoye ne ſçavent pas la Langue Arabe ;
de ſorte qu'il n'a perſonne pour écrire
ſes ordres , & pour répondre aux Lettres qu'il reçoit.

Toutes les affaires de ſes ſujets demeurent ſuſpenduës , rien ne s'avance
ni au Camp , ni dans les Villages. Voilà le ſujet de ſa mauvaiſe humeur.

J'avois vû ce Secretaire malade , &
il ne m'avoit pas paru un grand Clerc ,
ni en matiere d'écriture , ni en raiſon-
nement. Il n'avoit pour tout talent
qu'un peu de routine , peu ou point
d'ortographe , & ſi ignorant pour tout

D iij

le reste, qu'il employoit pour les plus
grands Seigneurs de l'Empire, les mêmes termes dont il se servoit pour un
Païsan., Ce qu'il sçavoit parfaitement
bien, c'étoient ses interêts, il les faisoit valoir à merveilles ; sans argent
ou sans présens les Païsans n'auroient
pas arraché deux lignes de sa mauvaise
écriture. Aussi n'y en avoit-il pas un
dans tout l'Etat de l'Emir, qui ne l'eût
voulu voir pendu à un arbre ; & qui ne
le chargeât tous les jours de mille malé-
dictions.

L'Emir connoissoit ses mauvaises
qualitez, son ignorance & son avarice ;
mais faute d'autre, il ne pouvoit s'en
passer, il apprit qu'il étoit fort mal
& hors d'état d'être transporté. L'Emir
désesperé de ne pouvoir congedier toûs
ces Agas, passoit les jours entiers chez
la Princesse, & tout le monde se res-
sentoit de sa mauvaise humeur. Pour
moi, je faisois toûjours bonne chere,
& je me consolois de l'absence de l'E-
mir avec la bonne cousine Hiché.

Il me vint cependant dans l'esprit, que ce que je sçavois de Turc &
d'Arabe, pourroit être utile au Prince,
j'en conferai avec la cousine Hiché, qui
m'exhorta avec beaucoup d'empressement à lui rendre ce service, puisque

j'étois en état de le faire. J'avois heureusement avec moi un Livre Turc intitulé *Hincha*, qui est comme un Formulaire de toutes les Lettres qu'on peut écrire sur differens sujets à toutes sortes de personnes selon leurs qualitez. J'avois appris à écrire étant à Seïde, du nommé *Mehemed, Cheleby Cherkez Agli*, qui étoit un des plus habiles Ecrivains qui fût dans tout l'Empire, & j'avois fait d'assez heureux progrès sous ce Maître. Je me persuadai donc que je pourrois suppléer au défaut du Secretaire, en attendant qu'il fût guéri, ou que l'Emir en eût trouvé un autre. Je dis à Hiché de demander un moment d'audiance particuliere pour moi à l'Emir. Il y a apparence qu'elle lui dit de quoi il s'agissoit : car elle vint sur le champ me chercher. Il me fit asseoir auprès de lui dès que je l'eus salué, & me demanda ce qu'il pouvoit faire pour moi. J'ai remarqué, Seigneur, lui dis-je, que vous paroissez être chagrin de la maladie de votre Secretaire, j'ai quelque connoissance des Langues Arabe & Turque, & si vous vous contentez de la maniere dont je les peins, & que vous me jugiez digne de votre confiance, je tâcherai de vous servir le mieux qu'il me sera pos-

D iiij

fible. Pour ma confiance, répondit-il, vous devez vous être apperçû que vous l'avez toute entiere. Mais eft-il poffible qu'un Franc puiffe écrire des Langues fi differentes de la fienne.

Sans repliquer, je pris une plume dans fon écritoire, & j'écrivis deux ou tiois lignes en Arabe & en Turc, que je lui montrai. Il les lût & les trouva fort à fon gré. Il me dit, vous me pouvez rendre un très-grand fervice & je vous en conjure, & fur le champ il tira de fon fein une Lettre du Pacha de Damas, & me dit de la lire, je le fis, & je lui demandai quelle réponfe il y vouloit faire. J'écrivis d'abord la réponfe en François, & comme elle étoit écrite en Turc, je fis, la réponfe en Turc, & je la lui portai une demie heure après. Il fut furpris de ma diligence, il la lût, il admira le ftyle & les expreffions nobles dont je m'étois fervi, le vieux Secretaire en fut charmé. J'avois compofé un chiffre des Lettres de fon nom & de fes qualitez. Elles y étoient entrelaffées avec art. Je le mettois à la tête ou à la fin des Lettres, felon la qualité des perfonnes à qui on écrivoit, avec des queuës & des traits de plume tirez de part & d'autre, qui donnoient un air de pro-

L'Auteur rt de Se-etaire à Emir.

preté & de grandeur à la Lettre. Tout
cela fut parfaitement bien reçû, & ſt
voir la difference de mon écriture à
celle de ſon Sécretaire malade. Il écrivoit en Arabe à toutes ſortes de perſonnes indifferemment. Il lui falloit
tout un jour pour faire le broüillon
d'une Lettre. L'Emir en employoit autant à la corriger, après quoi il falloit
encore une journée pour la mettre au
net, ce qui traînoit toutes les affaires
dans une longueur prodigieuſe.

Ce Prince voyant que je l'avois ſervi ſi promptement & ſi à ſon gré, ne
ſçavoit quelle chere me faire, il me
remercia dans des termes dont il n'a-
voit pas accoûtumé de ſe ſervir, ſon
chagrin diſparut, & dès le jour ſuivant il parut dans ſon humeur ordinaire.

Je priai l'Emir de me remettre ſes
autres Lettres, & de me marquer les
réponſes qu'il y vouloir faire. J'en faiſois un Mémoire ſur le champ, & je
lui promis d'achever toutes ces dépêches pour le lendemain au ſoir. Je lui
tins parole, & même plûtôt qu'il n'attendoit: car m'étant mis à travailler à
la pointe du jour, tout fut prêt à midi. J'allai lui porter ſes expeditions à
ſa tente d'audiance, elles étoient écri-

1664

tes fur du grand papier, d'un carac-
tére qu'il n'étoit pas accoûtumé de
voir, & avec des magnificences qui lui
étoient inconnuës jufqu'alors. A mefure qu'il fe les faifoit lire, je les mettois dans de petits facs de taffetas de
differentes coûleurs, que j'avois fait
préparer pour cet effet par la coufine
Hiché, & l'Emir y mettoit fon cachet.
Cette maniere n'avoit jamais été pra-
tiquée chez l'Emir ; mais elle lui fit
plaifir, & je crois qu'elle eft paffée depuis ce tems-là en coûtume, aufli bien
que de faire des réponfes dans la Langue dont on s'étoit fervi dans les Lettres qu'il avoit reçûës. Dès que ces dépêches furent achevées, il fit venir les
Envoyez les uns après les autres, leur
donna leurs réponfes, & leur laiffa la
liberté de partir quand ils voudroient.
Ils furent fi contents, que les uns partirent dès le jour même, & les autres
le lendemain matin avant que l'Emir
fût levé.

On fçût enfuite que le Secretaire é-
toit mort. L'Emir s'en mit peu en peine voyant que j'en pouvois faire les
fonctions jufqu'à ce qu'il en eût un autre, & que je ne cherchois que les
occafions de l'obliger. Il prônoit par
tout les fervices que je lui rendois.

& diſoit que j'étois le plus habile Ecrivain qu'il y eût au monde. Je recon-
noiſſois pourtant bien que je ne meritois pas les loüanges qu'il me donnoit,
& que je ne pouvois paſſer pour habile que parmi des Bedoüins, bonnes
gens, ignorans par nature, & ſans façon.

Le bruit ſe répandit auſſi-tôt que j'é-
tois le Secretaire de l'Emir, & dès le
lendemain matin pendant que je dé-
jeûnois, une troupe d'Arabes & d'autres ſujets de l'Emir, me vinrent aſſie-
ger dans ma tente. Ils crioient tous à
la fois : *Ya Sayadi agiaal Nadarck ale-*
ma. Ces mots ſignifioient : Seigneur,
jettez vos regards ſur nous autres pauvres gens, par votre vie, par votre
barbe benîte que Dieu veüille conſerver, aſſiſtez-nous dans nos beſoins. Ils
entroient en foule, chacun vouloit être
le premier à me conter ſon affaire.
L'un vouloit me baiſer la main, l'autre la robe, la plûpart ne ſçavoient pas
que j'étois Chrétien. Ils faiſoient un
bruit enragé, ils s'interrompoient l'un
l'autre, & je ne pouvois comprendre
ce qu'ils demandoient. Je leur fis ſigne
de la main pour leur impoſer ſilence,
& je leur dis de parler l'un après l'autre.

Un vieillard qui se trouva le plus
près de moi, me dit : Seigneur, il y
a tantôt quinze jours que nous venons
tous les jours au Camp de l'Emir pour
avoir des Ordonnances. Nous perdons
tout notre tems à aller & venir, nos
affaïres ne se font point, parce que ce
Secretaire (à qui Dieu ne fasse jamais
misericorde) étoit malade, & il est mort
presentement. Nous vous demandons
la grace de nous écrire deux lignes à
chacun, afin que nous ne soyons pas
plus long-tems dans cette misere.

Je leur accordai ce qu'ils me demandoient, à condition qu'ils n'entreroient
que l'un après l'autre. Ils sortirent aussi-
tôt, & s'assirent en rond autour de ma
tente, & à mesure que l'un sortoit, il
en entroit un autre avec un petit morceau de papier grand comme une car-
te à joüer dans une main, & un présent
dans l'autre. J'écrivois l'Ordonnance
de l'Emir comme si elle avoit été accordée, parce qu'en ce cas le Prince y
mettoit son cachet, on la rendoit déchirée à celui qui la lui avoit présentée,
quand il ne vouloit pas accorder la grace qu'il demandoit. En voici les termes.

Nous ordonnons à toi Abou Mehmed Cheix d'un tel Village, de donner

à Muftafa porteur de la préfente, quatre charges de bled ou d'orge, &c. que
nous avons accordé, tu n'y feras donc
faute, finon tu fçais.... Ces billets font
fans datte. Il y a feulement au-deffus
le paraphe de l'Emir, qui ne fignifie
autre chofe que le pauvre, l'abject Mehmed fils de Turabey....

J'employai toute la matinée à me dé-
baraffer de ces gens-là, qui me fati-
guerent plus par leurs remercîmens &
leurs cérémonies, que je ne l'avois été
par plus de cinquante ordonnances
que je leur avois faites. Il n'y avoit
rien de fi aifé pour moi que de leur
donner ce confentement, & ils furent
fi heureux, que pas un ne fut refufé
ce jour-là ; de forte qu'ils s'en retour-
nerent contents, en criant & me don-
nant des bénédictions.

Je paffai près de deux mois dans cet
exercice, expediant tous les matins une
quantité de ces gens, qui ne manquoient
jamais de m'apporter un préfent pour
deux lignes d'écriture que je leur donnois fur le champ. L'un m'apportoit du
tabac, l'autre du caffé, un mouchoir,
un agneau, du fromage, du miel,
des fruits, chacun felon fon pouvoir,
& felon le prix de la chofe qu'il demandoit au Prince. Je refufois tout ce

qu'on m'apportoit, mes gens seulement prenoient que'quefois du tabac & des fruits, & je leur difois que la coûtume des François n'étoit pas de fervir leurs amis par interêt, que je n'avois pas befoin de cela ni chez l'Emir ni ailleurs, & que je leur faifois préfent de mes droits en confideration de l'Emir leur Maître, & que je les fervirois toûjours de bon cœur. Mon défintereffement m'attiroit des loüanges infinies, le Camp retentiffoit des bénédictions qu'ils me donnoient à pleines têtes. Ils s'attroupoient & fe difoient les uns aux autres, nous étions bien malheureux avec ce chien de Secretaire, nous n'avions pas affez de bien pour affouvir fon avarice, s'il avoit pû nous avaler il l'auroit fait, il marchandoit les jours entiers avec nous pour nous délivrer nos ordonnances. Dieu nous a fait une grace finguliere de nous avoir délivrez de fa tyrannie, & de nous avoir envoyé ce Franc à fa place. On nous difoi. que les gens de cette Nation étoient de mauvaife foi, des voleurs & des Corfaires, nous voyons bien le contraire dans celui-ci, & plût à Dieu que nous euffions l'ame auffi pure & auffi blanche, & la confcience auffi nette que lui.

On ne parloit dans tout l'Etat de
l'Emir, que de mon défintereſſement   1664.
& du refus que je faiſois des préſens
qu'on m'offroit ; de ſorte que j'étois
connu & eſtimé de tous ſes ſujets, &
que quand j'allois me promener ſeul,
j'étois aſſuré de revenir accompagné de
tous ceux que je rencontrois.

J'étois ſouvent l'arbitre des differends qui ſurvenoient entre les ſujets de
l'Emir. J'étois accoûtumé à écoûter avec
patience tout ce qu'ils avoient à dire,
& quand j'avois prononcé, ils s'en tenoient ſans ſe plaindre de ma déciſion.
J'étois l'Avocat de tout le monde auprès de l'Emir, qui m'accordoit de bonne grace tout ce je lui demandois, &
je me trouvai bien plus en état de faire
plaiſir à ceux qui avoient beſoin de
moi, que je n'aurois été dans mon
Païs.

Quelque tems après, les Officiers
de l'Emir me propoſerent une partie
de plaiſir à Tartoura. Je le dis à l'E-
mir, parce que je ne voulois pas m'é-
loigner dans le beſoin qu'il pouvoit
avoir de moi. Ces déférences lui plai-
ſoient infiniment. Il m'en remercia
dans les termes les plus tendres, & me
dit de me bien divertir, & que s'il

venoit quelque Lettre, il feroit attendre les Envoyez.

CHAPITRE V.

Voyage de l'Auteur à Tartoura.

T Ar·oura eſt un petit Port de la
dépendance de l'Emir Turabey.
A peine y fûmes-nous arrivez, que le
gros tems fit échoüer un gros Bateau
de Grecs ſur les bancs de ſable. Il étoit
chargé de vin de Chypre & de fromages que l'on portoit en Egypte. Dès
qu'il eût touché, les lames le mirent
en pieces en peu de momens, tout l'E-
quipage ſe ſauva à terre. Les fromages demeurerent à la mer, & les tonneaux de vin rouloient au gré des
flots.

Naufrage   L'Emir Dervick qui avoit vû le
d'un Bateau naufrage du haut des montagnes, y
de Chypre. accourut avec une partie de ſa Cavalerie & quelques Officiers du Grand
Emir, qui commencerent par dépoüiller les Matelots & les Paſſagers, &
firent travailler les Arabes à retirer
les débris du Bateau & tout ce que
la mer apportoit à terre. Le Patron
& tous ſes gens ſe voyant nuds alle-

rent se cacher dans les broussailles, en attendant la nuit pour se retirer au prochain Village, & trouver à se revêtir. J'allai les consoler de la perte qu'ils avoient faite. Je leur dis que j'étois Chrétien & que j'avois quelque crédit parmi les Arabes, & que je tâcherois de leur rendre service. Ils furent bien aises de m'avoir rencontré, & de m'entendre parler leur Langue qui est le Grec vulgaire. Je leur proposai de venir travailler à retirer de la mer ce qui s'en pourroit sauver, & que je leur ferois rendre quelque chose. Je le fis trouver bon à l'Emir qui me promit de les contenter.

Alors ces pauvres Matelots s'étant jettez à la mer malgré la violence des vagues qui portoient les marchandises à terre, & puis les reportoient au large, sauverent beaucoup de choses. On ne put empêcher que les tonneaux ne fussent brisez. Ils ne purent en sauver que deux, & avec beaucoup de peines ils les mirent à terre. Les Arabes avoient ramassés quelques fromages : je leur dis en riant qu'ils étoient fait de lait de truyes, ils les jetterent aussi-tôt, se laverent les mains, & les Grecs en profiterent.

Il commençoit à être tard , & la mer étoit si·agitée que les Matelots ne pouvoient plus travailler. Je pria l'Emir de leur faire rendre leurs habits. Il commanda qu'on les leur rendît , & les Arabes leur en rendirent la plus grande partie ; mais comme l'Emir voulut coucher à Tartoura sous des tentes qu'il avoit fait dresser , je leur fis esperer d'obtenir encore quelque chose pour eux : je leur conseillai d'attendre qu'il eût soupé , afin de le trouver de meilleure humeur.

L'Emir ordonna qu'on lui préparât à soûper : rien ne fut plus aisé à ses Officiers , car tout ce qu'il y avoit de gens dans le Village lui avoient apporté des presens de viandes , de volailles , de gibier , de fruits & de caffé , mais aucun n'avoit apporté du vin ; j'en trouvai deux cruches chez un Grec du Village nommé *Abou Moussa* , que je fis présenter à l'Emir par ces pauvres Matelots. Le Prince les reçût avec plaisir. Nous nous mettions à table : je fis signe aux Grecs de se tenir hors de la tente , & d'attendre que je les fisse entrer , & cependant on leur donna à manger.

Le repas fut grand & long. Il y avoit beaucoup d'Arabes qui ne bû

voient pas de vin, ce qui fit que l'É-
mir & moi, & quatre ou cinq de ses
Officiers en eûmes suffisamment. On
portoit les tasses à la ronde, on chantoit bien ou mal, il y avoit du plaisir dans ce divertissement champêtre.

Je crus qu'il étoit à propos de faire
entrer les Grecs, je les fis appeller,
ils entrerent en foule, baiserent la
veste de l'Emir, & se retirerent à côté. Le Prince me demanda si on ne
leur avoit pas rendu leurs habits, &
s'ils desiroient quelque autre chose.
Je lui répondis que ses ordres avoient
été exécutez fort exactement, mais
que ces pauvres gens ayant été ruinez
par la perte de leur Bateau & de leurs
marchandises ils le supplioient de leur
accorder les débris du naufrage qu'ils
pourroient retirer, qui n'étoient pas
considérables, qui pouroient leur servir à se retirer chez eux & à secourir
leurs miserables familles.

Ceux de la compagnie qui avoient
envie d'en faire leur profit, s'y opposerent; mais l'Emir après quelques
réfléxions les leur accorda, & ordonna sur le champ qu'on leur laissât
tout enlever jusqu'à un clou. Il n'en
fallut pas davantage. Les Grecs lui
baiserent le bas de la veste pour tout

remercîment, & s'en allerent sur le
champ travailler à ramasser ce que la
mer jettoit à la côte, avec espérance
de faire le reste le jour suivant, parce
que le vent étant tombé, la mer devoit être plus belle, & que l'Emir devoit décamper avec tous ceux qui auroient pû les embarasser.

Je me levai à la pointe du jour, je
fis faire deux traîneaux pour transpor-
ter les deux pieces de vin sur la montagne : j'y fis atteler trois paires de
bœufs à chaque traîneau, & j'y fis
bien attacher les pieces, & je dis à
l'Emir que je présiderois au transport,
afin qu'il n'arrivât point d'accident.
Je pris tous les Païsans que je jugeai
nous être necessaires, & nous nous
mîmes en marche. Les bœufs alloient
si lentement, & nos Païsans étoient
si peu accoûtumez à cette sorte d'ouvrage, qu'il étoit six heures du soir
quand nous arrivâmes au Camp de
l'Emir Dervick.

L'Emir fut si content de voir ses
deux tonneaux arrivez chez lui sains
& entiers, qu'il récompensa génereu-
sement les Païsans de leurs peines,
& il envoya sur le champ des Exprès
à tous les Emirs qu'il connoissoit peu
scrupuleux sur la défense de boire du

vin, pour leur apprendre qu'il en
avoit chez lui deux gros tonneaux,
& les inviter d'en venir boire leur
part. Ils lui manderent qu'ils le sçavoient déja, & qu'ils s'étoient prépa-
rés à le venir voir, & à passer la
nuit dans son Camp, qu'il n'avoit qu'à
se préparer à les bien recevoir, & à
leur faire bonne chere.

L'Emir Dervicx qui étoit le plus
jeune de tous ces Princes reçût cette
nouvelle avec une joye extrême. Il
étoit ravi d'avoir cette occasion de
leur donner des marques de son amitié. Il donna ses ordres pour le festin,
& aussi-tôt on vit dans tout le Camp
une boucherie & une rôtisserie com-
plette de bœufs, de moutons, de
chevreaux, de volailles, de gibier.
Plusieurs tentes étoient remplies de
femmes qui travailloient aux potages,
aux ragoûts, à la pâtisserie, aux fruits
& aux confitures.

Je pris la direction du vin, il n'étoit
pas bien clair ; mais cela embarasse
peu ces Peuples. C'étoit du vin de
Chypre excellent. Je fis placer les
deux tonneaux dans la grande tente
du festin dans un endroit où ils ne
pouvoient nuire à personne. Je plaçai
un de mes gens à chaque tonneau,

& ayant trouvé dans mon écritoire
quelques plumes neuves, j'en fis de
petites canulles pour tirer le vin &
remplir les taſſes que les domeſtiques
ſervoient à la ronde aux conviez. Je
voulus faire voir à l'Emir de quelle
maniere on faiſoit rôtir les viandes
chez les François. Faute de broche
un de mes gens prit une vieille lance,
y fit ſune poignée, & y embrocha
un gros aloyau, un quartier de mouton & des volailles, les fit rôtir à
notre mode, & les fit ſervir à table.
Je les coupai & les ſervis, & ces
Princes avoüerent que notre maniere
de rôtir les viandes valoit mieux que
la leur, parce que nos viandes con-
ſervoient leur ſuc, au lieu que les
leurs étoient ſeches & preſque brû-
lées, & ſans ſaveur.

Nous n'avions point de bouteilles,
elles ne ſont point d'uſage chez les
Arabes, mais on rempliſſoit les taſſes
à meſure qu'on les vuidoit.

Tous les Emirs invitez arriverent
enſemble, & après les complimens,
les embraſſades, & les baiſers de barbes & de la main ſelon l'uſage & la
dignité des perſonnes, on s'aſſit ſur
des nattes. Les Emirs avoient des
carreaux de velours, les autres n'en

avoient point, & s'affirent les jambes
croifées comme nos Tailleurs.

Après une affez courte converfation
les Conviez mirent leurs grands mouchoirs qui leur tinrent lieu de ferviettes devant eux pour conferver
leurs habits, & on fervit de grands
baffins de cuivre étamé remplis de
viandes rôties, boüillies & de ragoûts.
Les potages étoient copieux & de
plufieurs fortes. La pâtifferie qu'on
fervit enfuite étoit fort bien faite,
Le rôti qu'on réferva pour le dernier
fervice fervit d'entremets, & on le
trouva bon. Le fruit vint enfuite.
Tous les Conviez mangerent de grand
appétit. On fervoit de nouveaux plats
à mefure qu'il y en avoit de vuides,
ou que les Emirs en envoyoient à
leurs gens qui étoient par pelotons,
& qui mangeoient avec autant d'appétit que leurs Maîtres. Les taffes
rouloient à la ronde, & le vin ré-
pandoit la joye chez tous les Conviez,
Les haut-bois, les violons, les trompettes & les tambours faifoient une
fimphonie que l'on entendoit de fort
loin. Ils joüoient quelquefois féparé-
ment, & quelquefois tous enfemble.
Leurs airs languiffans faifoient exta-
fier nos bûveurs; ils rêvoient en re-

la barbe, & fe faifoient des proteſ-
tations les plus tendres du monde.
Le repas fut ſi long, qu'il étoit plus
de trois heures après minuit avant
qu'on quittât la table. Alors ceux qui
avoient befoin de dormir fe mirent
fur des matelâts & fur des carreaux
dont on couvrit la natte qui étoit fur
le plancher. Les premiers qui fe ré-
veillerent vers les dix heures du matin, appellerent les autres. Je leur
confeillai de prendre du caffé au lait,
& je leur en fis faire par mes gens,
& en cela je leur rendis un ſervice
dont ils avoient grand befoin : car la
plûpart avoient bien mal à la tête.
Après le caffé & un peu de promenade on fe remit à table, & on recommença à boire & à manger fur
nouveaux frais, & on répéta cet exercice pendant deux jours & demi, c'eſt-
à-dire tant que le vin dura, & en attendant qu'il en vînt d'autre on fe
fépara les meilleurs amis du monde.

Je remarquai deux chofes dans ce
long feſtin qui me firent plaifir. La
premiere, que ces gens qui font extrêmement fobres dans leur ordinaire,
fuſſent d'une auſſi grande fatigue que
celle

celle qu'ils avoient essuyée dans ce
long repas, sans qu'il y parût par les 1664.
marques qui suivent ordinairement la
débauche.

La seconde, que parmi tant de gens
qui bûrent du vin copieusement pendant ce long repas, il n'arriva pas le
moindre désordre : on n'entendit pas
la moindre parole choquante par le
moindre reproche. Au contraire ils
conserverent leur sérieux, & le vin
ne fit que les rendre plus enjoüez,
plus gais, un peu plus libres à la verité, mais sans sortir des bornes de
la politesse & de toute la bienséance
& des égards qu'ils se devoient les
uns aux autres : de sorte qu'ils se sé-
parérent avec mille témoignages de
l'amitié la plus tendre, & toutes les
honnêtetez qu'on pouvoit attendre de
personnes de leur condition.

CHAPITRE VI.

Expédition des Arabes contre des Révoltez.

LEs Emirs avant de se séparer
avoient fait une partie de chasse
pour le jour suivant. Ils devoient cou-

rir le liévre & la gazelle, j'en devois
être, & j'étois bien aise de prendre
part à ce divertissement. Elle fut rompuë dans le moment que j'allois partir
avec l'Emir Dervicx, pour aller joindre les autres Emirs au lieu où ils
étoient convenus de se trouver.

Ce fut un ordre verbal que le
Grand Emir leur envoya de se rendre
au plûtôt auprès de lui pour déliberer ce qu'ils devoient faire sur un
commandement du Grand Seigneur
qu'il venoit de recevoir. Ils monterent à cheval à l'instant, fort curieux
de sçavoir ce que c'étoit. J'allai descendre à ma tente, où la cousine
Hiché ne manqua pas de me venir
voir aussi-tôt, & me faire compliment sur mon retour & sur les divertissemens que l'Emir Dervicx m'avoit
donné. Elle me raconta tout ce qui
s'étoit passé au Camp pendant mon
absence, & me dit que dès le lendemain j'aurois bien des expéditions à
faire. J'allai me présenter à l'Emir :
il me reçût avec un visage riant, &
me dit qu'il étoit bien aise que j'eusse
passé agréablement mon tems, & que
le lendemain nous travaillerions ensemble.

Hiché ne manqua pas de m'appor-

ter un affez grand fouper pour que
j'en puffe faire part à quelques Officiers des Emirs, qui étoient demeurés au Camp pour attendre les ordres
du Grand Emir. Ils ne firent point
de difficulté de me dire la raifon pour
laquelle les Emirs avoient été affemblez, qui n'étoit que pour faire payer
les contributions aux Païfans de Napoli de Syrie que les Arabes appellent
Napolous. J'ai déja dit que c'eft l'ancienne Sichem dont il eft parlé dans
l'Ecriture.

Les Maures qui habitent la campagne & les Villages des environs
avoient été ruinez par les fauterelles
qui étoient venuës fondre fur leurs
terres après avoir dévoré toutes les
femailles de la Judée, & de la Sama-
rie. Elles avoient ruiné les bleds, les
cottons & toutes les autres denrées;
de forte que ces Provinces étoient
affamées à un point que n'ayant rien
récüeilli l'année précédente, la difette
extrême qui les preffoit les mettoit
hors d'état de payer les contributions
ordinaires au Beig.

On fçait que les Vicerois, Pachas,
Gouverneurs des Places, & autres
Officiers de l'Empire Ottoman, font
des Fermiers qui, fous peine d'envoyer

leurs têtes au Trefor Royal , font obligez d'y faire remettre les fommes dont ils font convenus avec le Grand Vifir. On ne reçoit point d'excufe fur cela. Il faut trouver de l'argent, n'en fût-il point ; & comme leur vie & leur fortune dépendent de leur exactitude à payer, ils mettent tout en ufage pour en venir à bout.

Les violences que le Beig de Céfa-rée de Napoli de Syrie exerça fur ces Payfans défolez, & l'impoffibilité où ils fe trouvoient de payer leurs con-tributions, firent prendre les armes à ces Maures. Ils fe rendirent maîtres de la campagne, & obligerent le Beig de fe renfermer dans Napoli, & de s'y fortifier, pour éviter les fuites de ce foulevement. Ce fut pour le répri-mer qu'il demanda du fecours au Pa-cha de Damas de qui il dépend, & que celui-ci donna fes ordres aux Emirs & aux Gouverneurs voifins, qui dans ces occafions font obligez de fecourir celui ou ceux qui font at-taquez par des Révoltez qu'ils ne peuvent réduire avec les troupes qu'ils entretiennent ordinairement.

Ahmed Pacha de Damas fils de Mehmed Cuproli alors Grand Vifir, jugeant que les Arabes du Mont-

Liban feuls fuffiroient pour châtier ces
Rebelles, envoya ordre à l'Emir
Turabey de marcher à eux avec fes
troupes ordinaires ; ce qui fut bientôt
executé : car dès que le Courier du
Pacha de Damas fût arrivé au Camp
du Grand Emir , & qu'il lui eût remis
les dépêches de fon Maître , l'Emir
fit partir un nombre de Cavaliers qui
avertirent les autres Emirs de fe rendre auprès de lui. C'étoit cet ordre
qui avoit rompu notre partie de
chaffe.

Les Cavaliers n'ont pas la peine
d'aller aux Camps des Emirs. Ils mettent un grand mouchoir blanc au bout
de leurs lances , & fe poftant fur toutes les éminences dont ils peuvent
être apperçûs des autres Camps , ils
font avec leurs lances & leurs mouchoirs une efpece d'exercice du dra-
peau jufqu'à ce qu'on leur réponde
du Camp qu'ils veulent avertir par le
même fignal : car, comme j'ai dit ci-
vant , tous ces Camps ne font éloignez que d'une lieuë de celui du
Grand Emir.

Ces Princes étoient venus , comme
je l'ai dit , & après le Confeil s'en
étoient retournez chez-eux en attendant l'ordre pour le départ.

E iij

Cet ordre leur ayant été donné,
on vít venir de tous côtez des troupes
d'Arabes par pelotons & fans ordre;
de forte qu'en moins de fix heures
elles fe trouverent en état de fe mettre
en marche au nombre de quatre mille
Cavaliers armez de lances, de haches
& de maſſes d'armes.

La revûë en fut faite en peu de
momens. Chaque Emir à la tête de
fa troupe paſſa devant le Grand Emir
qui étoit à cheval à la tête de fa maiſon, après quoi chaque Emir vint
occuper le poſte qui lui étoit marqué
autour des tentes du Prince.

Le reſte de la journée fut employé
à regler l'Equipage du Grand Emir
qui devoit commander, & à regler
la marche & les diſpoſitions de l'at-
taque, & dans le Conſeil qui fut tenu le foir on réfolut de partir le lendemain à la pointe du jour, afin de
furprendre ces Maures révoltez, felon
la coûtume des Arabes.

M'étant trouvé le foir chez l'Emir,
Il me dit, vous demeurerez au Camp,
pourquoi expofer votre vie dans une
affaire qui ne vous regarde point. Je
lui dis que je ne le quitterois point,
que je combattrois à fes côtez, & que
je le fupplióis de trouver bon que je

partageasse le danger avec lui. Il me
le permit, & j'y allai avec trois valets
bien armez, un desquels portoit mon
fusil outre le sien, & nous avions tous
quatre des pistolets à l'arçon de la selle. Je remarquai que cela fit plaisir à
l'Emir & à tous ses autres Princes.

Les tentes & les bagages furent
chargez & se mirent en marche trois
heures devant le jour avec un corps
d'Arabes pour les escorter.

Dès que le point du jour parut les
trompettes sonnerent, l'étendart de
l'Emir fut déployé & le départ du Prince fut annoncé par ses haubois & ses
tambours. Les troupes prirent differentes routes pour passer plus aisément
les défilez des montagnes, & arriverent sur les cinq heures du matin dans
la plaine qui est au pied des montagnes du Mont-Liban. Là elles se mirent en ordre de bataille & marche-
rent vers Napolous.

Les Maures qui étoient campez par
bandes, & qui ne s'attendoient pas à
être si-tôt attaquez, ne purent se joindre & faire un corps ; car dès qu'ils
apperçûrent les Arabes, ils les virent
fondre sur eux tête baissée. Ils furent
si surpris & si pressez, qu'après avoir
fait précipitamment une décharge de

leurs moufquets , ils abandonnerent leurs armes , & ayant paſſé des foſſez & des ruiſſeaux qui étoient derriere eux , ils ſe diſperſerent & ſe ſauverent dans les montagnes , où nous ne pûmes pas les ſuivre ce jour-là.

Les Arabes n'eurent que deux hommes tuez, & un Emir eut le bras gauche caſſé d'un coup de mouſquet.

Défaite
les Maures
révoltez

Les Maures qui étoient environ cinq mille bien armez , laiſſerent cent quarante morts ſur la place , tous percez de coups de lances , & environ deux cens bleſſez , qui furent envoyez dans la Ville comme priſonniers. Les morts & les bleſſez furent dépoüillez , & les Arabes gagnerent plus de deux mille mouſquets & autres armes. Je m'avançai avec mes trois valets juſques ſur le bord du foſſé , d'où nous fimes quelques décharges ſur leſfuyards avec ſuccès. Toutes les armes furent apportées au Camp de l'Emir , & furent diſtribuées aux plus braves. Mes valets furent diſtinguez & eurent chacun un fuſil & des ſabres. Ceux qui avoient des armes les vendirent aux Marchands de Damas, qui ſuivent ordinairement le camp de l'Emir.

On étoit convenu que le Beig de Napolous ſortiroit de l'autre côté, &

couperoit le chemin des montagnes
aux Révoltez ; mais les Emirs qui con-
noiſſent la lenteur de Turcs quand il
faut ſe mettre en marche , & qui vouloient avoir tout l'honneur de cette execution , ne jugerent pas à propos de
les attendre , de ſorte que le Beig fut
étonné d'entendre les coups de fuſil
des Maures , & d'apprendre en même
tems leur défaite & leur fuite. Il ſortit de ſa Ville , ſe mit à la pourſui e
des fuyards , il en prit quelques-uns
qu'il fit empaler ſur le champ , & en
fit d'autres priſonniers , qui écrivirent
aux rebéles de s'accommoder. Ils y
furent contraints , pour ne pas achever de ſe perdre tout-à-fait. Les riches prêterent aux pauvres ce qui leur
manquoit. On paya au Beig ce qu'il
demandoit , la paix fut concluë , &
les priſonniers mis en liberté.

Pendant le traité , & juſqu'à ſon entiere execution , les Arabes demeurerent campez dans la plaine où l'action
s'étoit paſſée. Le Beig eut ſoin de
leur envoyer des vivres, & toutes ſortes de rafraîchiſſemens. Il vint rendre viſite au Grand Emir , & comme
il me connoiſſoit , il fut ſurpris de me
trouver dans la tente de l'Emir. Il m'en
demanda la raiſon. Je lui dis que mes

1664.

E v

affaires m'ayant conduit chez l'Emir,
j'avois voulu le suivre à cette expedition , puisqu'il s'agissoit du service
du Grand Seigneur ; il me dit qu'il
m'en étoit obligé , & qu'il le feroit
sçavoir au Pacha de Damas , afin que
ce Seigneur & son Pere y eussent
égard , quand l'occasion s'en presenteroit.

La paix étant faite nous décampâmes & reprîmes le chemin de notre
Camp ordinaire. J'avois écrit par l'ordre de l'Emir , une assez grande lettre au Pacha de Damas , dans laquelle on lui rendoit compte de notre expedition. Elle fut portée par un Officier avec une escorte de trente Cavaliers.

Dès que l'Emir fut descendu à sa
tente , il reçut les complimens des
autres Emirs , & des principaux Officiers , & de ceux qui étoient demeurez à la garde du Camp ; car il ne
faut pas s'imaginer que les femmes ,
les enfans , les vieillards & les malades eussent été abandonnez.

On leur avoit laissé des gens sur
la probité & la bravoure desquels on
pouvoit se reposer entierement , & qui
étoient en assez grand nombre pour
repousser une insulte , si quelques en-

niemis des autres bannieres euſſent en-
trepris d'en faire.

Après les complimens & une grande colation que l'Emir donna à tous
ces Seigneurs, ils ſe retirerent chez
eux & je m'en revins à ma tente avec
Haſſan.

La couſine Hiché y vint auſſi-tôt,
& nous conta tout ce qui s'étoit paſſé pendant les dix jours que nous
avions été abſens.

Je trouvai auſſi ce que j'avois demandé à mon frere, & entre autres
choſes il y avoit joint de lui-même
deux douzaines de paires de gans
pour femmes, parfumez. J'en fis mettre une paire à Hiché ; elle ne s'en
étoit jamais ſervie ; car ce n'eſt pas la
mode chez les Arabes. Ils faiſoient
un effet merveilleux ſur ſa peau noire. Je lui donnai le reſte du paquet
dont elle ne manqua pas de regaler
la Princeſſe, qui m'en fit faire des
remercîmens. Je preſentai le lendemain à l'Emir deux caiſſes de liqueurs
& deux douzaines de boëtes de confitures au ſucre candi, & deux lunettes d'approche, une de deux pieds
de longueur, & une de huit pouces
à tuyaux d'argent dans un étui de chagrin. Il voulut les éprouver le même

E vj

affaires m'ayant conduit chez l'Émir, j'avois voulu le suivre à cette expedition , puisqu'il s'agissoit du service du Grand Seigneur ; il me dit qu'il m'en étoit obligé , & qu'il le feroit sçavoir au Pacha de Damas , afin que ce Seigneur & son Pere y eussent égard , quand l'occasion s'en presenteroit.

La paix étant faite nous décampâmes & reprîmes le chemin de notre Camp ordinaire. J'avois écrit par l'ordre de l'Émir , une assez grande lettre au Pacha de Damas , dans laquelle on lui rendoit compte de notre expedition. Elle fut portée par un Officier avec une escorte de trente Cavaliers.

Dès que l'Émir fut descendu à sa tente , il reçut les complimens des autres Emirs , & des principaux Officiers , & de ceux qui étoient demeurés à la garde du Camp ; car il ne faut pas s'imaginer que les femmes , les enfans , les vieillards & les malades eussent été abandonnez.

Il leur avoir laissé des gens sur la foi & la bravoure desquels on pouvoit se reposer entierement , & qui en assez grand nombre pour soutenir une insulte ; si quelques en-

remis des autres bannieres euſſent en-
trepris d'en faire.

Après les complimens & une grande colation que l'Emir donna à tous
ces Seigneurs, ils ſe retirerent chez
eux & je m'en revins à ma tente avec
Haſſan.

La couſine Hiché y vint auſſi-tôt,
& nous conta tout ce qui s'étoit paſſé pendant les dix jours que nous
avions été abſens.

Je trouvai auſſi ce que j'avois demandé à mon frere, & entre autres
choſes il y avoit joint de lui-même
deux douzaines de paires de gans
pour femmes, parfumez. J'en fis mettre une paire à Hiché ; elle ne s'en
étoit jamais ſervie ; car ce n'eſt pas la
mode chez les Arabes. Ils faiſoient
un effet merveilleux ſur ſa peau noire. Je lui donnai le reſte du paquet
dont elle ne manqua pas de regaler
la Princeſſe, qui m'en fit faire des
remercîmens. Je preſentai le lendemain à l'Emir deux caiſſes de liqueurs
& deux douzaines de boëtes de confitures au ſucre candi, & deux lunettes d'approché, une de deux pieds
de longueur, & une de huit pouces
à tuyaux d'argent dans un étui de chagrin. Il voulut les éprouver le même

jour, & en fut fort content. J'en en=
voyai auſſi à l'Emir DERVICK avec une
douzaine de paires de gans, qu'il eut
la bonté de donner en mon nom aux
Princeſſes ſa mere & ſa ſœur. Il me
manda de lui aller apprendre à ſe ſervir des lunettes au premier loiſir que
j'aurois, & que nous. ferions notre
partie de chaſſe.

Tout le Camp marqua une joye
extrême de l'heureux retour de l'Emir.
Il y eut des feux, des feſtins, des
chanſons, & une muſique qui penſa
m'étourdir.

On avoit envoyé chercher un Chirurgien à Acre pour panſer l'Emir qui
avoit eu le bras caſſé. Il arriva trop tard,
la gangrene s'étoit miſe au bras, il fallut le couper, & quand l'opération
fut faite, on s'apperçût que la gangrene avoit gagné juſqu'à l'épaule;
quoiqu'elle ne parût pas au dehors;
de ſorte que ce Prince mourut au bout
de quelques heures après l'operation,
ſans ſe plaindre, & remerciant Dieu
de ce qu'il ſouffroit par ſon ordre ir-
revocable. Tout le monde admira ſa
conſtance, ſa fermeté & ſa réſigna-
tion. Il fut pleuré de tout le monde,
parce qu'il étoit fort aimé. Les femmes qui en ce Païs-là, comme par tout,

pleurent & rient quand elles veulent, fîrent merveilles, & fi on ne les avoit pas connuës, on eût crû qu'elles al‑ loient toutes mourir de douleur, mais comme on est accoûtumé à leurs allû‑ res, on les laissa faire, & elles se con‑ solerent bien vîte elles-mêmes, sans que personne songeât à prendre ce soin.

Il survint tant d'affaires, & j'eus tant de dépêches extraordinaires à fai‑ re outre le courant, que je fus huit jours entiers sans pouvoir m'éloigner du Camp. Vers le soir seulement je montois à cheval, ou seul, ou avec quelques Officiers de l'Emir, & j'al‑ lois prendre l'air aux environs du Camp.

Les affaires étant achevées, je dis à l'Emir que j'avois envie d'accomplir la partie de chasse que l'Emir Dervick m'avoit proposé ; il y consentit de bonne grace, & me demanda en riant si j'avois besoin d'une escorte. Je lui répondis que l'honneur d'être sous sa protection m'en tenoit lieu, mais que je le suppliois de m'envoyer avertir, s'il y avoit quelque chose pour son service, & que je quitterois tout pour me rendre à ses ordres. Il me le pro‑ mit & me souhaitta bien du plaisir.

Sans avertir l'Emir Dervick, j'allai mettre pied à terre à quelques pas de sa tente. J'entendis qu'un de ses Officiers lui dit ; voilà le Franc de l'Emir Turabey. Quoique ce Prince fût alors en compagnie, il se leva, vint au devant de moi, m'embrassa & me dit : Soyez bien venu, vous êtes donc libre., & me parlant à l'oreille, il me dit, j'ai du vin que j'ai reservé pour vous régaler. Tous ceux qui étoient avec lui s'étoient levez & vinrent m'embrasser. Nous nous asîmes & quelque tems après on servit le dîner; mais comme il y avoit dans la compagnie des zélateurs de la Loi, on ne parla pas de vin. Après qu'on eût desservi il fit venir les chevaux, & nous allâmes nous promener & nous exercer au jeu des Cannes. Vous n'êtes pas fait à cet exercice, me dit-il, du moins cela ne m'a pas paru jusqu'à présent, il seroit honteux à un Bedoüin comme vous êtes de nous regarder faire sans y prendre du plaisir. J'y consentis, il me fit donner un de ses chevaux jeune & très-vigoureux & nous partîmes. Nous étions environ cent cinquante Cavaliers, nous nous partagâmes en deux troupes, & nous commençâmes à courir les uns contre les autres, &

caracoller pour gagner la croupe de
son adverfaire ; car comme je l'ai déja remarqué, on ne peut frapper en
dardant la canne que l'on tient à la
main que par derriere, & jamais par
devant. Je donnai des coups & j'en
reçûs, mais je remarquai que les Arabes m'épargnoient. Cet exercice dura
deux heures, après quoi nous nous
afsîmes sur l'herbe pour nous repofer
& laifler repofer nos chevaux, & on
nous fervit du caffé. Pendant que nous
fumions, l'Emir me demanda fi j'étois
content du cheval que j'avois monté,
je lui dis qu'il étoit excellent. Il eft à
vous, me dit-il, & fi vous le refufez
nous romperions enfemble pour toûjours. J'avois de la peine à recevoir
un prefent de cette confequence ; mais
il m'en pria avec tant d'inftance que
que je ne pus le refufer. C'étoit un
cheval de quatre à cinq ans, alézan
très-bien fait, de bonne race, doux
prefque comme une cavalle, & d'une
reffource infinie.

Nous trouvâmes le fouper tout prêt
en arrivant, nous n'eûmes qu'à nous
mettre à table ; nous fîmes grande
chere, & nous bûmes plantureufe-
ment. Il étoit plus de trois heures
après minuit quand les conviez s'en-

1664

dormant les uns après les autres , ceux qui tenoient encore bon trouverent à propos de s'aller coucher , après que l'Emir eût donné les ordres necessaires pour ceux qui étoient endormis.

Nous ne nous reveillâmes que fort tard , & nous ne fûmes pas long-tems fans nous remettre à table , où la bonne chere , la joye & le bon vin nous retinrent jusqu'au soir. Nous fîmes un tour de promenade , après laquelle chacun ayant beloin de repos nous donnâmes le bon soir à l'Emir, & nous allâmes nous repofer , pour nous preparer à la partie de chaffe que nous devions faire le lendemain.

L'Emir avoit une douzaine de fort bons chiens , quatre Emirs que nous trouvâmes au rendez-vous qu'ils s'étoient donnez en avoient auffi ; de forte que nous avions une mutte complete. Mes valets & moi avions des fufils , je fis trouver bon de les effayer quand les chiens feroient las. Ils forcerent quatre ou cinq gazelles & dix lievres, après quoi étant prefque rendus , je tuai une gazelle qu'ils avoient fait fever & trois liévres , & un de mes gens tua une gazelle qui donna bien de l'exercice à ceux qui allerent pour l'avoir. Elle étoit tombée dans

une falaiſe eſcarpée, & avoir été ar-
rêtée par un arbre. Il étoit impoſſible
d'aller où elle étoit. Je remarquai qu'elle remüoit encore ; je lui tirai un ſe-
cond coup, elle fit un effort pour ſe
relever, & elle tomba juſqu'au fond
de la vallée, où il fut facile de la ra-
voir, mais tellement briſée de ſa chû-
te, qu'elle étoit déchirée en beaucoup d'endroits, par les pointes des
rochers ſur leſquels elle avoit roulé.

La gazelle eſt une eſpece de biche,
elle eſt belle, s'apprivoiſe facilement
quand on la prend jeune, autrement
elle eſt très-ſauvage, extrêmement le-
gere à la courſe, elle fait des ſauts
prodigieux, ſe tient ſur des pointes de
rocher, pourvû que ſes quatre pieds
qu'elle joint tous enſemble y puiſſent
trouver place. Sa chair eſt délicate. Je
n'ai point entendu dire en Syrie qu'elles donnent du muſc, comme quelques Auteurs l'ont prétendu. Il faut
que celles du Royaume de Boutan,
d'où on nous en apporte en Europe
ſoient d'une autre eſpece. Ces animaux ne ſont jamais gras, ils font trop
d'exercice pour engraiſſer. Cela n'empêche pas que leur chair ne ſoit tendre
& de très-facile digeſtion.

Les liévres ſont très-bons & ont du

fumet, pourvû qu'on les fasse rôtir comme il faut.

Nous avions mangé un morceau en passant dans un Village, & nous arrivâmes le soir au Camp de l'Emir Dervich affamez réellement comme des Chasseurs. Nous nous mîmes à table aussi-tôt que nous fûmes arrivez, nous fîmes grande chere & nous achevâmes notre vin.

Je passai tout le jour suivant au Camp de l'Emir, & le sixiéme jour je pris congé de lui, & je me trouvai au lever du grand Emir, c'est-à-dire, quand il vint déjeûner dans sa chambre d'audiance. Il me demanda si je m'étois bien diverti, je le lui dis, & lui fis voir le cheval dont on m'avoit fait present, il le trouva beau, & me dit obligeamment que je meritois encore toute autre chose. Je crois que ce present fut la cause de celui qu'il me fit la veille de mon départ. Il me donna ensuite plusieurs Lettres que j'apostillai suivant ses ordres. Je fis les réponses que je lui portai le lendemain matin, après que j'eus expedié les Païsans.

C'étoient tous les jours de nouvelles politesses de la part de l'Emir, & de tous les Seigneurs de la Nation. Ce Prince auroit bien voulu me rependant de ne fe point preffer pour trouver un Secretaire , parce que je fçavois que la chofe n'étoit pas aifée, l'affurant que je demeurerois auprès de lui jufqu'à ce qu'il en eût trouvé un qui fût à fon gré. Il fe paffa du tems avant qu'il en eût trouvé un. Il en arriva à la fin un le 9. de Novembre. Je fongeai à me retirer ; mais l'Emir à qui je le dis , me pria avec inftance de former fon nouveau Secretaire , il l'envoyoit travailler avec moi dans ma tente, il écrivoit affez bien ; mais fes expreffions étoient pefantes & trop uniformes pour tout le monde. Quand il avoit fait le broüillon d'une lettre , je la corrigeois & lui faifois remarquer les fautes qu'il avoit faites , je lui en difois les raifons. C'étoit un jeune homme qui ne manquoit pas d'efprit,& qui aimoit à être inftruit. Quand les dépêches étoient faites , nous les portions enfemble à l'Emir , qui ne manquoit jamais de demander fi je les avois vûës , & dès que je l'affurois que je les avois examinées , il y mettoit fon fceau.

1664.

Je lui fis prendre la coûtume d'a
poftiller les Lettres qu'on lui écrivoit,
parce que comme on les gardoit, on
fçavoit en les revoyant la réponfe
qu'on y avoit faite, ce qui foulage la
memoire & empêche qu'on ne fe trompe dans la fuite d'une affaire. J'employai quinze jours à inftruire ce nouvel Officier, & pendant ce tems-là je
reçûs des Lettres de mes freres, qui
m'avertiffoient que les bruits que la
prife de Gigery avoient excitez, é-
toient entierement diffipez, & que ma
préfence étoit abfolument neceffaire à
Seïde. Je le dis à l'Emir, qui fut fâché de ce que je voulois le quitter; car
il m'aimoit réellement. Il crut d'abord
que j'avois quelque mécontentement
de lui ou de fes domeftiques, & me con-
jura de m'expliquer & de ne lui rien
cacher. Je l'affurai que je ne pouvois
que me loüer de fes bonnes manieres
& de tous fes Officiers ; mais que
n'ayant que mes deux freres à la tête
de mes affaires, ils étoient trop jeunes
pour les conduire comme il falloit. Je
vis qu'il ne fe contentoit pas de ces
raifons, je lui fis voir le paquet que
j'avois reçû, & je lui expliquai le con-
tenu des Lettres qu'il renfermoit. Il
fe rendit alors, mais ce fut après m'a-

voir fait promettre que je viendrois le
joindre, dès que j'aurois mis l'ordre que
je voudrois à mes affaires, ce qu'il fi-
xoit à un mois d'absence. Je lui promis tout ce qu'il voulut ; & j'obtins
mon congé.

Dès que mon prochain départ fut
sçû, je reçûs des visites sans nombre,
Il fallut les rendre à tous les Emirs,
& à tous les Seigneurs avec qui j'avois
lié amitié. Ils voulurent me regaler tour
à tour, ils me firent faire des parties
de chasse, tout cela consomma bien du
tems. La plûpart me firent des présens
en échange de ceux que je leur avois
fait, & me donnerent en les quittant
les marques les plus éclatantes de leur
estime & d'une très-étroite amitié.

La cousine Hiché ne fut pas la derniere à me fatiguer par ses pleurs &
par ses cris, toutes mes raisons ne la
persuadoient point. Vous pouvez mettre ordre à vos affaires sans quitter
l'Emir qui vous aime, votre cousin &
moi nous vous adorons, me disoit-
elle. Elle s'en alla trouver la Princesse
& lui exagerant mon merite : il faut,
Madame, lui disoit-elle, le retenir à
quelque prix que ce soit. Vous sçavez
avec quel zele il a servi l'Emir, il
faut que vous obteniez de lui qu'il lui

donne quelque grande Charge, des
Villages & des grands biens, en sorte
qu'il oublie son Païs; Dieu le conver-
tira, & s'il se fait Mahometan, ce sera
un Saint. La Princesse entra dans les
raisons de sa confidente, & en parla
tant de fois à l'Emir qu'elle pensa l'im-
patienter. Il eut la bonté de me le dire,
ajoûtant que s'il y avoit pensé, il auroit remis mon affaire à la décision de
sa Maison. C'est ainsi qu'il s'expliquoit
pour ne pas dire sa femme ; assurément
vous l'auriez perduë ; mais j'ai votre
parole, & je compte sur votre probité.

Je la lui ai tenuë, & quand mes affaires me le permettoient, j'allois passer un mois auprès de lui, & j'ai tou-
jours trouvé en lui les mêmes bontez &
les mêmes attentions.

Enfin, après bien des remises, il me
permit de partir quand je voudrois, &
s'étant souvenu que je lui avois demandé sa protection, il m'en fit faire
un acte autentique par son nouveau
Secretaire, & me le donna lui-même,
ajoûtant que si les termes ne me paroissoient pas assez forts, je n'avois
qu'à en faire un tel que je voudrois,
quoique je n'eusse pas besoin de cette
piece étant connu de tous les Emirs &

.de tous leurs Officiers. Je la reçûs
par honneur & comme une marque
de son amitié. Je le remerciai & voulus lui baiser la main ; mais il la retira & m'embrassa. Faveur qu'il ne fait
jamais qu'aux Emirs ses plus proches
parens.

A peine fu-je retourné à ma tente,
que son Ecuyer, c'est-à-dire, l'Officier qui a l'Intendance de ses chevaux
& de ses bagages, me vint présenter
de sa part une très-belle cavalle de
cinq à six ans avec tout son équipage,
c'est-à-dire, la selle, la bride, la couverture, un damas des plus beaux, une
hache, une masse d'armes & une lance. L'Officier me remit aussi les pieces
justificatives de la généalogie de la cavalle, & de l'étalon qui l'avoit couverte. C'étoit un présent de plus de quinze cens piastres, chose fort rare parmi les Arabes qui ne sont pas riches,
Il donna aussi à mes quatre domestiques des habits neufs fort propres &
quelques piastres. Je reçûs ce présent
avec bien du respect, je caressai la cavalle qui étoit douce comme un agneau,
& si familiere qu'elle me suivit dans
ma route, comme si elle y avoit été élevée, & je récompensai comme je devois l'Officier & le Palfrenier. Je priai

la bonne couſine Hiché de ſe charger
de mes liberalitez, & de les diſtribuer
à ceux qui m'avoient rendu ſervice.

Elle m'avoit apporté une douzaine
de mouchoirs les plus beaux qu'on pouvoit voir, avec une toilette de ſoye
bleuë, rayée d'or & d'argent avec des
fleurs d'or à l'aiguille. Je me doutai bien
que c'étoit un préſent que la Princeſſe
me faiſoit; mais que la bienſéance ne
permettoit pas de me faire à ſon nom.
Je priai Hiché de bien remercier la
perſonne qui me le faiſoit. J'avois une
aſſez belle bague d'une émeraude,
avec ſix petits diamans. Je la tirai de
mon doigt, & je dis à Haſſan de la
mettre à celui de ſa femme. Pourquoi,
lui dit-elle, Dervich Naſſer (c'eſt le
nom que l'Emir m'avoit donné) eſt
mon couſin, je veux recevoir ſon préſent de ſa main. Je la lui mis au doigt,
& elle me prenant la main la baiſa
tendrement, & l'arroſa de ſes larmes.

J'eus une groſſe compagnie à ſouper,
que la couſine fit ſervir magnifiquement, & après que nous fûmes hors de
table, j'allai prendre congé de l'Emir
& recevoir ſes ordres. Il me dit, ſou-
venez-vous de la parole que vous m'a-
vez donnée, j'y compte, & vous devez

vez compter fur mon amitié , après
quoi il m'embraffa , & me donna beaucoup de bénédictions à la maniere du
Païs.

Voici la traduction de la Patente
qu'il m'avoit donnée. Elle commence
par ce mot Hou écrit en gros caracte-
tes. Il fignifie, Dieu, ou, Celui qui eft.
,, A nos Freres les Emirs , & à tous
,, les Soubachis , Cherifs , & autres nos
,, Officiers , à tous les Arabes nos en-
,, fans & les Maures nos fujets , que
,, Dieu veüille garder. Nous vous ap-
,, prenons que Dervich Naffer le Franc,
,, porteur de la Préfente , eft un hom-
,, me qui nous appartient. Nous vous
,, ordonnons que toutes les fois qu'il
,, paffera par les chemins , plaines ,
,, Montagnes , Villages , Ports & Péa-
,, ges de notre dépendancé , vous lui
,, fourniffiez des voitures , des efcor-
,, tes , & la fubfiftance pour lui , pour
,, fa fuite & pour fon équipage , &
,, toutes les chofes dont il aura befoin
,, pendant fa route , de le proteger ,
,, défendre & affifter contre les gens
,, de mauvaife vie , qui fpourroient at-
,, tenter à fa perfonne & à fon équi-
,, page , tout de même que vous feriez
,, obligez de le faire pour un de nos
,, enfans ; laiffant tout le refte à vos

Tome III.   F.

la bonne coufine Hiché de fe charger de mes liberalitez, & de les diftribuer à ceux qui m'avoient rendu fervice.

Elle m'avoit apporté une douzaine de mouchoirs les plus beaux qu'on pouvoit voir, avec une toilette de foye bleuë, rayée d'or & d'argent avec des fleurs d'or à l'aiguille. Je me doutai bien que c'étoit un préfent que la Princeffe me faifoit; mais que la bienféance ne permettoit pas de me faire à fon nom. Je priai Hiché de bien remercier la perfonne qui me le faifoit. J'avois une affez belle bague d'une émeraude, avec fix petits diamans. Je la tirai de mon doigt, & je dis à Haffan de la mettre à celui de fa femme. Pourquoi, lui dit-elle, Dervich Naffer (c'eft le nom que l'Emir m'avoit donné) eft mon coufin, je veux recevoir fon préfent de fa main. Je la lui mis au doigt, & elle me prenant la main la baifa tendrement, & l'arrofa de fes larmes.

J'eus une groffe compagnie à fouper, que la coufine fit fervir magnifiquement, & après que nous fûmes hors de table, j'allai prendre congé de l'Emir & recevoir fes ordres. Il me dit, fouvenez-vous de la parole que vous m'avez donnée, j'y compte, & vous devez

vez compter fur mon amitié , après
quoi il m'embraffa , & me donna beaucoup de bénédictions à la maniere du
Païs.

Voici la traduction de la Patente
qu'il m'avoit donnée. Elle commence
par ce mot Hou écrit en gros caracteres. Il fignifie, Dieu, ou, Celui qui eft.

,, A nos Freres les Emirs , & à tous
,, les Soubachis , Cherifs , & autres nos
,, Officiers , à tous les Arabes nos en-
,, fans & les Maures nos fujets , que
,, Dieu veüille garder. Nous vous ap-
,, prenons que Dervich Naffer le Franc,
,, porteur de la Préfente , eft un hom-
,, me qui nous appartient. Nous vous
,, ordonnons que toutes les fois qu'il
,, paffera par les chemins , plaines ,
,, Montagnes, Villages , Ports & Péa-
,, ges de notre dépendance , vous lui
,, fourniffiez des voitures , des efcor-
,, tes , & la fubfiftance pour lui , pour
,, fa fuite & pour fon équipage , &
,, toutes les chofes dont il aura befoin
,, pendant fa route , de le proteger ,
,, défendre & affifter contre les gens
,, de mauvaife vie, qui pourroient at-
,, tenter à fa perfonne & à fon équi-
,, page , tout de même que vous feriez
,, obligez de le faire pour un de nos
,, enfans ; laiffant tout le refte à vos

Tome III. F

,, foins , à votre affection & à l'obéïf-
,, fance que vous nous devez. N'y fai-
,, tes donc faute , finon vous fçavez.

Son fceau & fon nom étoient au bas,&
contenoit ces mots :

Le pauvre , l'abjet MEHEMET , fils
de Turabeye.

Le lendemain dix-huit Decembre de
cette année 1664. nous fîmes un grand
déjeûner dès les fept heures du matin.
Je crois que la coufine Hiché avoit
veillé toute la nuit pour le préparer.
Mais quand nous fûmes prêts à monter
à cheval , Hiché fe mit à crier , à fe jetter par terre , & à faire un tintamare
épouventable. Je lui promis d'être de
retour dans un mois. Elle dit qu'elle ne
le croyoit point, & qu'elle n'ofoit l'efperer. Il fallut que Haffan qu'elle ref-
pectoit infiniment fût ma caution , &
cela effuya fes larmes en partie.

Je montai ma belle cavalle , & je fis
mener en main mes deux autres chevaux. Haffan me vint conduire, & j'eus
toutes les peines du monde à empêcher une trentaine des Officiers de
l'Emir , & d'autres Arabes de venir
avec nous jufqu'à la riviere de Caïfa.

quelques rames de papier à Lettres, &
je lui marquai que j'allois travailler à
mettre mes affaires en état de retourner passer quelque tems auprès de lui.
Il me remercia de mon petit present,
& me marqua qu'il comptoit les momens de mon absence, qui lui paroissoient bien longs, & que je me souvinsse
de ma parole.

Je fus pourtant trois mois sans la
pouvoir executer, parce qu'il m'arriva deux Vaisseaux qu'il fallut expedier.

A la fin du mois de Mars 1665. je
me trouvai libre, & je résolus de retourner voir l'Emir. Je repris le chemin le plus court, n'ayant rien à craindre sur la route ; au contraire dès que
je fus rentré sur les terres de la dépendance, je trouvai des gens qui me
reçûrent à bras ouverts ; l'Emir avoit
si bien donné ses ordres, qu'il ne fut
pas necessaire de montrer la Patente
qu'il m'avoit donnée. Je fus défrayé,
carressé, bien traité. On s'empressoit
de me servir, de m'accompagner. Je
menai mon frere cadet avec moi, il
commençoit à parler Arabe assez cor-
rectement, & s'il avoit sçû bien former les caracteres de cette écriture,
je l'aurois peut-être laissé quelque tems
auprès de l'Emir,

Nous arrivâmes au Camp. Je descendis à la tente de Haffan, & j'allai auffi-tôt à celle de l'Emir. Dès qu'on m'eût annoncé, il fe leva, vint au-devant de moi, je voulus lui baifer la main, il m'embraffa en me difant, il y a long-tems que je vous attends, il faut que vos affaires vous ayent empêché de venir plûtôt. Je lui dis que j'en avois quitté d'affez preffantes pour venir lui faire ma cour, & paffer chez-lui quelques jours. Quelques jours, me repliqua-t'il ; vous m'affligez de trop bonne heure. Cependant mes domeftiques mirent à fes pieds le prefent que je lui avois apporté : car il s'étoit affis, & m'avoit fait affeoir auprès de lui. Comment, me dit-il, encore des prefens; avez-vous envie de vous ruiner pour m'enrichir ? Seigneur, lui répondis-je, fi vous avez de la peine à le recevoir de ma main, recevez-le au moins de ce jeune homme qui a l'honneur de vous l'offrir : c'eft mon frere le plus jeune. Je lui fis figne de s'approcher, il voulut lui baifer le bord de fa vefte, l'Emir lui prefenta fa main. Mon frere lui fit un petit compliment en Arabe, que l'Emir entendit avec plaifir. Il lui répondit gracieufement, & lui fit figne de s'affeoir. Je lui avois

1665.
Second
voyage de
l'Auteur au
Camp de
l'Emir Tu-
rabeye.

F iij

fait prendre un habit Arabe qui lui ſioit fort bien. Il étoit grand, fort bien fait, aſſez beau garçon, & ne manquoit pas d'eſprit. Il plût à l'Emir. Nous dînâmes avec le Prince, qui donna pluſieurs fois des fruits à mon frere.

Dans la converſation qui ſuivit le repas, le Prince me dit, il me ſemble que vous m'aviez promis de vous faiſe voir en habit de François, en avez-vous apporté un ? Je lui dis que je n'y avois pas manqué. Et quand nous le ferez-vous voir ? Tout à l'heure, ſi vous me l'ordonnez, lui repliquai-je. Allez donc vous habiller, & revenez ici, votre frere demeurera à votre place. J'allai au plus vîte à la tente de Haſſan. J'y trouvai la couſine Hiché qui me combla de careſſes, me montra la bague que je lui avois donnée, & me dit qu'elle avoit envoyé avertir Haſſan. Je la priai de trouver bon que je changeaſſe d'habit. Elle ſortit de la tente que j'avois trouvée tout en ordre : mes Valets s'y étoient établis. Je pris mes habits à la Françoiſe. J'avois une veſte de ſatin rouge, un juſte-au-corps de drap de la même couleur, avec des boutons d'orfévrie, des bas de ſoye, une perruque, un chapeau bordé d'or, avec un plumet blanc, des

gands brodez, mon épée & ma canne, &
dans cet équipage j'entrai chez l'Emir. 1665.
Je fis trois révérences à la Françoife,
& lui fis un compliment en François
qu'il n'entendoit point, & dont je fus
obligé d'être moi - même l'Interprete.
Il regarda long-tems mon habit, & dit
à la compagnie, cet habillement eft
propre à des gens de guerre, il les em-
baraffe moins que les nôtres, je le trouve de bon goût & fort commode. Il
faut que vous demeuriez avec cet habit jufqu'à ce que vous vous couchiez :
car il y a ici bien des gens qui voudront vous voir. J'entendis bien ce
que cela fignifioit. Toute la tente fut
remplie dans un inftant de curieux,
on venoit toucher mon habit, on l'e-
xaminoit, on le loüoit, on l'approu-
voit.

L'Emir étant allé chez la Princeffe,
fes Officiers me prierent de me promener avec eux dans le Camp. Il fallut
avoir cette complaifance. Je crois que
toutes les femmes feroient forties pour
me voir de plus près, fi la bienféance le leur avoit permis : car je
m'appercevois bien qu'elles me regardoient par les fentes de leurs tentes :
je les entendois rire & babiller felon la
coûtume du fexe.

F iiij

Je retournai à ma tente, où Hiché m'avoit fait apporter deux lits. Elle me dit que la Princeſſe me vouloit voir dans mon habit François, & qu'elle viendroit m'avertir quand il ſeroit tems de me promener. Cette bonne couſine étoit dans des tranſports de joye, qu'il faudroit avoir vû pour les exprimer. Elle donna à mon frere quelques milliers de bénédictions, & comme parens elle ôtoit ſon voile dès que nous étions ſeuls avec elle. Je ne l'appellois que ma couſine, & mon frere en faiſoit autant, ce qui lui plaiſoit beaucoup.

Hiché me vint avertir qu'il étoit tems de me promener, je menai mon frere avec moi, après l'avoir averti de quelle maniere il devoit ſe comporter. Quelques Officiers de l'Emir nous accompagnerent. Ils ſçavoient de quoi il s'agiſſoit, & me laiſſoient marcher de tems en tems ſeul, afin qu'on me pût mieux voir. On peut croire que je fus bien regardé. Il n'y avoit que ma barbe qui défiguroit un peu mon habillement. Par diſcretion nous ne nous promenâmes qu'un quart-d'heure, & nous rentrâmes dans ma tente.

J'allai ſur les huit heures faire ma cour à l'Emir, à qui il fallut compter

tout ce qui s'étoit paſſé pendant mon
abſence , & toutes les nouvelles de
l'Europe.

Haſſan étant arrivé , & s'étant pre-
ſenté à l'Emir , ce Prince lui dit : Votre couſin eſt un homme de parole, il
faut le divertir ſi bien qu'il demeure
long-tems avec nous. Après qu'Haſſan
lui eût rendu compte de ſes affaires ,
le Prince me dit : Vous me faites trop
de plaiſir pour vouloir que vous vous
faſſiez la moindre peine. Vous vivrez
comme vous avez fait ci-devant : Hiché aura ſoin de vous : Demandez ,
commandez , vous êtes le maître.

Nous nous retirâmes quelque tems
après , & nous allâmes nous mettre à
table. Deux Agas & quelques-uns des
Officiers de l'Emir vinrent ſouper avec
nous , je m'informai s'ils bûvoient des
liqueurs , & ayant ſçû que cela leur feroit plaiſir , j'en fis ſervir , & nous paſſâmes la ſoirée fort agréablement.

Je me levai d'aſſez bon matin , je
montai à cheval , & nous fûmes ſeuls
nous promener aux environs du Camp.
Haſſan me réitera ce qu'il m'avoit promis , & en attendoit l'occaſion avec
impatience.

Nous vînmes déjeûner , & quand je
fus averti que l'Emir étoit viſible , je

fus lui faire ma cour. Je le remerciai
des ordres qu'il avoit eu la bonté de
donner à ses sujets, dont je loüai fort
l'exactitude & les bons traitemens qu'ils
m'avoient faits. Je lui présentai deux
montres d'or que je lui avois apportées. Il les reçût agréablement, en me
disant qu'elles ne pouvoient venir plus
à propos, parce que la sienne étoit gâ-
tée, & qu'il ne sçavoit comment la
faire accommoder. Je me chargeai de
le faire, & je lui montrai à se servir
du réveil, qui étoit dans l'une de celles que je lui présentois. Il en fut charmé : car il n'avoit pas encore vû de
semblables instrumens. Vous aurez, me
dit-il, bien des visites à recevoir & à
rendre. Ayez soin qu'on regale comme il faut ceux qui viendront manger avec vous. Je lui demandai s'il
étoit content de son Secrétaire, il me
répondit qu'il avoit encore bien besoin
de mes instructions, & qu'il me prioit
de lui en donner. En effet, dès le jour
même ce Secrétaire me vint trouver,
& m'apporta plusieurs Lettres ausquel-
les l'Emir vouloit que je misse la main.
Je fis sortir mes gens, à un desquels
j'ordonnai de demeurer à la porte, &
de ne laisser entrer personne. Nous
travaillâmes trois heures, & je lui fis

faire toutes ſes dépêches. Il les porta
à l'Emir, qui lui dit, je vois bien que
Dervich-Naſſer y a mis la main comme je l'en ai prié, profitez bien du
tems qu'il voudra demeurer auprè de
moi.

Tous les ſujets de l'Emir me con-
noiſſoient. Dès qu'ils apprirent mon retour, ils vinrent en foule me rendre
viſite & m'apporter des preſens, &
voyant que je ne voulois pas les recevoir, ils les laiſſoient auprès de ma
tente, & s'en alloient en publiant le
bien que je leur avois fait. Le Prince
le ſçût, & me dit qu'il étoit bien aiſe
que ſes ſujets euſſent de la reconnoiſ-
ſance, & que je les attriſtois en refu-
ſant quelques bagatelles qu'ils m'of-
froient, comme une marque de leur
affection; de ſorte que je fus obligé
de les contenter, & de recevoir leurs
preſens; mais en échange, je leur en
faiſois d'autres que je les priois de garder pour ſe ſouvenir de moi.

L'Emir Dervicx fut averti de mon
arrivée dès le même jour, & je crois
que tous les autres Emirs le ſçûrent en
même-tems.

On dit qu'une des grandes dépenſes des Princes & des Seigneurs Italiens, eſt d'entretenir des Eſpions qui

les avertiſſent promptement de tout ce
qui ſe paſſe. Les Princes Arabes ſont
dans le même goût. Je ne ſçai pas
bien s'il leur en coûte beaucoup ; mais
je ſçai par experience qu'ils ne negli-
gent rien pour être informez de tout
ce qui ſe paſſe chez leurs voiſins. Quoiqu'ils paroiſſent fort unis & qu'ils le
ſoient en effet dans beaucoup de choſes, il ne laiſſe pas d'y avoir des jalouſies ſecretes entre eux, & pour en
éviter les ſuites, ils tâchent tous de
découvrir les ſecrets de leurs voiſins.
C'étoit pour cela que l'Emir Turabeye
ne voulut point ſe ſervir des Secretaires des autres Emirs, quand celui dont
j'ai parlé ci-devant lui manqua.

L'Emir Dervick vint au Camp du
grand Emir le ſurlendemain de mon
arrivée. Il vint mettre pied à terre à
ma tente, m'embraſſa, & me dit qu'il
venoit me voir & renouveller notre
amitié. Je lui preſentai mon frere, il
lui fit beaucoup de careſſes. Nous
l'accompagnâmes chez l'Emir. Après
les civilitez ordinaires, l'Emir lui dit :
Mon frere, ne venez-vous point m'enlever Dervich Naſſer. J'en ai grande
envie ; lui répondit le jeune Emir ; mais
il ne fera rien contre votre volonté.
Permettez donc, lui répondit l'Emir,

qu'il se repose quelques jours, & puis
nous le partagerons. La conversation
roula ensuite sur les nouvelles de l'Europe, dont ces Princes ne pouvoient
se lasser de m'entendre discourir. Je
laissai les deux Emirs ensemble, & je
m'en allai dîner. Je me trouvai à leur
dîné où je pris du caffé. On apporta
ensuite du *Bergé*. L'Emir nous dit, je
ne vous en presente point, car vous
m'avez dit qu'il vous faisoit mal, mais
vôtre frere n'en prendroit-il pas ? Je
lui dis qu'il étoit encore trop jeune
pour s'accoûtumer à cette drogue. Il fera bien, dit l'Emir, je suis bien fâché
de m'y être accoûtumé, & je voudrois
bien en pouvoir quitter l'usage. Rien
n'est si aisé, Seigneur, lui repliquai-je ;
vous n'avez qu'à diminuer chaque jour
la dose que vous avez accoûtumé d'en
prendre, & vous verrez que vous en
quitterez l'habitude, & que vous vous
en porterez mieux. Il faut commencer
dès ce moment, répondit-il. En effet,
il en prit un tiers moins. Il ne laissa
pas de s'assoupir quelques momens
après. Nous prîmes ce tems pour me
retirer à ma tente, où l'Emir Dervick
fit colation, & bût des liqueurs qui lui
plurent beaucoup. Il s'en retourna sur
le soir à son Camp, après m'avoir fait

promettre que j'irois, & que je l'en avertirois la veille.

Je passai encore cinq jours au Camp de l'Emir sans en sortir que sur le soir pour aller me promener. Ce n'est pas la coutume en ce Païs d'aller à pied. Il faut qu'un Arabe soit bien pauvre quand il n'a pas un cheval. Il est riche quand il a une cavalle de bonne race, parce qu'elle lui fait des poulins, qu'il est assuré de bien vendre.

L'Emir en avoit beaucoup & de fort belles, & les autres Emirs en avoient aussi. Ils ne se défont pas aisément de leurs cavalles, elles sont bien plus estimées que leurs chevaux, quoiqu'ils soient très-bons, & excellens coureurs ; mais les cavalles les surpassent, & sont d'une ressource infinie, on peut dire qu'elles ne courent pas, mais qu'elles volent, rien ne les arrête, elles franchissent des fossez qui arrêteroient les meilleurs sauteurs d'Europe.

Hassan eut soin d'avertir l'Emir Dervick du jour & de l'heure que je me rendrois auprès de lui. Je partis après déjeûné ; je trouvai à quelques cent pas du Camp une troupe d'Arabes que l'Emir Dervick envoyoit au devant de moi, & je le trouvai lui-

même à une demie lieuë de son Camp.
Nous descendîmes de cheval, nous
nous fîmes les civilitez ordinaires,
& nous arrivâmes à sa tente. Mon frere
lui fit un petit compliment, pendant
que nos valets mirent sur son tapis le
présent qu'il le pria d'accepter. Il le
reçût de bonne grace, & me dit : Je
reçois ces presens, parce qu'ils viennent de votre frere, car je me fâche-
rois si vous usiez avec moi de ces cérémonies. Je ne laissai pas de lui présenter une montre à boëte d'or, qu'il
ne reçût qu'après s'en être défendu
fort long-tems. Il n'en avoit point,
& je connus qu'elle lui faisoit plaisir.
Je lui appris à s'en servir, & il alla
sur le champ la faire voir à sa mere &
à sa sœur.

Il revint, on servit, & nous nous
mîmes à table. Nous nous y trouvâmes treize personnes. Les Arabes
n'ont point de superstition sur ce nombre, & en cela ils sont bien plus raisonnables que beaucoup d'Européens
à qui ce nombre fait peur. Il nous fit
grande chere, nous bûmes du vin.
Heureusement dix des conviez n'en
bûvoient point, & nous en eûmes
pour le soir. On servit à la fin quelques liqueurs que je lui avois don-

nées. Les dix conviez dirent que le
Prophéte ne les avoit pas défendües,
en bûrent, & les trouverent bonnes.
On dit Graces, elles ne font pas fi
longues que celles de nos Moines,
elles confiftent en trois paroles, Graces
à Dieu, & cela fuffit.

Après une affez longue converfation
nous montâmes à cheval, & nous allâmes nous exercer au jeu des cannes.
Je montai une cavalle de l'Emir qui
étoit excellente, c'étoit fa monture ordinaire.

Au retour il me pria de prendre
mon habit François, & que nous nous
promenerions autour des tentes. Je
vis bien ce que cela fignifioit. Je lui
donnai cette fatisfaction, & aux Princeffes qui n'avoient pas affez d'yeux
pour me regarder. Nous eunies une
plus groffe compagnie à fouper, qui
nous aida à achever le vin de l'Emir.
Pendant que nous étions à table, un
Emir de fes oncles l'envoya prier de
me mener chez lui avec mon habit
François. Il lui manda que nous irions
le lendemain dîner avec lui : nous y
fûmes en effet. J'étois vêtu à la Françoife : tous les Arabes fortirent de
leurs tentes, & fe mirent en baye
pour nous voir paffer. Le vieil Emir

vint recevoir son neveu, l'embrassa
tendrement, & nous fit entrer dans
sa tente d'audiance. Je le saluai à la
Françoise, & je lui fis mon compliment en Arabe : je lui présentai mon
frere qui lui fit aussi son compliment.
Il nous répondit fort poliment, nous
fit asseoir, & me demanda des nouvelles de Seïde & d'Europe. On servit peu après, nous fûmes bien réga-
lez, mais nous n'eûmes point de vin :
le vieillard étoit trop zelé observateur
de sa Loi pour en souffrir chez lui :
à cela près c'étoit un homme plein
d'esprit & de cordialité.

Nous passâmes l'après-dîné en conversation. Un Esclave noir vint dire
quelque chose à l'oreille de l'Emir
Dervick, qui me dit quelques momens après : Sortons & prenons l'air,
car il fait bien chaud ici. Je le suivis,
nous nous promenâmes à quelque distance des tentes des Princesses, &
quelquefois le jeune Emir s'arrêtoit :
je compris que c'étoit afin que les
Princesses me vissent tout à leur aise.
Nous rentrâmes dans la tente de
l'Emir : il nous fit servir des fruits,
du caffé & du sorbec pour notre colation, & puis nous prîmes congé de
lui, & nous allâmes chez un autre

Emir qui étoit son cousin. C'étoit un
jeune homme à peu près de l'âge de
l'Emir Dervick. Il fut charmé de voir
mon habillement qui lui plut beaucoup. Il nous régala bien, nous donna de bon vin, nous tint lóng-tems
à table, & convint d'une partie de
chasse pour le lendemain. Nous nous
en retournâmes un peu après minuit,
marchant au pas selon la coûtume du
Païs, qui veut que l'on ne presse jamais les chevaux que dans un besoin,
comme quand il faut poursuivre ou
se retirer. Les Seigneurs Romains
pensent à peu près de même : leurs
carosses, ou plûtôt les chevaux qui
les tirent ne vont qu'à petit pas dans
la ville, & quand on leur dit qu'ils
devroient les pousser un peu davantage, ils répondent sagement qu'il n'y
a qu'à partir de chez soi un peu plûtôt, & qu'on est arrivé à tems : cela
rend leur marche grave, & bienséante
à des gens qui font ou Ecclésiastiques,
ou qui prétendent descendre de ces
anciens Sénateurs qui alloient toûjours
d'un pas lent, qui les rendoit respec-
tables. Il est pourtant vrai que ces
mêmes Romains si graves dans la
Ville semblent laisser leur gravité à
la porte de la Ville, & courrent com-

me des Arabes qui suivent leur proye
quand ils sont à la campagne, & ne la
reprennent qu'en y rentrant.

Nous trouvâmes cinq jeunes Emirs
au rendez-vous avec leurs chiens :
notre chasse fut heureuse & si longue,
que nous ne retournâmes au Camp de
l'Emir Dervicx qu'après le coucher
du soleil. Nous nous mîmes à table
tout en arrivant, & nous mangeâmes
de grand appétit. On avoit apporté
six cruches de vin à l'Emir. Ceux qui
étoient du festin étoient des esprits
forts, sur qui la superstition d'une vaine
observance ne faisoit point d'impres-
sion. Nous vuidâmes nos six cruches
& quelques bouteilles de liqueurs,
après quoi nous allâmes nous reposer.
J'allai me promener le lendemain matin avant que l'Emir fût levé, je pris
un valet avec moi, & chacun notre
fusil, & nous chasfâmes sans chiens
& à l'avanture : nous ne laifsâmes pas
de tuer trois liévres, huit perdrix &
quelques pigeons, qui ne font pas des
ramiers quoiqu'ils foient sauvages.

Je trouvai l'Emir en peine de moi,
nous prîmes du caffé en attendant le
dîné, & nous fumâmes. Il lui prit
envie de s'habiller à la Françoise, il
fut aisé de le satisfaire, mais il ne lui

fut pas si aisé de se servir de mes habits ; la culotte sur tout l'embarassoit extrêmement, il s'y seroit pourtant fait, tout le reste l'accommodoit assez. Il alla dans ce nouvel équipage se faire voir à sa mere & à sa sœur, qui rirent à gorge déployée quand il entra dans leur tente, où il s'étoit fait annoncer sous mon nom : il y demeura longtems, & puis vint chez moi se déshabiller & reprendre ses habits. Nous dînâmes en compagnie, après quoi je pris congé de lui : il voulut m'accompagner une partie du chemin, & quand nous nous quittâmes après les protestations les plus marquées d'une sincere amitié, il me laissa une trentaine de ses Cavaliers pour m'escorter jusqu'au Camp du Grand Emir.

J'allai aussi-tôt faire ma cour à l'Emir. Il étoit à travailler avec son Secretaire, mais il y avoit ordre de me faire entrer dès que je paroissois. Vous vous êtes bien diverti, me dit-il, & nous avons beaucoup travaillé, venez nous aider. Je fis signe à mon frere de se retirer, & nous demeurâmes tous trois enfermez pendant plus de deux heures, & nous achevâmes toutes les dépêches : j'en écrivis la plus grande partie. L'Emir congédia son

Sécrétaire, & ordonna qu'on ne laif-
fât entrer perfonne. Hé bien, me
dit-il, comptez-moi votre voyage. Je
lui en fis le recit ; mais quand je lui
rapportai la mafcarade de fon neveu,
il en rit de tout fon cœur, en difant:
les jeunes gens font toûjours jeunes,
quand il viendra ici je le veux voir
en habit François. Cela le mit de fi
bonne humeur, que tous ceux qui entrerent enfuite pour lui faire leur cour
ne fçavoient fur quelle herbe il avoit
marché, tant il leur parut changé de
ce qu'il étoit quelques heures auparavant.

L'Emir Dervick envoya le lendemain un jeune cheval fort beau à mon
frere. L'Emir le vit, & me dit qu'il
vouloit lui donner une jeune cavalle
pour le mettre en ménage : je le remerciai par avance de la grace qu'il
lui vouloit faire.

Je demeurai au Camp de l'Emir Départ du
jufqu'au huitiéme de Mai que je pris camp de
congé de lui, malgré toutes les inftan- l'Emir.
ces qu'il me fit pour me retenir. Je lui
promis de le venir voir fouvent, &
autant que je pourrois connoître ne lui
être pas à charge. J'allai faire mes
adieux à tous les Emirs que j'avois été
voir, ou qui m'avoient fait l'honneur

de me rendre vifite, & à tous les
principaux du Païs. Cela m'occupa
encore fix jours, de forte que je ne
pus partir que le 15. du même mois.

L'Emir envoya la veille de mon départ la cavalle qu'il avoit promife à
mon frere, & voulut qu'il la montât
devant lui : il le fit de bonne grace, la
fit marcher au pas, au trot, au galop.
L'Emir fut content, & lui donna beaucoup de loüanges : je lui avois fait
prendre l'habit & les armes qui avoient
accompagné la cavalle, & cet habit
lui convenoit fort bien. Il defcendit,
& vint baifer la main de l'Emir pour
le remercier. Ce Prince l'exhorta à
s'adonner à l'étude des Langues Orientales, & à en bien former les caractè-
res, & l'affura que s'il vouloit s'attacher à lui, il le traiteroit fi bien, qu'il
lui feroit oublier fon Païs.

La coufine Hiché qui nous attendoit
dans ma tente, & qui avoit appris ce
que l'Emir avoit dit à mon frere, joi-
gnit fes avis à ceux de fon Maître. Je
lui avois fait quelques prefens, qu'elle
connut bien que je voulois qu'elle pré-
fentât à fa Maîtreffe. Elle l'avoit fait ;
& je reçûs d'elle d'autres préfens, que
je reconnus bien venir de la Princeffe.

Le 15. May la bonne Hiché nous
ſervit un grand déjeûné de bon matin :
elle eut ſoin de faire prendre à mes
valets des viandes cuites, du pain &
des fruits pour faire notre halte.

1665.

Nous arrivâmes heureuſement à
Seïde, où tout le monde nous congra-
tula d'avoir de ſi bons amis parmi des
Peuples qui paſſent pour les ennemis
de tout le monde, Il eſt vrai que leur
métier ordinaire eſt de décharger les
Voyageurs de ce qui peut les embarraſſer dans leur voyage, comme leurs
habits & leurs marchandiſes ; mais il
eſt rare qu'ils maltraitent & qu'ils tuent
perſonne, à moins qu'on ne ſe ſoit
mis en défenſe, on qu'on ait tué ou
bleſſé quelques-uns d'eux. En ce cas
leur vengeance eſt à craindre, & il
n'y a point de quartier à en attendre.
Du reſte ce ſont les meilleures gens du
monde, civils à leur maniere, hoſpi-
taliers, ſerviables, exacts dans leurs
promeſſes, & bien plus honnêtes gens
que les Européens ne ſe l'imaginent.
C'eſt pour les détromper, qu'ayant une
connoiſſance très-exacte & très-éten-
duë des mœurs & des coûtumes de
ces Peuples, je me trouve obligé de
les repréſenter tels qu'ils ſont à ceux
qui en jugent ſi mal, & c'eſt ce que

je vais faire voir dans les Chapitres
1665. suivans.

CHAPITRE VII.

Des Arabes en général.

IL semble qu'on ne devroit appeller Arabes que ceux qui habitent
les trois Arabies , ou qui y ont pris
naiſſance. Cela a été & devroit encore être; mais depuis les conquêtes que
les Turcs ont faites dans ces vaſtes
Païs , ils en ont tellement changé le
Gouvernement , les Coûtumes & les
Peuples, les diviſions de leurs Provinces , & les ont tellement moleſtez
qu'ils les ont obligez de ſe répandre
de tous côtez , & juſqu'en Afrique où
il y en a en bien des endroits & juſques
ſur le Niger.

Tous les Arabes tirent leur origine
d'Abraham par ſa ſervante Agar , dont
il eut un fils nommé Iſmaël. Dieu qui
lui commanda de chaſſer cet enfant
& ſa mere de ſa maiſon , lui promit
que cet enfant ſeroit le pere d'un Peuple très - nombreux. Cela eſt arrivé
comme Dieu l'avoit promis. Les Peuples qui vinrent d'Iſmaël ont été ſans
contredit

contredit plus nombreux que tous les
autres , & fe font étendus bien davantage que les Ifraëlites même , qui
étoient le Peuple choifi de Dieu. On
les a connus dans les fiecles bien recu-
lez , fous le nom d'Agaréniens , comme
defcendans d'Agar , ils prirent enfuite
le nom d'Ifmaëlites qui leur convenoit
mieux , puifqu'Ifmaël étoit leur pere
inconteftablement. Jofeph fut vendu
par fes freres à des Ifmaëlites qui trafiquoient en Egypte. On les appella
Sarafins du nom de Sara femme d'A-
braham qui n'a jamais été leur mere.
Ce nom leur faifoit plus d'honneur
que celui d'Agar. Quelques Auteurs
ont prétendu que ce nom venoit du
mot Arabe *Saraz* , qui fignifie voler ,
ainfi Arabe & Voleur feroient des
noms fynonimes. Cette étymologie, toute honteufe qu'elle eft, ne leur convient
pas mal : car c'eft le métier favori d'u-
ne grande partie d'entre eux , & fur-
tout de ceux qui habitent l'Arabie dé-
ferte ou Petrée.

Il me femble que puifqu'ils cherchoient un nom qui pût illuftrer leur
origine , ils devoient prendre Abraham pour leur pere , & fe nommer
Abrahamiens ou Abrahamites; on n'auroit guéres pû le leur contefter : car ils

Tome III. G

en defcendent réellement , on ne peut
pas même dire qu'ils foient bâtards :
car leur mere Agar, quoique fervante ,
ne peut pas être regardée abfolument
comme une concubine. Sara étant fte-
rile avoit confenti qu'Abraham eût des
enfans de fa fervante. Cela étoit d'u-
fage en ce tems , & l'a été encore depuis , comme on l'a vû dans les fervantes de Lia & de Rachel, dont les
enfans ne furent point regardez comme bâtards ; mais comme les enfans
de Jacob, qui leur donna une part é-
gale à celle des enfans de Lia & de Rachel dans fon heritage.

Les Arabes que l'on voit aujour-
d'hui dans la Paleftine, la Syrie , les
Arabies & l'Afrique font les defcendans d'Ifmaël. C'eft parmi eux qu'eft
né le féducteur Mahomet. Ainfi il ne
faut pas s'étonner s'ils ont embraffé
fa Loi & fa Doctrine , qui n'eft qu'un
amas confus, informe & ridicule du
Judaïfme , du Chriftianifme, & de la
plûpart des héréfies qui infectoient
alors l'Eglife, & en corrompoient la veritable doctrine & la pureté.

Les Arabes font divifez en plufieurs
familles , que des interêts particuliers
ou des vieilles querelles ont rendus ir-
réconciliables ennemis. Il y a des Ara-

bes à qui on a donné le nom de Maures ; ce n'eſt pas qu'ils ſoient originai-
res de la Mauritanie Royaume d'Afrique ; mais c'eſt parce que les veritables Arabes les mépriſent , les regardent comme des gens ſans honneur,
qui ont dégéneré des vertus de leurs
ancêtres, en s'établiſſant dans les Villes , travaillant à la terre , exerçant des
arts & des métiers , choſes tout à fait
indignes de la nobleſſe des veritables
Arabes, tels que ſont ceux du Mont-
Liban & de bien d'autres endroits ,
qui à l'exemple de leurs peres fuyent
les Villes , demeurent toute leur vie
ſous des tentes , & n'ont d'autre exercice que celui des armes. Ils ſont à la
verité ſujets du Grand Seigneur ; mais
ils le ſont malgré eux, toûjours prêts
à ſe révolter , & ils donneroient bien
de l'exercice aux Turcs, & ſecoüeroient
aiſément leur joug s'ils pouvoient ſe
réconcilier , oublier leurs inimitiez particulieres & ſe réünir ſous un ſeul
Chef. Mais les Turcs ont un ſoin particulier d'entretenir des jalouſies parmi
eux , afin qu'étant diviſez , ils viennent
plus aiſément à bout des uns & des
autres.

Malgré tout cela, les Officiers du
Grand Seigneur les craignent, & les

traitent d'une maniere bien differente
de celle dont ils traitent ses autres sujets, soit Grecs, Egyptiens & autres,
& ils ont raison : car les Arabes sont
braves & fort nombreux ; il y a peu
de gens qui puissent supporter la fatigue comme eux , qui soient plus
prompts, plus actifs, plus vigilants, &
s'ils avoient l'usage des armes à feu
comme les Turcs & les Drusses, il est
certain qu'ils secoüeroient aisément le
joug des Turcs.

Je leur ai demandé quelquefois pourquoi ils ne se servoient pas de nos armes ; ils m'ont répondu qu'ils n'en blâ-
moient pas l'usage dans lés armées;mais
qu'elles ne convenoient qu'à des lâ-
ches, qui tuënt leurs ennemis avant d'ê-
tre en état de leur parler. La lance ,
me disoient-ils, est l'arme la plus ancienne & la plus noble ; l'arc & les
fléches ne doivent être employées que
contre les animaux , que l'on ne peut
pas approcher d'assez près pour les
combattre corps à corps ; encore leurs
Chasseurs ne s'en servent ils jamais.
J'ai déja remarqué qu'ils forcent les
gazelles & les liévres avec des chiens,
& que les oiseaux sont en sûreté chez
eux.

Quoique des raisons de politique

les obligent à obéïr aux ordres du
Grand Seigneur, on peut dire qu'ils ne
le font qu'à regret. Toute leur obéïſ-
ſance eſt reſervée pour leurs Emirs, &
pour leurs Cheiks qui commandent ſous
eux.

Ils ſe donnent par honneur le nom
de Bedoüins, qui ſignifie des hommes
champêtres ou des Habitans des Dé-
ſerts. Ce nom convient parfaitement
bien à leur état, à leur profeſſion & à
leur origine. En effet, l'Ecriture Sainte nous apprend que leur pere Iſmaël
demeuroit dans le Déſert, & que ſon
exercice ordinaire étoit la chaſſe. Il y
a apparence que de la chaſſe des bêtes,
il paſſa à celle des hommes, non pas
pour les manger comme font quelques
Peuples de l'Afrique, mais pour les
voler ; de ſorte qu'il ſe fit des ennemis
ſans nombre, & devint auſſi l'ennemi
de tous ſes voiſins. *Manus ejus contra
omnes, & manus omnium contra eum.*
Cet oracle de l'Ecriture ſe verifia dans
Iſmaël, & ſe verifie encore à preſent
dans ſes deſcendans. C'eſt leur occupation favorite, c'eſt le ſeul art qu'ils
cultivent. Ils y ſont de grands maîtres,
& en pourroient donner des leçons aux
plus habiles.

Ils ſont extrêmement jaloux de le

nobleſſe de leur origine , & ſe regardent comme les premiers Peuples du monde , ils ne ſe méſallient preſque jamais en épouſant des femmes Turques ou Maures. Ils regardent les premiers comme des uſurpateurs de leur patrimoine , & les ſeconds comme des bâtards qui ont dégéneré de la nobleſſe de leurs ancêtres.

Toute leur occupation eſt de monter à cheval, d'avoir ſoin de leurs troupeaux, & de faire des courſes ſur leurs ennemis, c'eſt-à-dire, ſur tout le monde , à moins qu'on ne ſoit de leurs amis & ſous leur protection : car alors on trouve chez-eux l'hoſpitalité la plus parfaite, une fidelité à toute épreuve, la civilité & toute la cordialité qu'on peut ſouhaiter. Il eſt vrai qu'il faut s'accoûtumer à leurs manieres ſimples & champêtres, & vivre comme eux à la Bedoüine. Les Emirs vivent d'une maniere plus noble & plus aiſée, ce que j'en ai dit ci-devant le marque aſſez.

Les Ecrivains qui leur ont donné des Royaumes & le titre de Roi à quelques-uns de leurs Princes, ſe ſont trompez lourdement. Celui même qui eſt à la tête de tous les Arabes , qui ſont entre le Mont Sinaï & la Mecque,

ne s'en eſt jamais paré. Il eſt puiſſant à
la verité, & pourroit le prendre à plus
juſte titre que tous ces Rois de la Paleſtine, dont les Etats étoient renfer-
mez dans leur Ville ou Village & dans
leur territoire fort borné; au lieu que
celui-ci a des Païs immenſes où il pro-
mene comme il lui plaît ſes Villes ou
Villages ambulans, & à qui les Turcs
ſont obligez de payer des contributions annuelles, afin qu'il ne bouche
pas les puits, & qu'il n'inſulte pas les
Caravannes qui vont à la Mecque. Il
eſt encore vrai qu'il a un bien plus
grand nombre de ſujets que les Princes qui demeurent dans la Syrie, la
Paleſtine, & les autres Etats d'Aſie &
d'Afrique. Cependant il ſe contente de
la qualité modeſte d'Emir, c'eſt-à-dire,
Seigneur. Quand on dit Emir ſimple-
ment, on entend l'Emir principal ou le
Chef de la famille, dont les branches
ont auſſi des Emirs que l'on diſtingue
par leur nom, que l'on joint toûjours
à leur qualité, comme l'Emir Dervicx, l'Emir Corquas & autres. Ces
Princes reconnoiſſent l'Emir tout court
comme leur Chef, le reſpectent, lui
obéïſſent dans certaines choſes; mais
ils ſont auſſi abſolus & auſſi Souverains
que lui dans leurs Camps, & dans leurs

territoires qu'il l'eſt dans le ſien.

Les Cheixs obéïſſent aux Emirs dans le diſtrict deſquels ils ſont. Ce mot ſignifie ancien ou vieillard. Si on ſuivoit exactement ce que le mot ſignifie, ce ſeroient toûjours les plus âgez qui ſeroient Cheixs ; cependant on en voit d'aſſez jeunes qui ont cette qualité comme par ſucceſſion & par heritage. Ils ſont, à proprement parler, les Gouverneurs d'un ou de pluſieurs Peuples Chrétiens ou de Maures, c'eſt à eux à lever les contributions que les Païſans doivent à leurs Emirs, & à lui en rendre compte ſuivant les ordres qu'ils en reçoivent. C'eſt auſſi à eux à terminer les differends qui naiſſent entre leurs Peuples, ſauf l'appel à l'Emir s'ils ne ſont pas contents du jugement du Cheix.

On donne auſſi par honneur la qualité de Cheik aux gens de Lettres. Il ne faut pas pour cela avoir pris les degrez dans quelque Univerſité, ni être Docteur dans les formes, & après beaucoup de dépenſes, qui tiennent ſouvent lieu de ſcience & de probité. Il ſuffit de ſçavoir lire & écrire en Arabe. Un homme qui ſçauroit avec cela le Turc, le Perſan, le Grec vulgaire ſeroit un Cheik par excellence, il ſeroit plus

estimé que s'il étoit Docteur en Theo-
logie, en Droit, en Medecine. Si j'a-
vois voulu m'établir chez les Arabes,
j'aurois été sans contredit le premier
Cheik du Païs.

Quand ceux qui font Cheiks font
d'un âge peu avancé, on doit supposer
que l'art de gouverner, la prudence &
la probité ont précedé les années.

Quoique la plûpart ne s'amusent pas
à étudier, ils ne laissent pas d'avoir
l'esprit bon, solide, juste, pénétrant :
ils feroient des progrès infinis dans
les sciences comme ils en ont fait autrefois ; mais ne deviendroient-ils pas
orgüeilleux, entêtez, contredisans,
querelleurs, pleins d'eux-mêmes, & de
leurs chimeres, comme font nos Sça-
çans ? Leur ignorance conserve l'union
& la paix parmi eux, ils vivent dans
une heureuse simplicité, & quoiqu'ils
ne manquent pas de politique, on n'en
voit point qui se dessechent la cervelle
à force de rafiner sur la conduite des
autres.

Le Grand Seigneur les laisse vivre
dans ses Etats comme il leur plaît, il
n'en exige ni contributions, ni taxes.
Tout ce qu'il attend d'eux, c'est d'aider ses Officiers à châtier les rebelles,
& à les ranger à leur devoir. Lorsqu'il
G v

a befoin d'eux, ce ne font pas des or‑
dres fuperbes qu'il leur envoye com‑
me à fes Pachas, ce font des prieres
qu'il leur fait, qui pour l'ordinaire font
accompagnées de préfens. Il eſt vrai
que les Pachas les leur envoyent à leur
nom, & non à celui du Sultan ; c'eſt
une délicateſſe qui ne change rien au
fond.

L'Emir envoye auſſi quelquefois des
préfens au Grand Seigneur, ou à fon
avenement au Trône Imperial, ou à
fon Mariage, ou à ceux de fes enfans
quand il en eſt informé. Ce font pour
l'ordinaire de beaux chevaux ou des
chameaux d'une taille extraordinaire.
Ils ne les font jamais conduire par leurs
Officiers à Conſtantinople. Ils ne fe
fient pas aſſez aux Turcs pour livrer
leurs gens entre leurs mains dans des
lieux ſi éloignez. Ils les envoyent à
quelque Pacha leur voiſin, qui a foin
de les faire conduire à la Porte. Le
Grand Seigneur ne manque guéres de
les en remercier par quelque préfent.

Outre les Arabes que l'on voit dans
la Syrie, la Mefopotamie, l'Egypte
& l'Afrique, il y a une autre efpece
d'Arabes dans la Syrie & dans la Pa‑
leſtine, qui vivent d'une maniere bien
differente de ceux dont il eſt queſtion
ici.

On les appelle Turkmans ou Turcomans. Ils demeurent à la campagne,
font fujets du Grand Seigneur, & lui
obéïffent, leurs tentes font de toile
blanche. Ils font un grand trafic de toutes fortes de bétail, ce qui les enrichit.
Ils font propres dans leur Camp, couchent fur de bons lits, & font bien
plus fobres & plus ménagers que les
autres Arabes. Ils ne volent point fur
les grands chemins ; au contraire ils
aiment les Etrangers, les reçoivent
agréablement, les logent & les nourriffent fans qu'il leur en coûte rien, ils
font par conféquent d'un grand fecours aux Voyageurs qui paffent dans
leur Païs, où il n'y a ni Khans ni Hôtelleries. C'eft un proverbe en Orient,
qu'il faut manger chez les Arabes, &
coucher chez les Turcomans, pour marquer la bonne chere des uns & les bons
lits des autres.

Il eft difficile de fçavoir bien au
jufte ce que font les Turcomans. Eux-
mêmes ignorent leur origine, & ne
fe mettent pas en peine de la rechercher. Les veritables Arabes en fçavent plus qu'eux, & cependant ils
n'en fçavent pas exactement toutes
les fuites. Je parle des gens ordinaires ; car les Emirs & les Cheiks en

G vj

font bien informez , parce que cette
connoiſſance leur eſt neceſſaire pour
prouver que leur rang & leur autorité eſt hereditaire dans leurs familles.
Je ne m'étendrai pas davantage ſur
ces recherches. Outre qu'elles ſont
d'aſſez peu de conſéquence , il eſt
trop difficile d'en pénétrer la verité.

J'ai parlé des familles Arabes de la
banniere blanche , de la rouge & des
Druſſes. Il faut à preſent parler de la
famille de l'Emir Turabeye, qui eſt ſans
contredit la plus noble de toutes celles
qui demeurent dans la Syrie.

CHAPITRE VIII.

De l'Emir Turabeye Prince des Arabes du Mont-Carmel , de ſa Famille , & de ſon Gouvernement.

TUrabeye eſt le nom du Chef de
cette famille , il eſt Arabe , & ſignifie poudre ou pouſſiere. Les Princes de cette Maiſon occupent depuis
long-tems une partie du Mont-Carmel
ils ne l'ont occupé entierement que
depuis la mort violente de l'Emir Fekerdin Prince des Druſſes , qui n'ont
jamais paſſé pour Arabes , comme je

l'ai fait voir en parlant de ces Peuples, dans le premier volume de ces memoires. Ce n'a été qu'après la mort de ce Prince que les Arabes de la Maison Turabeye ont occupé le Carmel entier, par le consentement du Grand Seigneur, qui ne pouvoit pas faire autrement, puisque ces Princes en possedant déjà une partie, se feroient emparez du reste, & auroient engagé le Grand Seigneur dans une guerre dangereuse, & dont les suites auroient pû être funestes à ses Etats voisins; au lieu qu'en le cedant de bonne grace à ces Princes, s'il n'en a pas fait des tributaires, il en a fait des amis, qui sont toûjours prêts à soûtenir ses interêts, & à faire respecter ses ordres par des Peuples qui sont naturellement jaloux de leur liberté, qui ne souffrent qu'avec peine le joug très-dur de ses Officiers, & qui le secoüeroient de tout leur cœur, s'ils en trouvoient l'occasion.

Il est impossible de sçavoir au juste dans quel tems les Princes de cette Maison ont commencé de s'établir au Mont-Carmel, ni où ils étoient auparavant.

Les Emirs qui étoient en 1664. à la tête des differentes branches de cette

famille étoient au nombre de dix-huit.
1665. Ils étoient tous parens, freres, oncles
ou coufins germains, ou iffus de germains. Leurs dignités font hereditai-
res dans chaque branche ; mais la branche aînée eft toûjours celle dont l'aîné eft reconnu par toutes les autres
comme le chef de toute la Nation.

L'Emir Mehmed qui eft celui dont
j'ai parlé dans ce volume, avoit fuccedé à fon frere l'Emir Zoben qui étoit
mort fans enfans à la fin de l'année
1660. C'étoit un Prince plein d'efprit,
& d'un rare merite, capable des plus
hautes entreprifes, s'il n'avoit pas été
fujet à des emportemens qui rendoient
fon gouvernement dur ; il étoit quelquefois intraitable, & par confequent
peu aimé de fes fujets & de fes voifins.

Portrait
de l'Emir
Mehmed
chef des
Arabes du
Mont-Car-
mel.

L'Emir Mehmed étoit d'une petite
taille, bien prifé à la verité ; mais fi
maigre & fi décharné, qu'il n'avoit,
pour ainfi dire, que la peau collée fur
les os. L'ufage immoderé du *Bergé*
l'avoit rendu fi tremblant de tous fes
membres, qu'il ne pouvoit rien tenir
avec affûrance. Les vapeurs de cette
drogue l'affoupiffoient à un tel point,
qu'il raifonnoit fouvent fort mal à propos. Il ne vivoit que de fruits cruds

& de caffé , & paffoit tout le jour à
fumer & rêver au milieu de fes Cour-
tilans , & à racler un bâton de bois
blanc avec fon couteau.

Il ne laiffoit pas de donner audience aux étrangers ; & comme fes Officiers avoient foin de n'introduire perfonne que quand l'operation du Bergé le mettoit en état de les écoûter
& de leur répondre , il le faifoit avec
beaucoup de fageffe & d'efprit. Il
avoit environ quarante ans en 1664.

Il avoit l'ame belle & généreufe ,
& fes inclinations étoient portées au
bien. Il étoit doux, liberal, fans façon,
fans hauteur , fans vanité. Il faifoit du
bien à fes domeftiques , & à tous ceux
qui avoient recours à lui. Il vivoit moralement bien. Il étoit jufte , équita-
ble , défintereffé. Il abhorroit le fang
& toute forte de vio'ence. Il regnoit
dans les cœurs de fes fujets par fa douceur. Il ne laiffoit pas d'être craint ,
quoiqu'il ne fît mourir perfonne,& que
fes p'us rudes châtimens ne fuffent
que de faire mettre aux coupables les
entraves d'un cheval , difant qu'un
homme qui a du cœur étoit p'us puni de fe voir réduit à la condition des
bêtes que fi on lui ôtoit la v'e ou fon
bien. Il ne laiffoit pas d'être obéï avec

plus de ponctualité que ceux qui auroient employé le fer & les supplices
les plus rigoureux.

Il étoit dans une aussi étroite liai-
son qu'elle le pouvoit être avec les
Páchas ses voisins. Il en recevoit des
presens, & ne manquoit pas de leur
en faire. Il traitoit magnifiquement
leurs Envoyez, & outre les caresses
& les politesses dont il les combloit, il
ne manquoit jamais de leur faire des
presens de chevaux & d'habits.

Il étoit d'un accès facile, & tenoit
sa parole avec une exactitude qui alloit jusqu'au scrupule. Quand il avoit
promis sa protection, on y pouvoit
compter. Il servoit ses amis de bonne
grace & avec chaleur. Il gardoit inviolablement le secret, ne parloit jamais mal de personne; il étoit l'ennemi déclaré des médisans & des men-
teurs. Ceux qui ne le connoissoient pas
à fond avoient peine à se persuader
qu'il y eût une si belle ame dans un
corps d'une si petite apparence. Il
étoit brave, ne craignoit point le pé-
ril, sçavoit la guerre à la façon de sa
Nation, & n'étoit point du tout cruel.
Quand il avoit remporté quelque avantage, quand même il lui avoit coûté
du sang, chose très-rare dans ces

Peuples , & quand fes Officiers prenoient la liberté de lui en dire quelque chofe, il leur répondoit que la défenfe étoit de droit naturel , & qu'ils
avoient plus de raifon de fe défendre
qu'on n'en avoit de les attaquer.

Il avoit époufé une très-belle femme , fille d'un des premiers Emirs de
fa Maifon. Il n'en avoit point d'enfans ; c'étoit une raifon pour la répudier , & d'en prendre une autre;
mais il l'aimoit paffionnément , & elle
le meritoit; car elle l'aimoit de même , & avoit pour lui des complai-
fances infinies. Elle fouffroit fes in-
firmitez , qui le mettoient quelquefois
de mauvaife humeur ; elle avoit de la
vertu, de la fageffe. Il étoit rare qu'elle lui demandât quelque chofe , & il
étoit encore plus rare qu'il ne la pré-
vînt pas en toutes chofes. D'ailleurs
comme on fçavoit qu'elle avoit beaucoup de pouvoir fur fon efprit , c'é-
toit à elle qu'on s'adreffoit par le
moyen de Hiché , qui étoit fa confidente, qui étoit en même tems la dé-
pofitaire des prefens qu'on lui faifoit
en or , argent , pierreries & autres
chofes de prix , dont elle faifoit part
aux femmes qui la fervoient , & aux
domeftiques de l'Emir fon époux.

L'Emir demeure toûjours campé dans
le Mont Carmel. Ses tentes sont au centre du grand cercle que font celles de
ses sujets autour des siennes , sans être
environnées d'aucune enceinte, de fossez , de murailles & de palissades ,
n'aimant pas à être enfermé : il leur
suffit d'un rempart Macedonien, c'est-
à-dire , de leurs propres corps, pour se
défendre de leurs ennemis. Il est vrai
qu'ils pourroient être surpris ; car ils
ne font ni garde ni patroüille ; mais
ils ont toûjours des gens en campagne , qui ne manqueroient pas de les
avertir, s'ils appercevoient quelque
corps de troupes en marche de leur
côté, & dans un instant ils seroient
à cheval & armez. Je crois qu'ils ne
feroient pas une longue résistance à
pied. Ils ne font braves qu'à cheval ,
encore craignent-ils les armes à feu.
En ce cas ils prendroient la fuite, mais
leur Camp seroit pillé , & on enle-
veroit leurs femmes, leurs enfans &
leurs meubles.

Les autres Emirs de sa famille ont
leurs camps autour du sien, à une ou
deux lieuës de distance , & les Villages habitez par les Chrétiens & les
Maures qui sont leurs Païsans, font
dans les entre-deux de ces Camps , &

au delà. Ils cherchent toûjours à se
camper auprès des rivieres ou des grof-
ses fontaines, tant pour leur commodité particuliere, qu'à cause de leurs
bestiaux, en quoi consistent leurs richesses les plus solides.

L'Emir tire les revenus des Villages
qui sont de sa dépendance, & les droits
d'entrée & de sortie des Ports qui y
sont enclavez. Le Grand Seigneur ne
lui en demande rien : il exige seulement qu'il tienne les chemins libres,
& qu'il fasse escorter les caravannes
des Marchands, & les couriers qui vont
à la Porte, ou qui en reviennent. Avant
cet accord les Arabes arrêtoient les
Couriers, les dépoüilloient & déchi-
roient leurs dépêches. Ils ne le font
plus depuis qu'il a revêtu l'Emir Turabeye de la qualité de *Sanjak-Beghi*,
c'est-à-dire, Seigneur à banniere. Ce
qui lui donne le pouvoir de faire combattre ses troupes sous l'étendart du
Grand Seigneur, d'arborer un Toug ou
queuë de cheval, & d'avoir un certain
nombre de hautbois, de tambours, de
trompettes & timballes comme les Pachas, mais en moindre quantité.

Tous les autres Emirs sont Souverains chez eux, c'est-à dire, dans leurs
Camps, qui sont composez d'une quan-

tité d'Arabes attachez à leurs personnes & à leurs Maisons particulieres,
dont ils se disent serviteurs. Ce sont
les troupes, à la tête desquelles ils com-
battent, & qu'ils conduisent quand
l'Emir qui a le titre de *Sanjak-Beghi*
les mande; Ils se rendent aussi-tôt auprès de sa personne avec leurs maisons, & le suivent aux expeditions
pour lesquelles ils sont mandez.

Quand ils sont tous réünis ils peuvent faire un corps d'environ cinq mille Cavaliers, ce qui est considerable
pour un Païs qui n'a gueres que quarante lieuës de circonference.

Outre les Arabes qui composent la
Milice de l'Emir, il y a dans les Villages des Chrétiens & des Maures qui
habitent les Villages du Carmel, ce sont
eux qu'ils appellent Rabays ou Sujets. Ils
vivent doucement sous sa domination,
en payant la dixme de tout ce qu'ils
recüeillent. C'est le Cheik qui en est
le Receveur & le Gardien. Ses droits
sont reglez & assez modiques pour ne
pas fouler ses Sujets. Toutes ces dix-
mes se payent en especes, & par conséquent les revenus de l'Emir dimi-
nuënt ou augmentent à proportion que
les récoltes sont bonnes ou modiques.

Avec tout cela les revenus de ce
Prince ne montent qu'à cent mille écus
ou environ par an : c'est peu, comme
l'on voit, mais c'est assez, parce qu'il fait
peu de dépense. Il ne donne aucune
solde à ses troupes, le bled & la
viande ne lui coûtent rien. Il nourrit
presque toutes les familles de son
Camp de ce qui sort de sa cuisine.
Les Officiers qu'il envoye pour des
Commissions ont leurs droits réglez, qui
sont fort modiques.

Il y a très peu d'Arabes qui n'ait des
troupeaux, & qui ne fasse assez de trafic de son bétail pour avoir abondan-
ment toutes ses commodités, à leur maniere, qui nous paroît miserable en la
comparant à la nôtre, qui l'est en effet plus que la leur ; mais ils joüissent en paix de ce qu'ils ont, s'en
contentent, & vivent heureux & tran-
quilles.

La principale richesse des Emirs ne
consiste qu'en chevaux, chameaux,
bœufs, moutons, chevres & grains.
Ils en vendent ou en troquent selon
leurs besoins aux Marchands qui suivent le Camp, ou les envoyent aux
Ports de mer & achetent du caffé,
du ris, des legumes, des toiles, des
draps, des étoffes de soye, & autres

choſes qui ne viennent point chez eux,
& leurs beſoins remplis ils gardent l'argent qui leur reſte , & ont ſoin de le
changer en ſequins, qu'ils cachent dans
leurs tentes , pour l'emporter plus facilement avec eux quand quelques affaires imprévûës les obligent de délo-
ger promptement. Cette œconomie leur
fait amaſſer des ſommes très-conſidera-
bles. Il s'eſt trouvé de vieux Emirs
qui avoient plus d'un million de ſequins.

L'Emir Turabeye profeſſe la Religion Mahometane , parce qu'il y eſt
né , il eſt Mahometan de bonne foi,
& dit qu'il faut qu'un honnête homme ait une Religion , mais il ne s'eſt
jamais aviſé de l'approfondir. Il n'a
dans ſon Camp ni Moſquée , ni Miniſtre de la Loy. Il fait ſa priere dans
ſa tente , ſans trop s'embarraſſer de
l'heure ni de la quantité d'Oraiſons
que la Loy preſcrit à ſes Sectateurs.
Les autres Emirs ſuivent aſſez régu-
lierement ſon exemple. On peut dire
à leur loüange , qu'ils ne ſont ni ou-
trez ni ſuperſticieux dans leurs obſer-
vances. Ils aiment leur liberté en tout
tems , en tous lieux , & dans la Religion comme dans toutes les autres
choſes. Ordinairement pourtant ils font

la priere en public les Vendredis , &
pendant le mois du Ramadan , qui est
leur tems de penitence & leur Carême.
Ils jeûnent quand ils le peuvent faire
sans s'incommoder , ce sont des Mahometans commodes , & des esprits
forts.

L'Emir juge souverainement tous les
differends qui naissent entre les Emirs
de sa famille & entre ses Sujets. Il est
rare qu'il punisse de peine capitale ;
mais la plus ordinaire est la peine pé-
cuniaire ou l'amende. C'est un châtiment politique qui grossit ses parties
casuelles.

J'ai déja remarqué que l'Emir loge
toûjours sous ses tentes. Il a pourtant
environ à trois lieuës de son camp un
très-beau Palais , qui a été bâti par
l'Emir Fekerdin , dans le tems qu'il
étoit Maître du Païs. Ce Prince aimoit
à bâtir , & avoit bien du goût pour
l'Architecture. Je fus voir cette belle
maison dans mon second voyage , elle
est très-bien bâtie , elle a une vûë
charmante ; les appartemens sont
grands , magnifiques , disposez d'une
maniere galante, & fort commode : un
Prince y seroit parfaitement bien logé,
si on y vouloit faire quelque dépense
pour la remettre en bon état. J'en dis

ma penſée à l'Emir à mon retour. Vous ſçavez, me dit-il, que notre coûtume n'eſt pas de nous enfermer dans des Villes ni dans des maiſons. Vous ai-mez les murailles, vous autres Francs: Hé bien, je vous la donnerai, avec au-tant de terres & de Villages que vous voudrez, ſi vous voulez vous établir auprès de moi. Je le remerciai très-humblement d'une offre ſi obligeante, & je lui dis que ſi je pouvois joüir de l'honneur d'être à ſon ſervice tout le reſte de mes jours, je ne vou-drois pas quitter ſon Camp, ni m'é-loigner de ſa perſonne plus que je l'é-tois dans la tente où j'étois logé. Mon compliment lui fit plaiſir, & aſſuré-ment j'étois dans ces ſentimens, & ſi j'avois eu des affaires qui m'euſſent obligé de me bannir de ma patrie, je n'aurois point choiſi d'autre retrai-te. Il me dit avec la maniere la plus obligeante: Je ſuis bien fâché de n'a-voir rien qui puiſſe vous tenter, car vous ſçavez combien je vous aime, & à quel point je vous eſtime.

Les Arabes ne veulent point être en-fermez. Quelque bien qu'ils ſoient avec les Turcs & avec leurs voiſins, ils craignent toûjours d'être ſurpris par les uns ou par les autres. Les Turcs ne

ne les voyent qu'à regret dans le Païs
dont il prétendent être les Maîtres ab-
folus , & s'ils pouvoient exterminer
toute la Nation , ils n'héſiteroient pas
un moment , & n'attendroient pas des
ordres particuliers de la Porte , ſçachant bien qu'ils feroient approuvez
s'ils en venoient à bout ; car les Arabes font une épine à leur pied dont ils
voudroient bien fe débaraſſer. Ce beau
palais fe détruit peu à peu, faute d'être
habité , & manque de quelque leger
entretien , & il tombera en ruine comme beaucoup d'autres édifices de l'E-
mir Fekerdin.

Les Emirs ne font fervis que par des
Arabes leurs fujets. Leurs femmes &
leurs filles fe font un honneur d'être
au fervice des Princeſſes. Elles n'ont
point de gages ; mais feulement des
préfens qui ne laiſſent pas dans la fuite
de les enrichir. Les Princeſſes ont auſſi
de jeunes Eunuques noirs , les plus
laids & les plus difformes font les plus
eſtimez. Ce font des Marchands de
Damas qui fe mêlent de ce commerce,
& qui prennent en échange des chevaux & d'autres beſtiaux : car pour
de l'argent il n'y faut pas penſer. Dès
qu'il eſt une fois entré dans les coffres
des Emirs, il n'en fort plus que pour

Tome III.   H

être changé pour de l'or. Ils ont aussi
de jeunes garçons Arabes & des Negres. Ces derniers font Esclaves. Ni
les uns ni les autres n'entrent point
dans les tentes des Princesses. Ils fervent les Emirs, & présentent le caffé &
les pipes à ceux qui rendent visite à
ces Princes. Ils n'ont d'Esclaves Francs
que les Corsaires qui échoüent sur leurs
côtes. Ils n'en font pas grand état, &
se les vendent les uns aux autres, &
aux Marchands qui sont chargez de les
retirer, & à fort bon marché.

CHAPITRE VI.

De la Religion des Arabes.

LA Religion des Arabes est la Mahometane. On la connoît assez
sans que je m'arrête à en faire un détail plus circonstancié. Ils ont parmi
eux des dévots, des superstitieux, des
esprits forts, des libertins, comme dans
toutes les autres Religions.

Ignorance des Arabes.

Les Arabes ne s'amusent guéres à
approfondir les Mystéres de l'Alcoran.
Et comment le feroient-ils ? Ils sont
trop ignorans pour cela. Il n'y a pour
l'ordinaire que les Emirs, leurs Secre-

taires & les Cheiks qui ſçachent lire
& écrire. Le Peuple ſe contente d'é-
coûter ce qu'on leur dit de la Loi par
occaſion, & réduiſent tous les precep-
tes à la circonciſion, au jeûne, à la
priere & à l'abſtinence de la chair de
cochon. Ils ſuivent au ſurplus la loi
de nature, & excepté le vol ſur les
grands-chemins, ils vivent paſſable-
ment bien moralement. Ils ſont d'ailleurs perſuadez de l'unité & de l'im-
menſité de Dieu, de l'immortalité de
l'ame, de la récompenſe & du bonheur dont Dieu fera joüir les bons dans
l'autre vie, & des peines dont il châ-
tiera les méchans, ſelon la doctrine de
leur faux Prophete, qui n'a pas jugé à
propos de rendre ces peines éternel-
les.

Ils font circoncire leurs enfans mâ-
les, quand ils ont atteint un âge où
ils puiſſent s'en ſouvenir. Pour lors on
aſſemble tous les enfans qui ſont en
état d'être circoncis. La cérémonie s'en
fait d'une maniere auſſi ſimple qu'eſt
la vie de ces Peuples. Les peres tiennent leurs enfans ſur leurs genoux &
les découvrent, un Barbier tire le pré-
puce au-delà du gland, & l'arrête avec
une pincette deſtinée à cet uſage, &
coupe ce qui excede avec un raſoir,

1665.

& y met auſſi-tôt des poudres aſtrin-
gentes & deſſicatives pour arrêter le
ſang de la playe & la cicatriſer. Les
parens & les amis mettent cependant
dans la bouche de l'enfant du miel ou
des confitures, pour l'empêcher de crier
& rendre la douleur plus ſupportab'e.
On fait joüer les hautbois, on bat le
tambour, pour empêcher les autres enfans d'entendre les cris de ceux qui ont
ſouffert l'operation, de crainte que cela ne les dégoûte & ne leur faſſe prendre la fuite : car la douleur eſt très-
vive, particulierement le troiſiéme jour
après l'operation. Il s'en trouve qui ont
demeuré juſqu'à un âge aſſez avancé,
avant de ſe réſoudre à ſouffrir cette
operation. On dit qu'elle eſt plus dou-
loureuſe à cet âge ; mais tôt ou tard
il faut s'y ſoumettre & ſe venir mettre au' nombre des enfans que l'on cir-
concit, les Emirs & les Cheiks y con-
traignent les negligens.

La Circon-
ciſion des
Negres du
Sénégal.

Les Negres du Sénégal que l'on cir-
concit à douze ou treize ans ſont plus
courageux. Il vont eux-mêmes ſe mettre ſur la poutre où ſe fait l'operation.
Ils tiennent leur ſaguaye à la main, &
quand elle eſt achevée, ils s'en vont
les jambes écartées, & n'y apportent
d'autre remede que de la laver ſouvent
avec de l'eau fraîche.

La douleur de cette operation est très-vive. Hassan qui avoit été circoncis malgré lui, m'en a dit des nouvelles. Les enfans doivent souffrir moins que les gens plus âgez. On la diminuë en les parant de beaux habits , & en leur faisant de petits présens. On ne leur donne point de nom dans cette cérémonie. Leurs peres les nomment comme il leur plaît dès qu'ils viennent au monde.

Les enfans des Emirs, des Cheixs & des autres personnes de considération sont circoncis de la même maniere , excepté que les habits sont plus magnifiques , & qu'ils donnent à manger splendidement à tous ceux qui ont assisté à la cérémonie. Ils reçoivent en ces occasions les visites de leurs amis & des présens, & sur-tout de leurs vassaux, qui, selon la coûtume de l'Orient, ne se présentent jamais les mains vuides devant leurs Seigneurs.

La Circoncision & le Mariage sont les deux occasions , qui donnent lieu aux plus grandes réjoüissances qu'il y ait chez ces Peuples. Les familles s'assemblent alors , les voisins s'y trouvent quelquefois sans être invitez , tout le monde est bien reçû , bien regalé , on n'épargne rien pour cela. Souvent on

H iij

s'y ruine malgré les préfens qu'on reçoit.

Les Arabes jeûnent les trente jours
de la Lune du Ramadan : car leurs
mois font lunaires. Ils ne boivent ni ne
mangent depuis le point du jour jufqu'au Soleil couché. Les fcrupuleux
n'ofent pas même fumer ni manger jufqu'à ce qu'on voye quelque étoile.

Alors ils rompent leur jeûne en bû-
vant de l'eau, ou prennent quelque
autre rafraîchiffement, & après qu'ils
ont fait la priere, ils fe mettent à table,
& mangent ce qu'on leur a préparé ,
ils y paffent une bonne partie de la
nuit. Ils font encore un petit repas
avant que le jour paroiffe, & puis fe
couchent & dorment la plus grande
partie du jour. C'eft l'entendre & tirer partie d'une Loi fort rigoureufe
dans des Païs chauds comme le leur.

Les jeunes gens & les vieillards
peuvent fe difpenfer du jeûne, quand
la loi ou leur dévotion fe trouvent au-
deffus de leurs forces. En cela ils font
bien plus raifonnables que les Turcs ,
qui puniffent corporellement & fort
févérement ceux qui rompent ce jeûne,
quelques raifons qu'ils puiffent avoir
de ne le pas obferver. Les Arabes difent que le Prophete étoit trop raifon-

nable pour les obliger à l'impossible ,
ou à ruiner leur santé. Ils ont cependant l'attention de ne manger qu'en
particulier , & d'une maniere qui ne
puisse pas scandaliser les petits esprits.

Les femmes sont exemptes du jeûne. Outre la délicatesse de leur complexion qui les en dispense , pourquoi
s'assujetteroient-elles à une loi pénible ,
dont elles n'esperent aucune récom-
pense en l'autre monde. Mahomet les
a excluës du Paradis. Elles sont bien
de ne pas travailler en vain , puisqu'elles n'y peuvent rien prétendre. C'est
pour cela qu'elles ne sont point obligées à aucune chose qui approche de la
circoncision.

Quant à la priere , chacun la fait en
son particulier , sous sa tente ou à la
campagne, sans les affectations que l'on
remarque chez les Turcs qu'ils quali-
fient du nom de régularité. Ils n'ont
pas plus de scrupule pour l'heure dans
laquelle on la doit faire. Les uns la
font plus tard, d'autres plûtôt, selon
que leurs affaires & leur commodité le
peuvent permettre. Il est pourtant vrai
que les Vendredis & pendant le Ramadan , les Emirs & les Cheixs font étendre des nattes & des tapis au milieu

1665.

du Camp, & font leurs prieres en com-

mun. Pour lors leurs Secretaires ou autres gens de Lettres, s'il s'en trouve
parmi eux, font les fonctions des Imans,
& difent la priere à haute voix, les
affiftans les fuivent & y répondent, &
quand ces gens font aflez habiles pour
faire une exhortation, on les écoûte
avec attention & refpect, & on en fait
ce qu'on juge à propos, parce qu'on
eft perfuadé que ces Prédicateurs en
difent beaucoup plus qu'ils n'en font
eux-mêmes.

Les Turcs & les Maures font leurs
ablutions regulierement avant de commencer leurs prieres. Les Arabes n'y
regardent pas de fi près, fur-tout quand
ils fe trouvent dans des lieux où il n'y
a ni ruiffeau ni fontaine. Ils n'y manquent pas pourtant quand ils en trouvent l'occafion. Il y en a d'aflez fcrupuleux pour s'aller purifier à la mer,
quand ils jugent avoir befoin d'une
plus forte purification. En effet, l'eau
de la mer eft plus déterfive à caufe de
fon fel, mais le nombre de ces dévots
eft fort petit.

Sacrifices Les Arabes auffi-bien que les autres
es Arabes. Mahometans font quelquefois des Sacrifices. C'eft pour l'ordinaire à la naiffance ou à la circoncifion de leurs en-

fans, ou quand ils veulent entreprendre quelque chofe de conféquence ,
dont le fuccès leur importe & qui leur
paroît douteux, ou quand ils fe font
échappez de quelque danger. Il les
font indifferemment dans leurs tentes
ou à la campagne. Tout leur Sacrifice
confifte à égorger quelque bœuf ou
quelque mouton, en invoquant le nom
de Dieu , & quand ils l'ont écorché , ils
en diftribuent la chair aux pauvres, afin
qu'ils joignent leurs prieres aux leurs.

Les Chrétiens qui demeurent dans
les Villages qui dépendent des Arabes , en font traitez avec beaucoup de
douceur ; ils vivent dans une entiere
liberté, on ne les inquiéte jamais fur
leur Religion ni fur leurs exercices.

Les Turcs n'en ufent pas de même.
Les Chrétiens font fouvent expofez à
des avanies, fous le fpetieux prétexte
qu'ils ont parlé mal de Mahomet & de
fa Loi.

Les Arabes parlent de Dieu en bons
termes,& fort peu de la Religion. La raifon eft facile à trouver , c'eft qu'ils
n'en fçavent prefque rien. Ils vivent
cependant dans une grande retenuë, &
dans un grand éloignement des vices
qui corrompent nos mœurs , excepté
que ce n'eft pas chez-eux un plus grand

H v

crime de voler & de dépoüiller les paſſans, que c'en eſt chez-nous d'aller à
la chaſſe.

Une des meilleures raiſons qu'ont
les Arabes de ne pas ſe piquer de
régularité dans l'exercice de leur Religion , c'eſt qu'ils comptent extrêmement ſur les mérites de leur Prophete ,
& ſur la prédilection qu'il doit avoir
pour ſes compatriotes. Les Turcs ne
conviennent pas de cela , & diſent
que Mahomet voyant tant de relâche-
ment dans les Arabes, déclara qu'il é-
toit veritablement iſſu de. leur race ;
mais qu'elle avoit dégéneré, & ne meritoit plus ſon attention & ſes faveurs;
mais après avoir mis ſon chat & bien
d'autres animaux en Paradis , pourquoi n'y mettroit-il pas auſſi les Arabes, qui quoique voleurs de profeſſion , ne laiſſent pas d'être de bonnes
gens ?

CHAPITRE X.

De l'hospitalité des Arabes dans leurs Camps, & de celle de leurs vassaux dans les Villages.

Ceux qui n'ont vû les Arabes que sur les grands chemins, ou qui ne les connoissent que par le rapport qu'on leur fait de leurs courses & de leurs pillages, ont peine à se persuader qu'il y ait chez-eux de la bonne foi, de la fidelité, & de l'hospitalité. Rien pourtant n'est plus vrai. Les Arabes s'excusent de leurs brigandages, en disant que c'est la seule chose qui leur reste après avoir été chassez de leur Païs, & dépoüillez de leurs biens. Aussi se contentent-ils des marchandises & des hardes de ceux qui tombent entre leurs mains, ils ne leur font aucun mauvais traitement, à moins qu'on ne se défende opiniâtrement & qu'on ne les blesse : car ils ne pardonnent jamais le sang ; & tuent tous ceux qu'ils peuvent attraper.

Mais quand on va chez-eux de bonne foi, & qu'étant rencontrez on leur dit qu'on va en un tel lieu, parler à

H vj

l'Emir ou au Cheix, & qu'on eft réellement fur·le chemin qui y conduit, ils
ne font point d infulte, au contraire ils
vous conduifent honnêtement.

Dès qu'on eft arrivé à un Camp ou
à un Village, on eft affuré d'être bien
reçû. Il eft vrai que les gens ordinaires ne vous préfentent qu'une natte·
pour vous affeoir & pour vous coucher,
ils n'ont pas davantage. Pour lors on
fe fert de fes hardes. Le hiram qui eft
une piece de ferge de fix aunes·de
long fur une de large, que l'on met fur
la felle du cheval, fert de matelas & fes
hardes de couverture.

Mais les Emirs & les Cheixs qui
font toûjours bien mieux meublez,
vous envoyent des matelas, des couvertures & des couffins. Ils vous dé-
frayent entierement, vous, vos domeftiques, vos équipages, & quand vous·
êtes prêts à partir, vous en êtes quittes
pour dire : Dieu vous le rende, & voilà
toute votre dépenfe payée.

Mais comme on ne trouve pas toûjours des Emirs dans fa route, & qu'on,
eft obligé d'aller chez des Cheixs, où
même dans des Villages où il n'y en a,
point, il faut dire ici comment on eft
reçû.

Le premier Arabe qui apperçoit l'É-

tranger qui vient au Village ou au
Camp, ne manque pas d'aller au-devant de lui. La civilité oblige de mettre
pied à terre, on s'embrasse comme fi
on se connoissoit depuis long-tems,
on se baise reciproquement la barbe,
& on écoute les complimens que l'on
fait. Quel bonheur pour nous, dit l'A-
rabe, que vous veniez chez-nous, vous
y apportez la bénédiction de Dieu,
soyez le bien-venu ; comment vous
portez-vous ? On répond avec politesse à ce compliment, on donne des
bénédictions en échange de celles qu'on
reçoit, & on a la patience d'en écou-
ter encore d'autres, ou d'entendre repeter dix fois les mêmes paroles, & y
répondre autant de fois. Ces premiers
complimens achevez, on vous demande ce que vous souhaitez, si vous voulez passer la nuit dans le Village, y
séjourner, ou si on ne veut que s'y rafraîchir & continuer sa route. On dit
librement ce dont on a besoin. S'il y a
un Cheik dans le Village, on le fait
avertir, il vient aussi-tôt, il vous com-
plimente & vous conduit au Mouzil.
C'est ainsi qu'on appelle la maison ou
la tente destinée aux Etrangers. Quelquefois elle fait partie de la maison du
Cheix, quelquefois elle en est sépa-

rée. Elle eſt d'ordinaire toute nuë ;
mais dans un moment le Cheik y fait
apporter des nattes, des matelas s'il en
a , des couvertures & des couſſins. Il
vous fait préſenter du caffé & du tabac. Ses gens aident aux vôtres à décharger le bagage , à le placer dans la
tente ou dans la maiſon. On frotte les
chevaux en votre préſence , on les
couvre s'ils ont chaud , on les fait boire , & s'il eſt tems on leur donne de
l'orge.

L'heure du repas étant venuë, que
l'on avance quelquefois quand l'Etranger témoigne le ſouhaiter , on lui donne la place d'honneur , le Cheik &
les principaux lui viennent tenir compagnie par honneur & mangent avec
lui. On lui ſert du potage , du ris , de
la viande boüillie & rôtie , du lait ,
des fromages , des ſalades , des fruits ,
du miel. On ſert tout ce qu'on a à lui
préſenter tout à la fois , afin que lui &
les conviez mangent ce qu'ils trouveront plus à leur goût. L'uſage des fourchettes n'eſt pas encore dans le Païs ,
quelquefois même ils n'ont pas de cuillieres. Les Voyageurs prudens en portent avec eux. Elles ſont ordinairement de bois. Quand on en manque
abſolument, on prend le ris , le potage

& autres mets dans le creux de la main
qui sert alors de cuilliere. Comme on
n'a ni nappes ni serviettes , on étend
son mouchoir sur ses genoux, & après
le repas on lave ses mains. La coûtu.
me n'est pas de parler pendant le repas. Après qu'on a mangé , on en porte aux domestiques de l'Etranger , &
après qu'on a ôté la table , on sert le
caffé , & on présente des pipes allu-
mées. C'est alors que la conversation
commence. Elle dure jusqu'à ce que
l'Etranger témoigne qu'il veut se retirer. Alors on lui souhaite le bon soir,
on se retire & on le laisse en liberté.

Si l'Etranger ne part pas le lendemain matin, on a soin de le faire déjeûner dès qu'il est levé. Le Cheik lui
vient demander des nouvelles de sa
santé, & s'il a bien passé la nuit, il
déjeûne avec lui, on prend le caffé,
on fume, il reçoit des visites, on le
mene à la chasse, aux exercices de la
lance, du geric, à la promenade, aux
Villages des environs , aux Camps des
Emirs voisins. Si ses chevaux sont fa-
tiguez on lui en trouve de frais. Il est
assuré d'être bien reçû par tout, il
trouve des gens qui le caressent, &
qui lui donnent tous les divertissemens que le lieu & la saison peuvent

permettre : jamais on ne le presse de
partir, quand il demeureroit plusieurs
jours dans un Village, parce que
quelqu'un de ses chevaux est blessé,
ou pour quelque autre raison que ce
puisse être : on lui témoigne toûjours
le même empressement de le bien traiter & du regret de son départ : on lui
demande s'il n'est pas content, on le
prie de s'expliquer, afin qu'on répare
ce qui lui a donné du chagrin. Enfin
quand l'heure du départ est arrivée,
& qu'il a bien déjeûné ou dîné, on
lui fait bien des excuses de ce qu'on
ne l'a pas mieux traité, & on l'assure
qu'on prendra mieux ses mesures une
autre fois pour le mieux recevoir. On
le prie de revenir souvent, on le charge de bénédictions & de complimens.
Si la traite qu'il doit faire est longue,
sans trouver de Villages ou de Camps,
on a soin de donner des vivres à ses
gens, & de l'orge pour ses chevaux :
les embrassades, les baisers de barbes
suivent les complimens. Si les chemins
sont difficiles à trouver, ou dangereux,
on l'accompagne, on l'escorte. En
quel endroit du monde peut-on trouver de semblable hospitalité ? On se
fâcheroit si on prétendoit payer sa dépense. Tout ce qu'on peut souffrir,

encore faut-il le faire fans que le
Cheix ou celui qui vous a reçû s'en
apperçoive, est de donner quelque
chose à ses domestiques. Quelle différence de ces bonnes gens avec nos
hôtelleries d'Europe , qui écorchent
les Voyageurs, qui ne sont jamais
contents, & dont les domestiques,
après vous avoir mal servis, ont encore l'impudence de vous demander
des récompenses, & de murmurer
hautement si on ne satisfait pas entierement leur avarice.

J'oubliois à dire que l'on ne sert à
table que de l'eau : on en donne quand
on en demande, & jamais de vin,
à moins qu'on ne se trouve chez des
Chrétiens, & qu'on ne soit connu
pour l'être : en ce cas le Maître de la
maison en fait apporter dans des cruches autant qu'il en faut pour mettre
ses hôtes & les conviez de bonne humeur : alors on rit, on chante, on
fait des contes, ce qui n'arrive pas
quand on n'a que de l'eau qui n'ex-
cite pas à la joye.

La plûpart des Cheixs sont exempts
de toutes sortes de tailles & d'imposi-
tions, quand ils ont des biens en propre, pour les dédommager des dépenses qu'ils font obligez de faire pour

recevoir & nourrir les paſſans. Le
1665. Communauté du Village ne murmure
point de ces privileges, parce qu'ils
la déchargent du ſoin & de la nourriture des Etrangers.

Tous les Orientaux, Chrétiens,
Turcs, Maures, Arabes, Perſans &
autres reçoivent avec plaiſir tous ceux
qui vont manger à leur table, ils s'en
font un honneur, & croyent que c'eſt
pour eux une bénédiction particuliere
que Dieu leur envoye. Un Etranger
qui a faim, ſoit qu'il ſe trouve à la
campagne ou dans les Villes, & qui
voit des gens à table, peut s'y placer
ſans façon, & manger comme les autres. Il n'eſt jamais arrivé qu'on en
ait rebuté, ou qu'on lui ait fait mauvaiſe mine : il en eſt quitte quand il a
mangé, en diſant : Dieu vous le rende,
& cela ſuffit ; mais ce que les Voyageurs doivent avoir pour voyager heureuſement & avec plaiſir, c'eſt l'uſage
de la Langue du Païs. Il eſt vrai qu'on
peut avoir des Drogmans ou Inter-
pretes, mais outre que c'eſt ſouvent
une difficulté aſſez grande d'en trouver, & une dépenſe conſidérable, il
eſt certain qu'on ne s'explique jamais
mieux que par ſoi-même. La Langue
Arabe eſt la Mere Langue de l'Orient,

tout le monde la fçait, la parle &
l'entend, & tous les Mahometans y
font obligez, parce qu'ils doivent entendre l'Alcoran qui eſt écrit en cette
Langue, & qu'il eſt défendu de tra-
duire dans une autre. Elle eſt belle,
grave, énergique, & n'eſt pas ſi difficile qu'on ſe l'imagine, dès qu'on
s'eſt une fois accoûtumé à ſa prononciation qui n'eſt pas plus gutturale que
la Portugaiſe, l'Eſpagnolle, & même
l'Italienne quand on la veut prononcer comme les Florentins qui ne laiſſent pas de paſſer pour les Maîtres de
cette Langue. Au reſte l'uſage de la
Langue Arabe ſert beaucoup plus que
tous les préceptes, n'en déplaiſe à nos
prétendus Sçavans d'Europe qui s'i-
maginent que l'Arabe qu'on parle en
Orient eſt différent de celui qu'on
voit dans leurs écrits : c'eſt la même
choſe, la même prononciation par
tout. S'ils ne l'entendent pas, qu'ils
s'en prennent à eux-mêmes, à leur
ignorance, & à leur peu d'uſage. ·

CHAPITRE XI.

Des Mœurs des Arabes.

J'Ai déja remarqué qu'on se trompe grossierement quand on prend les Arabes pour des gens impolis, grossiers, brutaux, injustes, violens, sans fidélité, sans sentimens. Ce que je viens d'en dire dans la verité la plus exacte, & sans flatterie, doit réformer les préjugés désavantageux qu'on se forme de ces Peuples.

L'orgüeil des Romains les faisoit regarder tous les autres Peuples du monde comme des Barbares. Il falloit être Romain, ou du moins avoir le droit de Bourgeoisie Romaine, pour ne pas être confondu dans la masse des Barbares. Avoient-ils raison? Point du tout. Il y avoit des Peuples aussi polis qu'eux, & peut-être plus. Nous nous mocquons de leur vanité, & nous tombons dans la même faute quand nous jugeons des Arabes comme nous en jugeons.

Mais, dira t'on, le nom d'Arabe blesse les oreilles : c'est le terme ou l'idée qu'on y a attaché. Il est certain

que ce n'est peut-être que l'idée, car
le mot en lui-même, n'a pas plus de
désagrément que ceux de Normands,
de Picards, de Gascons. Il n'y a que
les idées qu'on attache bien ou mal à
ces noms qui puissent nous donner de
l'éloignement pour ces Peuples. Quand
nous nous figurons que les Normands
sont traîtres & sans bonne foi ; que
les Picards sont opiniâtres, précipités,
prompts, souvent sans raison, & toûjours brusques & impolis ; que les
Gascons sont vains, fantasques &
trop ardens : voilà de quelle maniere
nos idées mal fondées nous font faire
des jugemens précipités, incertains &
plus souvent faux que vraisemblables.
Il en est de même des Arabes. On
s'en est formé des idées désavanta-
geuses: on n'a pas pris la peine de vé-
rifier si ces préjugés sont bien ou mal
fondés : on ne veut pas prendre celle
de s'en éclaircir par soi-même, & on
passe toute sa vie sans faire usage de
sa raison, & sans rendre la justice qu'on
devroit à un grand Peuple très-ancien
& très-nombreux, à qui nous sommes redevables de ce que nous avons
de meilleur dans l'Astronomie, la Medecine, & bien d'autres Sciences. Il
est vrai que les Sciences ne fleurissent

pas chez eux à préſent, eſt-ce leur
faute ? C'eſt à la tyrannie des Turcs
qu'il s'en faut prendre. Ces Vainqueurs
inſolens les ont réduit dans un état
qui ne leur permet plus de s'y appliquer ; malgré tous les avantages que
la nature leur a donnés pour y faire
des progrès infinis : car généralement
parlant ils ont l'eſprit vif & pénétrant,
ils ont de la ſolidité dans le raiſonne-
ment, de la juſteſſe dans leurs idées,
une ſanté vigoureuſe, & une complexion très-forte.

Ils ſont naturellement graves, ſérieux & moderés dans toutes leurs
actions. Ils aiment un air ſage & com-
poſé : ils rient peu & rarement : les
contes les plus plaiſans peuvent à peine
produire chez eux un leger ſouris, dès
qu'ils ſont arrivez à l'âge d'être mariez, ou qu'ils ont la barbe aſſez longue pour ne plus paroître de jeunes
garçons. Ils diſent que ceux qui rient
aiſément, & pour peu de choſes, ont
l'eſprit foible, & que les airs gracieux,
enjoüez, plaiſans & rians ne ſont
agréables que ſur les viſages des jeunes
filles, ou tout au plus des jeunes femmes.

Ils parlent peu, & jamais ſans neceſſité. S'ils ſont en compagnie, ils s'é-

coûtent, fans que la démangeaifon de
répondre leur faffe interrompre celui
qui parle. Ils attendent paifiblement
qu'il ait fini, & répondent jufte fans
empreffement : s'ils ne font pas de fon
fentiment, ils gardent des mefures
pleines de bienféances., quand ils font
obligez de penfer d'une maniere op-
pofée : les grands parleurs., ces grands
difeurs de rien, ces rieurs de profeffion ne feroient pas fortune chez eux.
Ils auroient beau leur dire : Je vais
vous faire rire ; ils les écouteroient,
& leur diroient gravement : Vous avez
oublié de nous avertir quand il falloit
rire.

Il eft vrai qu'ils font un peu bien
longs dans les complimens qu'ils vous
font, lorfqu'on va chez eux, ou lorfqu'on en fort ; mais c'eft l'ufage ; c'eft
l'effufion de leurs cœurs : il faut leur
paffer ces endroits, & leur répondre
fur le même ton.

Les Arabes ne peuvent fouffrir dans
les converfations les mouvemens de
bras, de tête & de corps, que nous
regardons comme le bon air dans les
difcours. On ne parle que de la langue,
difent-ils ; ces mouvemens font inuti-
les : quand on ne peut s'expliquer fans
cela, il vaut mieux fe taire : on les

—————— ſouffre dans les muets , parce qu'ils
1665.　ne peuvent faire autrement ; mais
quand on a une organe deſtinée par
la nature à cet uſage , il y a de la folie
à vouloir employer les autres parties
du corps à une choſe dont elles ne
ſont pas capables. Que diroient-ils
s'ils voyoient les geſticulations de nos
Prédicateurs , & ſur tout des Italiens ,
à qui il faut des chaires longues comme des galeries , pour promener leurs
geſtes & leurs diſcours.

. Dès que leur barbe les avertit qu'ils
ne ſont plus de jeunes gens à qui on
pardonne beaucoup de choſes à cauſe
de leur jeuneſſe & de leur peu d'expérience , ils ſont dans les converſations
auſſi immobiles que des ſtatuës. Ils
écoûtent beaucoup , répondent laconi-
quement , après qu'ils ont aſſez réflé-
chi ſur ce qu'ils croyent devoir dire ,
pour ne rien avancer précipitamment
& hors de ſaiſon.

. Ils écoûtent patiemment le babil importun de leurs femmes & de leurs
enfans. Ils, les écoûteroient depuis le
matin juſques au ſoir ſans ſe fâcher
& ſans leur répondre : ils ſe contentent de dire : Ce ſont des créatures
imparfaites , à demi formées , il faut
leur pardonner. .

　　　　　　　　　　Mais

Mais ils écoûtent avec plaisir les
gens qui parlent de bon sens, juste,
d'un ton doux, égal, sans précipitation, qui s'énoncent aisément, qui
disent beaucoup en peu de mots, qui
ne choquent personne par des paroles
piquantes, qui bannissent les railleries même les plus fines de leurs discours, aussi-bien que les dérisions &
les médisances.

Leurs conversations sont toûjours
dans les regles de la bienséance la plus
austere. Il est vrai, que quand ils sont
obligez de parler de quelque partie du
corps, ils la nomment par son nom.
C'est un usage reçû parmi eux, il y en
a pourtant beaucoup de fort retenus
malgré cet usage, & qui au lieu de la
nommer par son nom, la désignent par
le nom de quelque fruit à qui elle a du
rapport.

On ne les entend jamais déchirer la
réputation de personne. Ils disent du
bien de tous ceux qu'ils connoissent,
& quand ils sont obligez d'avoüer les
crimes d'un scelerat, parce qu'ils sont
si publics que personne ne les ignore,
ils ajoûtent toûjours, Dieu lui fasse la
grace de se reconnoître & de devenir
homme de bien.

Ils ont encore la politesse de ne ja-

mais démentir ceux qui parleroient
contre la verité en leur préfence, ou
qui exagereroient les chofes d'une maniere fi forte, qu'elle les fait paroître
impoffibles ou incroyables, ils fe contentent d'applaudir poliment à ce qui
nous feroit rire outre mefure. C'eft tout
ce qu'on peut attendre de leur gravité.
Ils ne conteftent jamais fur ce qu'on
leur rapporte, quand même ils le croiroient faux, ou du moins trop exageré.
La raifon qu'ils donnent de cette complaifance, eft qu'il ne faut jamais défo-
bliger perfonne, que celui qui parle
fçait bien fi ce qu'il dit eft vrai ou faux,
& que s'il fe fait un plaifir de le dire,
il faut lui faire le plaifir de ne le pas
démentir.

Les Arabes & leurs fujets vivent fans
façon, & l'on eft chez-eux dans une
liberté toute entiere. On doit compter
fur leur amitié. Ils ne fe jettent pas à
la tête des gens, ils veulent connoître ;
mais quand ils ont une fois donné leur
parole, elle eft inviolable.

Ils ont un refpect infini pour le pain
& pour le fel. Quand on mange avec
eux, & qu'ils veulent faire une inftante
priere à quelqu'un, ils lui difent : Par le
pain & par le fel, qui font entre nous,
faites cela. Ils s'en fervent encore pour

affirmer ou pour nier quelque chofe.

Ce qu'on appelle bien acquis ou li-
cite, leur eſt autant confiderable, que
le mal acquis ou illicite leur paroît dé-
teſtable. Ils ne mêlent pas le bien acquis à la ſueur de leur front, avec celui qui vient de vol ou d'uſure. Par
cette raiſon, & de crainte qu'il ne leur
porte malheur, ils l'employent le plûtôt qu'ils peuvent, & lui font changer
de nature.

Les Druſſes ont les mêmes ſentimens. Quoique leur Religion n'approche guéres de celle des Mahometans,
ils penſent comme les Arabes. Ils ne
mêlent point l'argent qu'ils ont reçû
d'un Turc avec celui d'un Franc. Ils
obſervent même ſi l'argent des Francs
n'a point été dans un ſac de Turc. En
ce cas ils croyent qu'il a contracté
quelque impureté dans le ſac, & s'en
défont le plûtôt qu'ils peuvent. La raiſon qu'ils donnent de cela, eſt que le
Roi de France eſt un Prince juſte &
craignant Dieu, qui ne ſouffre pas que
ſes ſujets gagnent du bien d'une maniere injuſte, & que l'uſure eſt dé-
fenduë par notre Loi ; au lieu que l'argent des Turcs ne vient que des con-
cuſſions, des tyrannies, d'uſure & du
ſang des pauvres. Ils ne laiſſent pour-

tant pas de le prendre : car ils en font fort avides ; mais ils ont soin de le purifier en l'employant en marchandises, ou le changeant pour d'autre.

Les Arabes aussi bien que les Turcs ne se servent point de chaises. Ils font assis modestement à terre, ou sur des nattes ou sur des tapis, & se tiennent dans une posture respectueuse devant les Emirs & devant les Etrangers, & de crainte que leurs mains ne se portent, sans y penser, à quelque endroit indécent, ils peignent continuellement leurs barbes avec la main droite, & mettent la gauche sous le bras droit pour le soûtenir. S'il survient pendant qu'ils sont en conversation quelque Emir, quelque Cheik, ou un Etranger, ils se levent tous, lui, cedent la place d'honneur, & ne se remettent point à leurs places qu'il n'ait pris la sienne.

Lorsqu'il survient quelque differend entre eux, & qu'ils s'apperçoivent que leur colere s'allume, & les pourroit porter à en venir à quelque extrêmité, ceux qui sont présens les accommodent sur le champ, & se servent pour cela de comparaisons, de sentences, de proverbes. Les plus grosses injures qu'ils se disent, est de s'appeller chien, ex-

communié, homme fans honneur. Il
eſt rare qu'ils ſe frappent, quoiqu'ils
mettent ſouvent la main au poignard,
mais on les accommode aiſément.

Il n'y a parmi eux d'irréconciliable,
que quand il y a eu du ſang répandu,
ou par la mort de quelqu'un, ou par
une bleſſure. Il n'en faut pas davantage pour rompre éternellement l'union
la plus étroite qui étoit entre deux familles. Elles n'ont plus de commerce
entre elles, plus de familiarité, jamais
d'alliances. Si on leur en propoſe, ils
répondent honnêtement : Vous ſçavez
qu'il y a du ſang entre nous, nous ne
pouvons pas donner les mains à ce que
vous propoſez, nous avons notre honneur à conſerver. Il faut qu'ils ſe ven-
gent. Ils n'y vont pas brutalement,
ils n'envoyent point de cartel, ſans ſe
preſſer ils attendent le tems & l'occaſion, & ne la manquent pas. C'eſt
en partie ce qui les oblige à bien vivre enſemble, & à s'éloigner de tout
ce qui les peut porter à quelque excès.

Les Arabes regardent comme une
ruſticité & un mépris de ſe moucher,
ou de cracher devant les perſonnes à
qui on doit du reſpect ou de la conſi-
deration. Quelque beſoin qu'ils en

ayent en fumant, ils s'en abſtiennent
ou avalent leur ſalive, & ne ſe mouchent point. Les grands mouchoirs
qu'ils portent ne leur ſervent qu'à eſſuyer leur viſage & leurs mains, & à
étendre ſur leurs genoux pour amaſſer
les poils de leur barbe quand ils en
tombent, ou pour leur ſervir de ſerviet-
te quand on mange.

Les Arabes, tout Arabes qu'on ſe les
repreſente, ne ſont pas cruels naturellement, ils abhorrent le ſang. Quelque
crime qu'un Arabe ait commis, il eſt
très-rare que l'Emir de qui il dépend le
condamne à la mort. Mais ils regardent les Turcs comme des uſurpateurs
de leurs terres & de leurs biens, & ne
leur font aucun quartier quand ils
ſont en guerre avec eux & qu'ils peuvent les joindre ; de ſorte qu'il faudroit changer le proverbe, & au lieu
de dire qu'ils ſe traitent de Turc à
Maure, il faudroit dire, de Turc à
Arabe.

Une autre choſe que les Arabes ne
peuvent ſouffrir, ſont les vents qu'on
rend par en bas avec bruit. Rien ne
peut excuſer une telle faute. Un homme à qui cela arrive eſt déshonoré
pour toûjours, & ſon infamie rejaillit
juſques ſur ſa famille. Si cela arrivoit

dans une compagnie , le malheureux peteur deviendroit tout d'un coup pâle & interdit , & prendroit la fuite , la compagnie resteroit interdite, comme si le tonnere étoit tombé au milieu d'elle. Ils ne prononcent qu'avec horreur le nom de pet. J'en ai vû etant à Acre dans le Khan des François , qui s'enfuirent & coururent se laver à la mer , comme s'ils avoient été soüillez d'une impureté extraordinaire , pour avoir entendu un Matelot qui en lâcha un, en faisant un effort pour lever un sac de cendre. Un Arabe à qui ce malheur arrive est perdu de réputation pour toûjours. Un Arabe m'ayant un jour demandé dans une compagnie , si on avoit en France la vertu de retenir les pets. Je lui dis qu'il n'y avoit rien de si préjudiciable à la santé que de retenir ses vents ; mais qu'il étoit extrêmement malhonnête de les lâcher, de maniere qu'on les entendît , mais qu'on n'étoit pas déshonoré pour cela. Je n'eus pas plûtôt achevé ces paroles , que toute la compagnie s'enfuit ; & celui qui m'avoit fait la question demeura si interdit , qu'après être demeuré quelques momens sans rien dire , il se leva tout d'un coup, & s'enfuit , sans que je l'aye vû depuis.

Un Marchand de Damas qui étoit
à quelques pas delà, ayant vû ces gens
s'enfuir avec tant de précipitation, s'approcha de moi pour en fçavoir la caufe. Je la lui dis dans les mêmes termes
dont je m'étois fervi en parlant aux
Arabes. Je ne m'étonne plus, me dit-
il, qu'ils fe font fauvez fi vîte ; mais
venez fous ma tente, & je vous con-
terai des chofes qui font arrivées de
mon tems, & qui vous furprendront.

Nous allâmes chez-lui,& après nous
être affis : Il y avoit, me dit-il, deux
Arabes, qui ayant vendu à Acre deux
charges de charbon, s'en retournoient
au Camp avec l'argent qu'ils avoient
reçû. Il y en eut un qui eut la colique
pour avoir trop mangé de concombres
cruds. Il fe retint trop long-tems; mais
à la fin il fut contraint de lâcher un
vent fi vigoureux, que fon camarade
qui marchoit derriere l'entendit. Il en
fut fi effrayé, qu'il tomba de deffus fon
chameau, & penfa fe rompre le col. Il
fe releva pourtant, & voulut tuer le
pauvre malade, difant qu'il l'avoit déshonoré. Le peteur fe jetta à fes pieds,
avoüa fa faute, & le pria de ne le pas
perdre : Je n'ofe plus t'appeller mon
frere, lui difoit-il, en pleurant, après
le malheur qui m'eft arrivé, tuë-moi fi

tu veux , ou fi tu me donnes la vie , ━━━━━
prens le chameau & tout l'argent du
charbon , & gardes-moi le fecret ; tu
fçais bien en ta confcience que je ne
l'ai pas fait volontairement. L'autre
après s'être fait beaucoup prier fe rendit à la fin , prit l'argent, & promit le
fecret.

Mais quelques jours après ce fecret
lui déchirant la poitrine , il ne pût le
retenir davantage , fa confcience ne le
laiffoit pas en repos fur cela, il l'eut
pourtant affez tendre pour commencer par rendre tout ce qu'il avoit reçû,
& puis il déclara publiquement ce qui
s'étoit paffé. Sur le champ il s'éleva un
fi grand bruit dans le Camp , que le
pauvre peteur l'ayant entendu, & fe
voyant perdu s'enfuit à toutes jambes,
& fe retira dans le défert chez d'autres
Arabes, aufquels il n'eut garde de dire
la caufe de fa retraite.

Au bout de trente ans il eut envie
de revoir fon Païs & fes parens, fe
perfuadant que depuis tant d'années
on avoit oublié ce malheureux pet. Il
prit congé de fes Arabes, & ayant marché quelques journées, il arriva enfin
dans un vallon où il y avoit un ruiffeau voifin du Camp où il alloit. Il
voulut fe repofer & fe rafraîchir. Pen-

I v

—————dant qu'il y étoit, quatre femmes du
Camp vinrent chercher de l'eau, &
auparavant d'emplir leurs cruches, elles
se mirent à causer suivant la coûtume
de leur sexe. L'une demanda à l'autre, quel âge avez-vous ? Elle répondit, je suis née l'année que l'Emir Fe-
kherdin fut conduit à Constantinople.
Et vous, dit l'autre ? Je suis venuë au
monde, lui répondit-elle, l'année que
l'Emir Moussa mourut. Elle fit la même
question à la troisiéme, qui répondit
qu'elle étoit née quand il tomba tant
de neige. Enfin la quatriéme étant in-
terrogée, répondit qu'elle avoit oüi dire à sa mere ; qu'elle étoit venuë au
monde l'année qu'un tel peta, le nom-
mant par son nom & son surnom. Il
n'en fallut pas davantage. Ce pauvre
homme qui n'avoit pas encore bû, se
leva sur le champ, & s'enfuit en criant,
il faut que je sois bien malheureux
d'apprendre que mon pet sert d'époque dans nos chroniques, & s'en retourna chez les Arabes qu'il venoit
de quitter, & y passa le reste de ses
jours.

Ce Marchand me dit encore avoir
vû un Arabe derriere sa tente, se donner le foüet avec des épines, à cause
que son derriere avoit eu l'insolence

de lâcher un pet en faifant fes neceſſi-
tez , ayant regardé de tous côtez pour
voir ſi perſonne ne l'avoit entendu.

J'ai vû pluſieurs fois, me dit encore
ce Marchand , des Arabes s'écarter
fort loin pour ſatisfaire à cette neceſſité , & prendre bien garde que perſonne ne les pût entendre , de crainte que
leur honneur ne reçût par ce vent une
playe mortelle.

Un autre qui étoit extrêmement preſſé de cette neceſſité , s'écarta du Camp,
fit un trou dans la terre avec ſon poignard , & après s'être ajuſté ſur le trou,
& avoir amaſſé la terre autour de ſes
feſſes, comme s'il avoit voulu les lutter,
& s'empêcher lui-même d'entendre le
bruit qu'il alloit faire , il acheva ſon
operation , & promptement il remit la
terre dans le trou , de crainte que le
vent qu'il y avoit mis ne ſortît , & ne
frappât les oreilles de quelque paſſant
& les ſiennes mêmes , & qu'il ne fût
déshonoré.

Ceci ne paroîtra pas une fable à
ceux qui ont voyagé en Aſie & en
Afrique , & qui ont vû l'averſion que
les Arabes ont pour ces ſortes de choſes. Elle eſt ſi grande , qu'il eſt impoſſible de trouver des termes pour
l'expliquer. Elle eſt paſſée des Arabes

aux Negres. Ils font fi délicats fur ce
point, qu'ils tuëroient un homme qui
auroit peté, ou même éternué en leur
préfence, parce qu'ils regardent ces
deux actions naturelles comme également
ment honteufes, & difent qu'on pete
par le nez comme par le derriere.

Les Arabes ont un proverbe là-deffus, & difent qu'un homme qui n'eft
pas maître de fon derriere, ne merite
pas de commander à fa barbe. En voilà affez fur cette matiere défagréable.

CHAPITRE XII.

Du refpect que les Arabes ont pour la barbe.

LEs Arabes ont tant de refpect pour
la barbe, qu'ils la confiderent comme un ornement facré, que Dieu leur
a donné pour les diftinguer des femmes; ils ne la rafent jamais. Ils la laiffent croître dès leur enfance, quand
ils font élevez en gens d'honneur. La
marque de l'infamie la plus grande
qu'on fe puiffe figurer, eft de la rafer.
C'eft un point effentiel de leur Religion. Ils imitent fcrupuleufement en
cela leur Legiflateur Mahomet, qui n'a

jamais rafé la fienne. Les Perfans paffent pour hérétiques , parce qu'ils la
rafent fous les mâchoires par principe
de propreté ; mais en cela ils donnent atteinte à la Loi. C'eſt encore
chez eux, comme chez les Turcs , une
marque d'autorité & de liberté. Le
rafoir ne paſſe jamais ſur le viſage du
Grand Seigneur ; au lieu que tous ceux
qui le ſervent dans le Serail l'ont rafé,
comme une marque de leur ſervitude.
Ils ne peuvent la laiſſer croître , que
quand ils ſortent du Serail , qui eſt pour
eux une eſpece de récompenſe, qui ne
manque pas d'être accompagnée d'un
Emploi plus ou moins conſiderable ,
ſelon les talens qu'on a remarquez en
eux , ou la protection qu'ils ont auprès
du premier Miniſtre.

De tous ceux qui approchent le
Grand Seigneur, il n'y a que le Boſtan-
gi Bachi , qui ait le privilege de porter
la barbe longue, parce qu'il eſt le Chef
de tous les Jardiniers , leur commande abſolument , & ſe tient toûjours
auprès du Grand Seigneur , comme les
Capitaines des Gardes ſe tiennent auprès de la perſonne du Roi.

Les jeunes Turcs quoique libres qui
ne ſont point dans le Serail , dont le
ſang eſt encore fol , pour me ſervir de

leur maniere de parler , rafent leurs
barbes , & ne gardent qu'une mouſta-
che quand ils ont aſſez de poil pour
la former. On dit pour les excuſer que
le feu de la jeuneſſe les porte aux fo-
lies du monde , plûtôt qu'à l'obſervan-
ce de la Réligion. Mais quand ils ſont
mariez, & dès qu'ils ont eu un enfant ,
ils ne la coupent plus , ce qui fait voir
qu'ils ſont devenus ſages, qu'ils ont re-
noncé aux vices , & qu'ils ne penſent
plus qu'à leur ſalut.

Pour peu qu'on ait frequenté les Mahometans , on doit avoir obſervé qu'ils
étendent un mouchoir lorſqu'ils peignent leur barbe, qu'ils amaſſent avec
ſoin les poils qui en tombent , les enveloppent dans un papier , & les portent au cimetiere , & les enterrent
quand ils en ont une certaine quantité. Ils les rompent auparavant en
deux lorſqu'ils ont été arrachez , &
que la racine tient encore au cuir. Voilà bien des précautions pour peu de
choſe ; mais ils n'en jugent pas comme nous. Voici la raiſon de cette ob-
ſervance ſcrupuleuſe. Ils croyent qu'il
y a pluſieurs Légions d'Anges députez
à la garde de chaque poil de barbe, &
qu'ils y logent quand ils ſont entiers.
C'eſt pour leur donner congé de ſe re-

tirer où bon leur semblera, qu'ils les
coupent par le milieu ; c'est aussi pour
éviter les maléfices que les mal inten-
tionnez peuvent faire sur les poils de
barbe, quand ils en trouvent qui sont
entiers. C'est à peu près la même superstition, qui oblige quelques Chrétiens à rompre les coques d'œufs dont
ils ont mangé le dedans. On ne re-
cücille pas les poils que les Barbiers
ont coupé pour rendre la barbe égale,
parce que les Anges s'attachent à ce
qui tient au cuir, sans songer à se nicher
dans ces superfluitez.

Un homme qui cracheroit sur la barbe d'un autre, ou qui crachant à terre,
lui diroit, c'est pour ta barbe ; ou celui
qui lâchant un vent, diroit, je peterai
sur ta barbe, seroit rigoureusement
puni en justice comme un sacrilege,
un profanateur de la barbe, & un im-
pie qui méprise les Anges, qui en sont les
protecteurs & les gardiens.

Il n'en est pas de même de la moustache. elle passe pour immonde dans
la rigueur de la Loi. On la tolere aux
gens de guerre qui ont la barbe rasée,
à cause des inconveniens qu'il y auroit de les obliger à la porter longue.
On prétend même que cela leur donne
un air plus guerrier, & les rend for-

midables aux ennemis. Elle leur est
même necessaire, aussi bien qu'aux jeunes gens, qui ne nourrissent pas leurs
barbes, pour faire voir qu'ils sont hommes.

Tous les Européens portoient autrefois la barbe longue. Nous le voyons
dans les tableaux anciens. Peu à peu
ils ont quitté la barbe, & l'on croit
que l'époque de ce changement est le
tems que les Espagnols apporterent de
l'Amerique au Royaume de Naples
certaine maladie, qui faisoit tomber la
barbe & les cheveux, & qu'à cause de
cela on appelloit *la Pelade*. Quelques
grands Seigneurs qui en avoient fait
la triste épreuve, auroient été trop
honteux en portant la marque de leur
déreglement, leurs sujets se conforme-
rent à eux, ou par adulation, ou peut-
être un bon nombre par necessité. On
fit main basse sur les barbes, & quand
le tems eut fait renaître les poils, on
se contenta d'avoir une moustache. La
mode vint ensuite d'avoir le visage nud,
on trouva de belles raisons pour autoriser ce nouvel usage, & on ne porta
plus ni barbe ni moustache. Seulement
pour en conserver la memoire, on
souffre la moustache aux Soldats Suis-
ses comme Etrangers, aux Cavaliers

dans quelques Regimens, & aux Cochers
de grande taille, & on prétend que cela
leur donne un bon air.

Les Orientaux dont les modes chan-
geantes n'ont point gâté l'efprit ni les
ufages, ont confervé les barbes, & s'en
font encore honneur. On ne voit point
chez eux ces vifages effeminés, qui
femblent avoir honte de paroître appartenir à des hommes, tant on a de
foin de racler les plus petits poils. Ils
portent la barbe, ou du moins la mouftache, comme nous venons de le dire,
& un homme chez eux fans barbe &
fans mouftache, eft un monftre ou un
Eunuque.

Les jeunes gens n'ont garde de toucher à leur mouftache pendant qu'ils
ne nourriffent pas leur barbe; mais
quand la barbe leur eft cruë à une certaine longueur, pour lors ils coupent
les poils de la mouftache qui leur pendent fur la lévre, de crainte que l'eau
ou les viandes qui entrent dans leur
bouche n'en euffent contracté quelque
impureté, en touchant les poils de la
mouftache, Mahomet ayant déclaré
qu'il n'en falloit pas davantage pour
foüiller la confcience de fes Sectateurs.

Les vieillards, les Imans, les Muftis, & les gens qui font une profession plus ouverte de régularité, coupent la mouftache, c'eft à-dire, le poil qui vient entre le nez & la bouche à la pointe des cifeaux, & le plus près qu'ils peuvent de la peau, & ceux qui veulent encherir fur la régularité de l'obfervance y employent le rafoir, quoique cela paroiffe une difformité dans le vifage; mais en cela ils prétendent imiter de plus près leur Prophete. Voici la raifon qui l'obligea à fe défigurer de la forte.

Tout le monde fçait, ou doit fçavoir que les Turcs portent de l'eau quand ils vont à la garderobe, & qu'ils fe lavent avec leurs doigts. Il y a des commoditez dans les parvis des Mofquées; où les Mufu'mans vont fe décharger de ce qu'ils ont de trop; & après s'être bien lavez, ils entrent dans la Mofquée, & offrent à Dieu des prieres bien propres. Mahomet voulant faire fes prieres alla aux commoditez, & fe lava bien : car quoique Legiflateur, il avoit la confcience trop délicate pour s'exempter de la Loi. Par malheur pour lui une petite démangeaifon l'obligea de porter la main à fon vifage, & de toucher fa mouftache, un momen' après il fentit la mauvaife odeur que fes

doigts y avoient laiffé, que faire? Il
étoit fort embaraffé, il fe lava avec de
l'eau froide qui ne fit rien, il employa
l'eau tiede qui lui parut n'avoir pas
operé davantage, il y en mit de chaude & prefque boüillante qui fut encore inutile. Il étoit défolé, & je ne
fçai ce qui feroit arrivé : car le tems
de la priere preffoit. Un des Anges
gardiens de fa barbe lui infpira d'y faire paffer le rafoir, il le fit fur le champ
avec tant de dévotion & de mal-adref-
fe, qu'il s'enleva l'épiderme, le derme,
& même la. peau, après quoi la mauvaife odeur étant diffipée, il prit une
bonne & forte ab'ution,& fit fa priere,
après laquelle il paffa la main fur la lon-
gué barbe qui lui reftoit,afin de lui com-
muniquer quelqu'une des graces qu'il venoit de recevoir, & dont il chargea fes
Anges Barbiers d'avoir foin.C'eft à fon
exemple que les Mufulmans rafent
leur mouftache. Il ne fut pas be'oin de
recommencer cette operation : car il
avoit fi bien arraché toutes les racines
de fa mouftache, qu'il ne lui revint
plus de poil en cet endroit. Ce fut cet
accident qui l'obligea de déclarer les
mouftaches immondes & méprifables;
& cela eft fi vrai , qu'on peut jetter
toutes fortes d'ordures fur celles des

Turcs, fans craindre la févérité de la juſtice, pourvû qu'on prenne bien garde qu'il n'en rejailliſſe rien ſur la barbe.

Une inadvertance ſur cela penſa coûter la vie à un Cuiſinier François, qui paſſant dans une ruë à Seïde, & crachant d'aſſez loin, cracha malheureuſement ſur la barbe d'un Païſan qui dormoit par terre. Le Païſan ſe réveilla, & ſe contenta des excuſes que le Cuiſinier lui fit, & d'une piaſtre qu'il lui mit dans la main ; mais les Turcs qui avoient été témoins de cette impieté, obligerent le Païſan d'aller ſe plaindre au Gouverneur. Cette affaire fit grand bruit. On ne parloit pas moins que de faire brûler tout vif le Cuiſinier, ou de l'empaler. Il avoit eu l'eſprit de ſe ſauver ; & comme on ne le tenoit pas, & qu'on ne ſçavoit où le prendre, on accommoda ſon affaire, moyennant cinq cens écus qu'on donna au Gouverneur. Ce ſont les parties caſuelles de ces Officiers, qu'ils ont un grand ſoin de faire valoir.

Il en coûta bien davantage à la Nation Françoiſe, pour accommoder une affaire qui paroiſſoit être de moindre conſéquence : Voici le fait.

Le Conſul ſe promenoit ſur la ter-

raffe du Khan des François avec le
Lieutenant du Gouverneur , qui par-
loient d'affaires de conféquence. M.
Faure un des principaux Négocians de
la Nation , étoit de l'autre côté de la
même terraffe ; mais féparé de ces
deux Meffieurs par un dôme qui les em-
pêchoit de le voir. Il prenoit le frais
en chemife & en caleçon , comme on
fait d'ordinaire dans le Païs. Il lâcha
innocemment une tirade de vents qui
furent entendus de l'autre côté. pour
furcroît de malheur , il arriva que dans
ce moment le Lieutenant peignoit fa
barbe avec fes doigts (c'eft la contenance ordinaire des Turcs) il retira
d'abord fa main auffi vîte que fi on y
avoit appliqué du feu , il pâlit, & demeura auffi interdit que s'il avoit vû
tomber le tonnerre à fes pieds. Il quit-
ta brufquement le Conful, & fe retira
chez lui fans avoir la force que de dire
ces mots : *Eft-ce ainfi que les Infidéles*
font leurs ordures fur la benîte barbe
des Mufulmans. Il porta fa plainte au
Gouverneur , qui étoit un méchant
homme , cruel & avare au dernier
point, qui menaça d'exterminer toute la
Nation , & de piller fes biens. On fut
obligé de con,urer la tempête au plus
vîte , & à force de prieres & d'intri-

1665.

Hiftoire
d'un pet
fait à Seïde.

gues on fe tira de ce mauvais pas pour
deux mille piaftres qu'on donna au
Gouverneur. On les prit fur des Vaiffeaux qui étoient dans le port chargez
pour le compte des Négocians de Lyon,
ce qui fit dire qu'on avoit fenti à Lyon
un pet que M. Faure avoit fait à
Seïde.

Ce feroit en ce Païs-là une plus
grande marque d'infamie de couper
la barbe à un homme , que de lui donner le foüet & la fleur de lys en France. Il y a des gens qui préféreroient
la mort à ce genre d'infamie.

J'en ai connu un qui avoit reçû un
coup de moufquet dans la mâchoire,
qui aimoit mieux fe laiffer mourir que
de fouffrir que le Chirurgien lui coupât fa barbe pour le panfer. Il fallut
que le Muphti , les Imans & les plus
refpectables Derviches l'allaffent affu-
rer que dans pareil cas le Prophete fe
feroit laiffé couper la barbe avec les
précautions requifes , pour en faire dé-
loger fans fcandale les Anges Barbiers.
Malgré ces affurances , il fut fi long-
tems à fe réfoudre, que les vers y four-
milloient , & que la gangrene s'y alloit mettre , quand il voulut bien fouffrir cette trifte operation. Il fut gueri,
mais il n'ofoit plus fe montrer , & mê-

me dans fa maiſon il eut toûjours le
menton enveloppé d'un voile noir juſqu'à ce que ſa barbe fût revenuë en
l'état où elle étoit avant ce funeſte accident.

Quand les Arabes , auſſi bien que
les Turcs , ont une fois fait raſer leur
tête ſans toucher à leur barbe , tous
leurs amis leur en font compliment,
& leur ſouhaitent mille bénédictions.
Mais auſſi après cela , il ne leur eſt plus
permis de la faire raſer ſans offenſer la
Religion , & ſans faire bréche à leur
honneur ; ils ſeroient même châtiez en
juſtice , ſi quelque zelé les alloit dé-
noncer.

Les femmes & les enfans baiſent les
barbes de leurs maris & de leurs peres
quand ils viennent les ſaluer. Les hommes ſe la baiſent réciproquement des
deux côtez quand ils ſe ſaluënt dans les
ruës , ou qu'ils arrivent de quelque
voyage , & qu'ils en ont tous deux ;
quand il n'y en a qu'un qui en a , celui qui n'en a point ne laiſſe pas de
baiſer celle de ſon ami , qui le laiſſe
faire gravement , en attendant qu'il
puiſſe lui rendre la pareille. Ces baiſers ſont réïterez pluſieurs fois pendant leurs complimens , qui conſiſtent
à ſe dire l'un à l'autre : Comment

vous portez-vous ? J'avois grande envie de vous voir. Dieu vous garde. Dieu soit loüé. Dieu soit content de vous. Vous vous portez bien, je souhaite que Dieu vous continuë une santé parfaite. Ils repetent ces paroles une douzaine de fois en se tenant par les mains, & puis se quittent. Telle est la coûtume du Païs.

Dès que les Arabes voyent un homme un peu âgé avec la barbe rasée, ils ne manquent jamais de luï faire cette imprécation ; *Que la malediction de Dieu soit sur le pere qui a engendré ce visage imparfait.* Aussi, disent-ils, que la barbe est la perfection de la face humaine. Plus elle est longue & fournie, plus elle est vénérable. Ils méprisent ces barbes de chat, qui n'ont que quelques poils plantez à la ligne. Ils regardent la barbe comme une partie essentielle, qui constituë l'Estre de l'homme. Ils aiment les Capucins, parce qu'on leur a dit qu'ils la cultivent au milieu d'un Peuple infini qui n'en fait point de cas, & qui la rase. Quand ils en voyent avec des barbes *in folio*, épaisses comme des forêts de bois taillis : Quel bonheur, disent-ils, pour les peres qui ont engendré de si belles barbes, que les bénédictions de Dieu tombent

bent

bent sur eux comme une grosse pluye.

Après cela les Francs ne devroient-ils pas nourrir leurs barbes, & employer toute leur industrie pour la faire croître & épaissir.

Quand ils voyent des vieillards nouvellement arrivez avec la barbe & la mouftache rafées, on ne peut croire combien ils en font fcandalifez ; ils fe difent les uns aux autres : C'eft affurément un Forçat qui s'eft échappé des Galeres. N'eft-ce point qu'on l'a diffamé dans fon Païs, & qu'il eft venu ici pour n'être point connú ? Quel vifage, il faudroit le couvrir d'ordures ? C'eft une face de vieux finge, c'eft un vieux pecheur, que le peché ne peut quitter. Au lieu que quand ils voyent un homme paré d'une barbe ample & bien rangée, ils difent auffi-tôt:Il ne faut que voir cette barbe pour être affuré que celui qui la porte eft un homme de bien, que Dieu a favorifé de fes graces.

Mais fi un homme avec une belle barbe fait une mauvaife action, ou qu'il dife quelque parole mefféante, ils ne manquent pas de dire auffi-tôt: Quel dommage pour une telle barbe! Eft-il poffible qu'il faffe un tel affront à fa barbe ? Quelle honte, quelle confusion pour fa barbe ; & s'ils se trouvent en droit de lui faire la correction, ils lui difent gravement : Regardez votre barbe, soyez honteux de votre barbe, respectez votre barbe. S'ils demandent quelque chose à un homme, ils l'en prient par fa barbe, en lui difant: Par votre barbe, par la vie de votre barbe, faites-moi cette grace ; & quand ils le remercient, ils se servent de ces termes : Dieu vous allonge la barbe, Dieu verse ses bénédictions sur votre barbe.

Une de leurs comparaisons & de leurs proverbes, c'est de dire : Cela vaut mieux que la barbe ; ou à telle barbe, tels ciseaux. Ce qui revient à ce que nous prétendons exprimer, quand nous disons, à bon chat bon rat : en un mot, la barbe entre dans tous leurs discours. Ils la peignent avec les doigts par contenance, ils la baisent par cérémonie, ils jurent par elle, ils prient par elle, ils avertissent par elle. Un homme qui auroit la barbe d'un pied de large, & qui lui descendroit jusqu'à la ceinture, seroit regardé comme le plus honnête homme de tout le Païs, son témoignage seul seroit mieux reçû en Justice que celui de trente Normands.

Quoique les Arabes foient fort fimples dans leurs paroles & dans les
manieres de s'exprimer, qu'ils nomment toutes chofes par leur nom, cependant quand ils parlent de quelque chofe dont l'idée porte avec elle
quelque indécence, ils ne manquent
jamais de dire ces mots : *Deftour y
amufchaik*, qui fignifient à peu près :
fauf votre refpeƈt ; & ceux qui écou-
tent, ôtent auffi-tôt leurs mains de
leurs barbes, & celui qui parle s'arrête jufqu'à ce que les auditeurs lui
difent, *L'faddal*, c'eft-à-dire, conti-
nuez quand il vous plaira. Il reprend
alors fon difcours, & dit le mot pour
lequel il s'étoit arrêté, & il repete la
même cérémonie autant de fois qu'il
doit dire quelque chofe, qui pourroit
foüiller les barbes, & choquer les oreilles chaftes des Anges qui y font nichez.

Une des principales cérémonies qui
accompagnent les vifites férieufes eft
de répandre des eaux de fenteur fur
les barbes, & de les parfumer enfuite
avec la fumée du bois d'aloës qui s'attache à cette humidité, & donne une
odeur douce & fort agréable. J'ai dit
dans un autre endroit de quelle maniere fe fait cette cérémonie.

La figure d'un Barbier eft quelque

chose de si extraordinaire qu'il faut la
décrire ici , puisque nous sommes sur
le chapitre de la barbe. Les nôtres sont
pour l'ordinaire propres , civils & honnêtes. Ceux des Arabes sont bouffons,
amoureux, plaisans. Ils ont toûjours un
turban fort blanc, garni de fleurs & de
curoreilles.Les manches de leurs chemi-
ses sont troussées jusqu'aux coudes pour
faire voir leurs bras piquez & marquez
de fleurs , de cicatrices , ou de brû-
lures qu'ils se font faites pour quelque
douleur , ou des coups de coûteau qu'ils
se font donnez pour marquer la violence de leur passion à leurs Maîtresses.
Ils ont un tablier de toile de lin rayée
de plusieurs couleurs , & une large
ceinture de cuir avec de petits crochets tout autour , où leur boutique est
attachée , le coquemar est d'un côté,
le bassin de l'autre , une longue gibe-
ciere regne sur le devant. Elle con-
tient dans ses compartimens , les ra-
soirs, la pierre, les ciseaux, une piece de savon , ou bien de savonette ,
un miroir rond à queuë , comme ceux
dont on se sert en Espagne , ou comme
on nous represente les Sirennes, il oc-
cupe le derriere de la ceinture dans
laquelle il est fiché. Ils ont deux longues serviettes sur les épaules ; une

pour effuyer les mains , & l'autre le
vifage. Ils ont encore une longue cou-
roye , large de quatre doigts fur le
devant de leur tablier, qui pend jufqu'aux genoux , fur laquelle ils adou-
ciffent le fil de leurs rafoirs.

Le Barbier fait affeoir fur une pierre
ceux qui veulent fe faire rafer, leur ôte
leur turban avec refpect, & avec des re-
verences étudiées & les plus bouffones,
met le turban fur un mouchoir propre
& brodé , s'il eft affez riche pour en
avoir , leur paffe la main droite fur le
dos , comme s'il vouloit careffer un
chat , & puis leur lave la tête à deux
mains , & la gratte de tems en tems
avec fes ongles , & enfuite il la rafe.
Ils font habiles; en quatre coups de rafoir ils emportent tous les cheveux ;
mais ils ne touchent jamais au toupet
que les Mahometans laiffent toûjours
au fommet de la tête , parce que c'eft
par cet endroit que Mahomet les doit
prendre pour les prefenter à Dieu. Il
met enfuite le coquemar fur la tête ,
ouvre le robinet , & fait tomber de
tous côtez de l'eau fur la tête & fur le
vifage qu'il lave enfuite vivement avec
les deux mains. Il faudroit avoir la tête bien fa'e, pour qu'elle ne fût pas entierement décraffée après une telle fa-

vonade. Il l'effuye enfuite, puis il met les deux doigts du milieu de chaque main dans les oreilles, pendant qu'avec les pouces il frotte doucement les yeux. Quand on eft ainfi effuyé bien proprement, le Barbier rafe les poils fous le nez, & on ôte les fuperfluitez de la barbe, c'eft-à-dire, les poils qui font plus longs les uns que les autres, afin qu'étant égaux, le volume de la barbe prefente une figure plus réguliere & plus agréable. Il coupe enfuite avec fes cifeaux les poils du nez & des oreilles, remet le turban avec refpect & deux ou trois révérences, puis il prend les mains l'une après l'autre, & fait craquer toutes les jointures. Enfuite il fait étendre les bras en croix, & fe mettant derriere, il appuye fa poitrine & fon genoüil contre les vertebres, & les fait craquer les unes après les autres, afin de les rendre plus foubles. Enfin il prefente le miroir, & quand on s'y eft regardé, on met fur la glace l'honoraire du Barbier, & on fe retire.

Il y a des Arabes fi fimples, que rien n'eft fi plaifant que de les voir fe regarder dans un miroir. Ils s'y voyent fans fe reconnoître, parce qu'ils ne fe mirent jamais chez eux.

Ils trouvent leur figure ridicule, ils en
rient, ils se fâchent, & voyant que
leur image fait les mêmes grimaces
qu'eux, ils croyent qu'il y a quelqu'un
derriere le miroir qui les contrefait. J'ai
eu souvent ce plaisir à Seïde, où j'a-
vois un miroir assez grand. Ils mettoient la main derriere pour l'attraper,
& demeuroient honteux, & se fâ-
choient de n'y trouver personne; mais
cela n'arrive qu'aux Païsans dont les
Barbiers n'ont pas de miroirs; car ceux
qui demeurent dans les Camps des E-
mirs voyent assez de miroirs chez les
Barbiers qui les rasent tous les quinze
jours; pour y être accoûtumez, & ne
pas donner de pareilles comedies.

CHAPITRE XIII.

Sentimens des Arabes sur les chiens
& les chats.

LEs Arabes aussi-bien que les Turcs
n'aiment pas beaucoup les chiens;
ils ne les nourrissent qu'afin qu'ils gardent leurs Camps pendant la nuit. En
effet ils leur tiennent lieu de Senti-
nelles. Ils ont pourtant beaucoup de
charité pour les chiennes qui ont fait

K iiij

leurs petits , & même pour les chiens qui font vieux ou eftropiez. J'ai parlé dans le premier Volume de mes Memoires de la charité de quelques Turcs pour ces animaux. Les Arabes les nourriffent & les careffent , mais fans les toucher , fur-tout , quand ils font moüillez. Ils ne les laiffent pas approcher d'eux , de crainte que venant à fe fecoüer , ils ne faffent rejaillir quelques gouttes d'eau fur leurs habits, parce qu'il n'en faudroit pas davantage pour les rendre impurs , & que dans cet état ils ne pourroient pas faire leur Oraifon fans s'être bien purifiez auparavant. La Loy ne leur permet pas de les toucher , même quand ils font fecs , & ces animaux font fi bien inftruits fur ce point , qu'ils ne viennent jamais les careffer ni mettre leurs pattes fur eux.

Il n'en eft pas tout-à-fait de même des chiens de chaffe, comme font les lévriers , les chiens couchans , les épagneuls , les chiens courans. Le befoin qu'ils ont de ces animaux leur fait interpreter la Loy à leur avantage. Ils les tiennent à l'attache , & les nourriffent de maniere , qu'ils n'ont pas befoin de chercher des ordures pour vivre , & par cet endroit ils font ti-

rez de la maſſe des autres chiens libres qui ſont reputez immondes. Cependant ſi quelqu'un tuoit un de ces
animaux de propos déliberé, il ſeroit
châtié par la juſtice. Il y a apparence qu'ils n'ont point chez eux ce proverbe ſi commun chez nous, qui dit
que quand on veut tuer ſon chien,
on dit qu'il eſt enragé.

Quoique les Arabes eſtiment les
chats, ils n'en nourriſſent pourtant
pas un grand-nombre, ils n'en ont
que ce qu'il leur en faut pour ſe délivrer des rats qui ſuivent leurs Camps,
comme les Marchands de Damas. A
l'exemple des Turcs, & pour ſe con-
former à la Loy, ils les regardent comme des ſaints. Ils diſent que Mahomet
les aïmoit à cauſe de leur propreté.
Cela l'obligea de leur obtenir de Dieu
pluſieurs graces ſignalées dont nous
avons parlé dans un autre endroit, ce
qui me diſpenſe de les repeter ici. Je
dirai ſeulement qu'un Arabe vénérable m'ayant entendu parler des chats
d'une maniere qui lui fit connoître
que je ne les aimois pas, m'en reprit,
& me dit que j'avois tort de ne pas
aimer, & de ne pas reſpecter de ſaints
animaux, qui ont le Paradis en partage, & que Dieu a comblez de ſes

K v

plus rares bénédictions. Mais qu'y fe-
ront-ils, lui dis-je ? Ils y seront oisifs :
car je ne vois pas que Mahomet ait
placé des rats en Paradis pour leur
donner de l'occupation. Ils en ont une,
me répondit-il, & des plus honorables,
& d'une plus grande conséquence. Ils
méditent continuellement la Loy , &
se servent de la sublimité de leurs connoissances,pour en penetrer les sens les
plus cachés , & en tirer des connoissances, dont la méditation les rend heureux. Mais qui leur donne à manger , repliquai-je ? Belle demande, me
dit-il , ils sont nourris des restes de la
table des Fidéles , & par conséquent
ils sont bien meilleure chere qu'ils ne
faisoient en ce monde. Cela étant ,
lui dis-je, ils ne sont pas à plaindre.
J'étois en peine de leur nourriture, je
suis en repos de ce côté-là : mais il me
reste encore un doute. Tous les chats
seront-ils en Paradis ? Tous les hommes y seront-ils , me dit-il ? Non , lui
dis-je , il n'y aura que les justes. Il en
sera de même des chats , me repliqua-
t'il : mais vos préjugez vous empêchent
de concevoir ces véritez. Il faut vous
apprendre quelque chose qui soit plus
à votre portée. Sçavez-vous pourquoi
les chats tombent toûjours sur leurs

pattes quand ils tombent, ou qu'on les
jette en l'air ? N'allez pas vous imaginer que ce foit une chofe qui leur
foit naturelle ; point du tout. C'eft une
grace que le Prophete leur a obtenuë
de Dieu , & qu'il leur a communiquée
par l'attouchement de fes mains beni-
tes. En voici l'hiftoire.

Le chat du Prophete s'étoit endormi fur la manche pendante de fa vefte,
ou plûtôt il étoit ravi en extafe en mé-
ditant fur un paffage de la Loy. Midi
fonna , il falloit aller à la priere, &
le Prophete ne vouloit pas interrompre les fublimes contemplations de fon
chat ; il fe fit donner des cifeaux,
coupa fa manche , & s'en alla où fon
devoir l'appelloit. Il trouva à fon retour fon chat qui revenoit de fon af-
foupiffement extatique, qui voyant fous
lui la manche de la robbe de fon Maître , & connoiffant par là la tendre
amitié du Prophete , fe leva debout
pour lui faire la révérence , il leva la
queuë, & plia fon dos comme un arc,
pour lui témoigner plus de refpect,
& le Prophete qui entendoit ce langage muet bien mieux qu'on n'entend
celui des muets dans le Serail , lui
paffa trois fois la main fur le dos, &
par cet attouchement lui imprima la

K vj

grace de ne tomber jamais fur cette
partie. Voilà la raifon , & non pas
une fuite phyfique de ce qu'on admi-
re dans ces animaux. Après cela appre-
nez à les refpecter , aimez-les tendrement , & ne leur faites jamais de mal ;
ne fouffrez pas qu'on leur en faffe ,
& ils vous obtiendront de Dieu des
graces que vous n'oferiez pas attendre
fans leur interceffion. Telle fut la leçon que me donna ce fçavant Arabe.
On n'en trouve pas beaucoup parmi
les gens de cette Nation qui en fça-
chent autant , & il falloit qu'il fût autant de mes amis qu'il l'étoit , pour
me découvrir des fecrets de cette im-
portance.

CHAPITRE XIV.

*De la Juftice des Mahometans , & en
particulier de celle des Arabes.*

J'Ai dit quelque chofe de la manière dont les Turcs rendent la Juftice , le Lecteur prendra la peine de
s'en fouvenir. Je n'ajoûterai rien que
ce qui m'a échappé.

Les Villes & les Bourgs un peu confiderables ont un Cadi , qui eft le Chef

de la Justice , tant pour le civil
pour le criminel. Il n'a pour Officiers
qu'un Greffier, & deux ou trois Ser-
gens, pour avertir les parties.

Le peché originel n'a produit chez
eux ni Avocats , ni Procureurs qui
rongent les plaideurs , qui se livrent
à leur avarice , qui rendent les procès éternels , & qui envoyent à l'Hô-
pital ceux dont ils ont dévoré la substance avant d'avoir fait terminer les procès , quand même ils les auroient ga-
gnez.

Chacun est son propre Avocat , chacun plaide sa cause soi-même, le Cadi les écoûte sans se laisser étourdir par
une éloquence ennuyeuse. Il faut exposer le fait nuëment, le prouver par
des pieces en bonne forme , ou par
son

ferment quand le
pos. Ces Juges so
des gens , leurs
voix , le mouvem

terieur des parties
miné, & leur sert à devel
rité

voyes.
Quand les Juges prennent le ser-

ment de quelqu'un ; si c'est un Mahometan, ils le font jurer sur l'Alcoran ; si c'est un Chrétien , sur l'Evangile ; si c'est un Juif , sur le Pentateuque de Moïse. Ils ont toûjours ces Livres dans leur Tribunal ; mais avant de les leur laisser toucher , ils leur font laver les mains , ils leur font mettre la main gauche sous le Livre, & la droite dessus , & dans cet état ils font leur serment sur la verité que ces Livres renferment , & ils prennent Dieu à témoin qu'ils ne font pas un faux serment.

Le serment prêté , le Greffier écrit dans son Registre en deux lignes la substance du procès , les interrogations que le Cadi a faites aux parties , les dépositions des témoins , ou le vû des pieces, & le jugement.

Celui qui a gagné son procès doit payer sur le champ les épices & les frais des Officiers , qui montent ordinairement à la dixiéme partie de la chose contestée. Celui qui est condamné doit payer sur le champ , & s'il n'a pas le moyen, & que sa partie ne veüille pas lui accorder du tems pour satisfaire , on le met en prison. Mais j'ai déja parlé des suites de ces sortes de jugemens.

Les Arabes ne font pas tant de cérémonies. Ils font bien plus fimples
dans leurs manieres, ils n'ont ni Juges
ni Greffiers dans leurs Camps. Les
Cheixs des Villages font feuls ces deux
Offices. L'Emir fe donne fouvent la
peine de juger les differends qui naif-
fent entre fes fujets fur les pieces, ou
fur la dépofition des témoins; il juge
fouverainement & en dernier reffort.
On ne peut pas appeller d'un Emir
au grand Emir. Tout fe paffe verba-
lement & fans écritures. Le jugement
eft executé fur le champ fans délai. On
ne replique point, on ne differe pas un
moment.

Les Cheixs jugent de la même maniere dans les Villages où ils commandent; mais ceux qui fe croyent grevez
peuvent appeller à l'Emir. Ceux qui
ont des differends ne vont que le moins
qu'ils peuvent plaider devant les Emirs
ou les Cheixs. Ils aiment mieux s'en
rapporter à des arbitres. J'ai fait affez
fouvent cette fonction, fur-tout pendant que je faifois celle de Secretaire de l'Emir, & ils s'en tiennent au jugement qui eft prononcé,
ils plaident doucement & civilement,
& témoignent par là le refpect qu'ils
ont pour leurs Juges, ou pour leurs

arbitres. On ne les entend point criailler, s'interrompre, en venir aux injures, aux invectives, & après le jugement prononcé, ils font aussi bons
amis qu'ils étoient avant leur contestation. Je ne connois que les Normans
qui soient capables de cette politesse;
mais selon le droit de la Nation, ran-
cune toûjours tenante. Ce droit ne
me paroît pas encore établi chez les
Arabes.

Comme ils n'ont aucunes terres en
propre, leurs procès ne peuvent avoir
d'autres causes que leur commerce,
en vendant, achetant ou troquant leurs
bestiaux & leurs denrées. Ils obser-
vent une formalité dans leurs ventes
ou dans leurs échanges; c'est de mettre
une poignée de terre sur ce qu'ils é-
changent en presence des témoins qu'ils
appellent, en disant: Nous donnons terre pour terre; après quoi ils ne peuvent plus revenir contre leur marché.
Ils en mettent sur les chevaux, sur les
bœufs, les moutons & sur l'argent,
& ne font point tenus à la garan-
tie.

J'ai dit que quand ils ont quelque
chose à demander à l'Emir, ils en vont
faire expedier l'Ordonnance à son Secretaire, & qu'ils la presentent au Prin-

ce en baisant la main, & lui disant leurs
raisons.

Mais quand l'Emir ne donne pas
audiance, & que la chose presse, celui qui porte le billet du Secretaire
marche à reculons jusqu'à la porte de
la tente où est le Prince, devant laquelle il y a toûjours des fagots de
broussailles. Il s'arrête là, & passant sa
main droite avec le billet sur son épaule, il attend qu'on le vienne prendre.
Un Eunuque, ou quelque jeune garçon de service, le prend aussi-tôt, &
le porte à l'Emir, qui fait sur le champ
la réponse qu'il juge à propos, & rapporte à celui qui attend, sa réponse.
Si la réponse n'est pas favorable, ce
qu'il connoît, parce que le billet est
déchiré, il se contente de dire en s'en
allant : *Dieu vous donne une longue vie.*
Si la demande est accordée, il commence une Kirielle de remercîmens &
de bénédictions, en s'en allant, sans regarder derriere lui, & élevant sa voix
à mesure qu'il s'éloigne, afin qu'on le
puisse entendre des tentes de l'Emir.
Ces ordres sont payables à vûë & sur
le champ.

Il leur arrive rarement des affaires
criminelles. Elles sont de droit reser-
vées aux Emirs dont ils dépendent, qui

selon le crime font punir le coupable
d'un certain bon nombre de coups de
bâton fur la plante des pieds ; on
quand le crime eſt énorme , ils font
pendre , brûler , empaler ou couper la
tête , ou la barbe. Ce dernier châſiment
porte avec lui une infamie éternelle ,
non-ſeulement pour le coupable ; mais
encore pour ſa famille. Il n'y a point
d'Arabes qui n'aime mieux perdre ſa tête que ſa barbe.

Pour les affaires civiles ou pour des
injures , & autres fautes de cette nature, l'Emir Turabeye étoit accoûtumé
de faire mettre aux pieds des coupables des entraves de cordes , comme
on en met aux chevaux , afin qu'ils
euſſent honte de ſe voir réduits à la
condition des bêtes ; & dans cet état
d'ignominie, on les obligeoit de demeurer un certain tems à quelque diſ-
tance de la tente de l'Emir , & d'y
demeurer jour & nuit, afin que tout le
monde les vît & fût ſage à leurs dépens.

J'ai parlé ci-devant des biens & des
revenus de l'Emir Turabeye , & de
ceux des autres Emirs de ſa famille ,
& il a été facile de voir par ce que
j'en ai dit , que ces Princes ne ſont
pas riches; mais comme leurs dépen-

fes font fort modeftes, & qu'ils tirent
de chez eux prefque tout ce qui fe confomme pour leur nourriture, & celle
de leurs gens, Ils ne laiffent pas de vivre avec une certaine fplendeur pour
le Païs. Leurs chevaux & leurs troupeaux leur donnent de quoi acheter
ce qui ne fe trouve pas chez eux, &
fans fortir de leurs Camps ils trouvent
chez les Marchands de Damas qui les
fuivent, les toiles, les draps de laine
& de foye, les botines, les équipages
de chevaux, les fouliers, le ris & les
légumes dont ils ont befoin ; & quand
ils en ont pris pour une certaine fomme, ils leur donnent en payement des
chevaux, des beftiaux & du bled, &
même quelquefois de l'argent ; mais
cela eft rare : car ces Princes aiment
l'argent, le changent en or tant qu'ils
peuvent, parce qu'il eft plus aifé à tranfporter ou à cacher, felon que leurs affaires le demandent.

Suivant cela, il eft aifé de voir que
les Arabes leurs fujets ne doivent pas
être bien riches. Il n'y en a guéres qui
ayent des terres en propre. Ceux qui
en ont les font valoir par les Chrétiens
ou par les Maures, & retirent en efpeces une portion du produit de la terre. Les courfes fur leurs ennemis &

fur les paſſans font leurs revenus les plus
aſſurez : car les Arabes regardent beaucoup au-deſſous d'eux la culture de la
terre. Mais ils ont tous des beſtiaux,
chevaux, bœufs, chameaux, moutons, chévres. Ils en ont ſoin, & y ſont
fort experts. Ils les vendent pour acheter ce dont ils ont beſoin, & quand ils
ont de l'argent de reſte, ils le gardent, le changent en or, & le cachent ſi ſoigneuſement qu'il s'en perd
beaucoup, quand ils meurent ſans avoir
déclaré à leurs heritiers le lieu où ils ont
mis leur tréſor.

Le bled eſt à fort bon marché chez
eux. Les récoltes en ſont abondantes
& manquent rarement. Ils ont de la
viande chez eux, leurs troupeaux leur
en fourniſſent. Quand un Arabe tuë
un bœuf, & que ſa famille n'eſt pas
ſuffiſante pour le conſommer, il en
fait part à ſes voiſins, qui en rendent
la même quantité à celui qui leur en
a prêté, quand ils viennent à en tuer.
Ils font paître leurs beſtiaux dans des
prairies naturelles, qui ſont dans les
gorges des montagnes, ou dans les plaines que l'on n'enſemence point. Chacun connoît ſes beſtiaux aux marques
qu'on y a faites.

Les chameaux vivent de peu. Ils

broutent les épines , les chardons, les
extrêmitez des branches , & quánd ils
travaillent, on les nourrit avec des pelottes de farine , & des noyaux de dattes concassez.

Leurs maisons ne consistent qu'en
des tentes de poil de chévres , que
leurs femmes filent à leurs heures perduës. Ils n'ont de meubles que ceux
dont ils ne peuvent pas se passer absolument, quelques nattes, des couvertures de grosses étoffes, des pots de
terre , des jattes de bois , des tasses à
caffé les plus communes , & chez les
plus accommodez des bassins de cuivre étamé. Ils ont encore quelques
canestres ou sacs de cuir, Voilà l'inven-
taire de leurs meubles.

Leurs richesses les plus solides après
leurs bestiaux sont leurs filles. Plus ils
en ont , & plus ils sont riches. Il en
coûte dans presque tout le reste du
monde pour se débarasser de cette mauvaise marchandise , dont la garde est si
difficile. Ceux qui les veulent avoir
sont obligez de les acheter de leurs
parens , & de leur donner en échange
de l'argent, des bestiaux, des effets,
des meubles. En un mot, les peres tirent de la vente de leurs filles , tout
autant qu'ils découvrent que ceux qui

les recherchent font paſſionnez pour elles, pourvû qu'ils ſoient garants de leur virginité. Choſe difficile, & par conſéquent appréciable.

Les Arabes n'ont point de moulins à vent, ils ne ſont en uſage dans l'O-rient que dans les lieux qui manquent abſolument de ruiſſeaux, & dans la plû-part des lieux on ſe ſert de moulins à bras. Quand on a des Eſclaves on ne manque pas de les occuper à ce tra-vail dur. L'Ecriture Sainte nous ap-prend que cela étoit en uſage chez les Juifs.

Ceux que j'ai vû au Mont-Liban & au Carmel, approchoient beaucoup de ceux que l'on voit en quelques endroits d'Italie. Ils ſont fort ſimples, & coû-tent très-peu. La meule & la roüe ſont enchaſſées dans le même eſſieu. La roüe, ſi on peut l'appeller ainſi, conſiſte en huit palettes creuſées, comme des cuillieres, & plantées de biais dans l'a-xe : l'eau tombant avec rapidité ſur ces palettes, les fait tourner, & en tournant elles font agir la meule, au-deſſus de laquelle eſt la trémie. Voilà tout l'équipage, qui ne laiſſe pas de moudre auſſi bien & autant que les moulins les plus compoſez.

CHAPITRE XV.

Des chevaux des Arabes.

IL faut qu'un Arabe soit bien miserable quand il n'a pas un cheval ou une cavalle. Ils n'aiment pas à aller à pied. C'est un affront pour eux; & d'ailleurs comment exerceroient-ils leur métier ordinaire, qui est de faire des courses, & de se sauver quand ils ne sont pas les plus forts ?

Les cavalles sont plus propres à ce métier que les chevaux. Ils sçavent par une longue experience qu'elles resistent mieux à la fatigue, & qu'elles souffrent mieux la faim & la soif. Elles sont plus douces, moins vicieuses, & leur rapportent tous les ans un poulain, qu'ils vendent, ou qu'ils nourrissent quand ils sont beaux & de bonne race. Les cavalles ne hannissent point, ce qui leur est d'une grande commodité pour n'être pas découverts quand ils sont en embuscade, & s'accoûtument si aisément les unes avec les autres, qu'elles demeureront aisément tout un jour entassées, pour ainsi dire, les unes sur les autres, sans remuer, ni se faire du mal.

Lᴇꜱ Turcs au contraire n'aiment point les cavalles. 'Auſſi les Arabes ne leur vendent que les chevaux, à moins que leur taille & leur beauté ne les, obligent de les garder pour en faire des étalons. Ce ſeroit une incommodité pour eux d'avoir des cavalles parmi tant de chevaux entiers, il leur ſeroit impoſſible d'en être maîtres. ;

Les Arabes appellent les cavalles *Forras*. C'eſt le nom generique des chevaux. Ils le donnent par honneur aux cavalles, pour faire voir le cas qu'ils en font, & ils appellent un cheval *Hbuſſan*, c'eſt-à dire, animal étrillé, ou étrillable, parce que toute la nobleſſe de l'eſpece appartient à la femelle. Les femmes voudroient bien qu'on en dît autant d'elles; mais on penſe bien differemment dans tout le monde. La nobleſſe vient du mâle, la femelle n'y apporte rien. La raiſon qui oblige les Turcs à mépriſer les cavalles, c'eſt qu'étant des gens de guerre, qui ne doivent point avoir de Païs particulier où ils ſoient attachez, il ne leur convient pas d'avoir de ces ſortes de ménages qui les embaraſſeroient.

Il eſt certain que les Arabes ſont plus indifferens ſur la connoiſſance de la généalogie de leurs femmes, que de celle

celle de leurs chevaux. Ils se contentent de sçavoir les noms de leur pere
& de leur grand-pere : mais ils ont
soin de connoître les ancêtres de leurs
chevaux jusqu'à la vingtiéme génération ; & ils en fournissent les titres, à
remonter jusqu'à quatre ou cinq cens
ans.

Ils appellent *Kahhilan*, c'est à dire,
nobles, les chevaux qui sont d'une bonne & ancienne race ; *Aatiq* ceux dont
la race est ancienne , mais qui sont
mésalliez ; & *Guidich*, ceux qui ne sont
bons que pour la charge , & que nous
ne regarderions que comme des ros-
ses. On a ces derniers à fort bon marché , les seconds sont plus chers, on
les vend au hazard & sans prouver
leur race. Ceux qui s'y connoissent bien
ne laissent pas de faire quelquefois des
marchez avantageux , & de trouver de
très-bons chevaux, sur-tout quand ils
les achetent bien jeunes & qu'ils en ont
un grand soin. Mais cela est rare : car
les Arabes sont d'habiles gens en fait
de chevaux , & donneroient des leçons
à nos plus habiles Maquignons.

Ils ne font jamais couvrir les cavalles du premier rang, que par un étalon de la même qualité. Ils connoissent par une longue habitude toutes

Tome III.   L

les races de leurs chevaux & de leurs
voisins, & sur-tout de toutes les cavalles. Ils en sçavent les noms, les sur-
noms, le poil & les marques. Quand
ils n'ont point de chevaux de la premiere noblesse pour couvrir leurs cavalles, ils en empruntent de leurs voisins, moyennant une certaine récom-
pense. Ils les font couvrir en présence de témoins, qui en font une attesta-
tion signée ou scellée en présence du
Secretaire de l'Emir, ou de quelque
personne publique, dans laquelle toute la génération, le poil & les marques des deux animaux sont exprimées
dans toutes les formes, qui sont neceffaires pour l'authenticité de l'Acte. On
appelle encore des témoins, quand la
cavalle a mis bas, & on fait encore un
nouveau procès verbal où le sexe, la
figure, le poil & les marques de l'animal nouveau né, sont marquées exactement, avec l'époque de la naissance.

Ce sont ces certificats qui reglent le
prix des chevaux. Les moindres valent
cinq cens écus, à payer comptant en argent ou en bestiaux, selon les conventions que l'on fait.

L'Emir Turabeye avoit une cavalle
dont on lui avoit offert plusieurs fois

cinq mille écus, sans qu'il l'eût voulu
donner, parce qu'elle avoit marché
trois jours & trois nuits sans se repofer,
& sans boire ni manger, & l'avoit fau-
vé par cette course extraordinaire des
mains de ses ennemis qui le pourfui-
voient. Cette cavalle étoit d'une taille
avantageuse, bien faite, d'un beau poil,
de belles marques, d'une douceur, d'u-
ne force & d'une vîtesse inconcevable.
On ne l'attachoit jamais. Quand elle
n'étoit ni bridée ni sellée, elle alloit
par tout avec sa pouline, & alloit rendre visite à ceux qui avoient coûtume
de la careffer, de la baifer, ou de lui
donner quelque chose. Quand elle
trouvoit des petits enfans couchez dans
des tentes, elle regardoit avant de po-
fer ses pieds, comme si elle eût eu peur
les bleffer.

Il y a peu de cavalles d'un si grand
prix ; mais on en trouve communé-
ment de douze & quinze cens piaftres,
& de deux mille. Comme elles rendent plus de profit que les chevaux,
à cause des poulins qu'elles font tous
les ans, & qui sont d'un bon revenu
pour leurs maîtres, il est assez ordinaire que trois ou quatre Arabes ou Chrétiens en achetent une en société, &
partagent entre eux le profit qui en re-

vient, comme j'ai dit ci-devant de la cavalle que M. Souribe avoit en societé avec trois Arabes.

Comme les Arabes du commun n'ont qu'une tente, elle leur sert aussi d'écurie. La cavalle, le poulain, l'homme, la femme, les enfans couchent tous ensemble. On voit de petits enfans endormis sur le ventre & sur le col de la cavalle & du poulain, sans que ces animaux les incommodent. Elles n'osent même se remuer. Ils semble qu'elles craignent de les éveiller ; & elles sont si accoûtumées à ces manieres douces, qu'elles ne font jamais de mal.

Les Arabes ne les battent jamais. Ils les traitent doucement, les caressent, les baisent, leur parlent, & raisonnent avec elles, comme si elles avoient beaucoup de raison. Ils ne les font aller que le pas ; mais dès qu'elles se sentent chatouiller le ventre avec le coin de l'étrille, elles partent de la main, & vont avec une telle vîtesse, qu'il faut avoir la tête bonne pour n'être pas étourdi du mouvement violent qu'elles se donnent, & du vent que l'on sent siffler dans les oreilles, elles sautent les ruisseaux & les fossez aussi legerement que des biches. Si le Cavalier vient à tomber, elles s'arrêtent tout court, pour

lui donner le tems de se relever, & de
remonter. 1665.

Tous les chevaux Arabes sont pour
l'ordinaire d'une taille mediocre fort
dégagée, & plûtôt maigres, que gras.
On les panse soir & matin fort soigneu-
sement. Ils tiennent leurs étrilles à
deux mains, puis ils les frottent avec
un bouchon de paille, & ensuite avec
une époussette de laine, jusqu'à ce qu'il
ne reste pas la moindre crasse sur la
peau, ils lavent les jambes, le crin,
la queuë qu'ils laissent dans toute sa
longueur, & les peignent rarement, de
crainte d'arracher les poils.

Leurs chevaux ne mangent de tout
le jour; mais on les abreuve deux ou
trois fois, & tous les soirs au toucher
du Soleil, on leur donne un demi bois-
seau d'orge bien nette, qu'on met dans
un sac qu'on leur attache à la tête comme un licol, jusqu'au lendemain, qu'ils
achevent de manger ce qui leur peut être
resté.

On leur fait tous les jours de la littiere avec leur fiente, après qu'elle a
été sechée au Soleil, & brisée entre les
mains, pour attirer la malignité des hu-
meurs qui sortent par les pores de la
peau, & pour éviter qu'ils n'ayent le
farcin. Le matin on met cette littiere

en monceau, on l'arrofe d'eau fraiche
en été quand il fait bien chaud.

Ils les mettent au verd au mois de
Mars quand l'herbe eft cruë. C'eft alors
qu'ils font couvrir leurs cavalles. Le
verd étant fini, ils ne mangent plus
d'herbe de toute l'année, & jamais de
foin, auffi n'en font-ils point provifion.
Ils ne leur donnent jamais de paille que
pour les défalterer, quand ils ont été
quelque tems fans avoir envie de boire. L'orge eft toute leur nourriture.
Ils tondent la queuë & les crins de
leurs poulains, quand ils ont dix-huit
mois, afin qu'ils deviennent plus beaux,
& commencent à les monter à deux
ans ou deux ans & demi; jufqu'alors
ils les laiffent libres & ne les attachent
point. Mais quand ils ont été une fois
fellez & bridez, depuis le matin jufqu'au foir à la porte de la tente, ils les
accoûtument fi bien à voir la lance,
que quand elle eft fichée en terre, &
qu'on les a mis auprès fans être attachez, ils tournent autour d'elle fans s'en
éloigner.

Ces chevaux font rarement malades.
Les Arabes font bons Ecuyers; ils con-
noiffent auffi bien leurs maladies que
les remedes qu'il y faut appliquer;
de forte qu'ils n'ont befoin de Maré-

chaux, que pour leur forger des fers &
des cloux. Ils les font d'un fer doux 1664.
& souple, battus à froid, & toûjours
plus courts que les pieds du cheval ;
mais ils ont soin de rogner toute la
corne qui excede sur le devant, afin
de leur rendre le pied plus leger, &
que rien ne les embarrasse en courant.
Cela pourroit incommoder nos chevaux d'Europe, qui ont la corne plus
tendre, au lieu que les chevaux Arabes l'ont noire & fort dure.

Les Arabes aussi bien que les Turcs
ajoûtent beaucoup de foi aux Talismans
& aux Amulettes. Les Negres les appellent des Grisgris. Ces derniers sont
des passages de l'Alcoran écrits en petit caractere sur du papier ou du parchemin : ces derniers sont les meilleurs ; car le parchemin est plus fort
que le papier. Quelquefois au lieu de
ces Passages, ils portent certaines pierres, auxquelles ils attachent de grandes
vertus. C'est entre autres choses en
cela que leurs Derviches, qui sont de
vrais Charlatans, leur attrapent leur
argent, & ces bonnes gens sont assez
simples pour croire que tout ce qu'ils
leur promettent arrivera infailliblement ; & quoique l'expérience leur
apprenne souvent la fausseté de ces

promeſſes, ils s'imaginent toûjours que
ce n'eſt pas la vertu qui a manquée,
mais qu'ils ont manqué eux-mêmes à
quelque circonſtance qui a empêché
l'effet des Amulettes. Ils ne ſe contentent pas d'en porter ſur eux, ils en
attachent encore au col de leurs chevaux, après les avoir enfermées dans
de petites bourſes de cuir. Ils prétendent que cela les garantit de l'effet des
yeux malins & envieux. Les Provençaux appellent cela *Cervelami*, & par
là on voit qu'ils ſont dans la même
erreur, ſoit qu'ils ayent apportée cette
ſuperſtition de l'Orient où ils trafi-
quent, ſoit qu'ils l'ayent tirée des Eſpa-
gnols, qui peuvent eux-mêmes l'avoir
héritée des Maures, qui ont été maîtres
de leur Païs pendant quelques ſiécles.
Les chevaux dont les Emirs m'ont fait
préſent, avoient au col de ces Amulettes, & ceux qui me les donnoient ne
manquoient pas de m'avertir de les
conſerver avec ſoin, parce que ſi
je les ôtois, je verrois mes chevaux
mourir dans peu de tems. Quand j'ai
retourné chez ces Princes, & que j'y
ai ramené ces mêmes chevaux, j'avois
bien ſoin qu'ils euſſent ces Amulettes
au col. D'ailleurs mes Palfreniers é-

toient Arabes, & n'avoient garde de
les priver de ce préservatif. Les femmes Espagnolles mettent à leurs enfans
de petites mains de jayet, ou d'autre
matiere, pour les garantir des yeux
malins. Elles sont si entêtées de ces su-
perstitions, que si un enfant est noüé,
ou qu'il devienne maigre ou malade,
elles ne manquent pas de dire qu'il a
été regardé avec des yeux malins : car
on tient en ce Païs comme une verité
constante qu'il y a des gens qui ont
dans les yeux un certain venin si actif
& si mauvais, qu'en regardant fixé-
ment une personne ou un animal, ils
lui dardent leur venin, à peu près comme on dit que le Basilic darde le sien,
qui les fait mourir ou tomber dans
une langueur qui devient à la fin mortelle. Ces femmes Espagnolles sont
fort attentives à ne pas laisser regarder leurs enfans à toutes sortes de personnes. Elles prétendent avoir là-dessus des connoissances que tout le monde n'a pas ; & quand elles voyent des
gens dont les yeux paroissent avoir de
la malignité, comme sont les yeux
verons, ceux dont les prunelles sont
de couleurs différentes, ou d'inégales
grandeurs, elles leur disent : *Teca-
la-man*, en leur présentant la petite

L. v

main qui pend au col de l'enfant.
S'ils font difficulté de la toucher, elles
se persuadent qu'ils ont les yeux malins, elles crient au secours, & le peuple aussi superstitieux qu'on le peut être
dans tout le reste du monde, ne manque pas de s'assembler ; & de contrain-
dre par toutes sortes de violences cet
homme aux yeux malins de toucher la
main qu'on lui présente, parce qu'a-
près cet attouchement toute la malignité de ses yeux n'a plus de force.

. Outre ces Amulettes les Arabes pendent au col de leurs chevaux des défenses de sanglier, jointes par la racine
à un petit cercle d'argent qui forme
un croissant : ils croyent que cela les
préserve du farcin.

Les Turcs aussi-bien que les Arabes,
& beaucoup de Peuples Chrétiens font
coucher dans leurs écuries des mar-
cassins ou des boucs. Ils sont persuadez
que ces animaux attirent tout le mauvais air qui peut y être. Que cela soit
suffisant ou non ; que ce soit une superstition ou une précaution digne de
gens sages, c'est sur quoi je ne veux
pas faire une dissertation. La pratique
semble l'autoriser.

Les chevaux Arabes vivent long-
tems, & conservent leur vigueur dans

un âge où les autres ne font plus bons
qu'à mener à l'écorcherie. Je crois
qu'on doit attribuer cela au régime
de vie qu'on leur fait obferver, &
au foin qu'on a de les panfer. Nous
voyons que les chevaux Arabes qu'on
a portés en France n'y ont pas tant vécu,
parce qu'on a voulu les traiter comme
ceux du Païs, & cela a gâté leur tem-
pérament.

J'ai vû des chevaux Arabes qui aimoient fi fort la fumée du tabac, qu'ils
couroient après ceux qu'ils voyoient
allumer leur pipe, & prenoient plaifir
qu'on leur en foufflât la fumée au nez.
Ils levoient alors la tête, montroient
leurs dents comme ils font quand ils
ont fenti l'urine d'une cavalle. On
voyoit en même tems l'eau diftiler de
leurs yeux & de leurs narines. Il y a
apparence que cette fumée leur fait
du bien, & que c'étoit pour cela que
la nature leur a appris à la rechercher.

Il y a de ces chevaux qui hochent
continuellement la tête quand ils font
attachez pendant le jour. Tout le monde ignorant croit que c'eft un mouvement naturel ; mais les Arabes en
jugent bien autrement. Ils difent que
les chevaux étant des animaux nobles,

1665.

généreux & courageux, ils participent
aux exercices de la Religion à leur
maniere. Ils lisent intellectuellement
la Loi, dont le Prophete leur a obtenu de Dieu l'intelligence, avec bien
d'autres graces & bénédictions ; de
sorte qu'il ne se passe point de jour
qu'ils ne lisent quelque chapitre de
l'Alcoran. Et pourquoi les chevaux ne
joüiroient-ils pas de ce privilege, puisque les chats qui ne valent pas les chevaux ni pour la taille, ni pour le service, joüissent de la même faveur, comme je l'ai dit ci-devant ? C'est ainsi que
les Docteurs de la Loi Mahometane en
font une selle à tous chevaux.

Il y a d'autres chevaux qui tournent
souvent la tête à droite & à gauche,
comme s'ils vouloient saluer ceux qui
sont des deux côtez de leur chemin.
Les Turcs les estiment beaucoup, parce qu'ils rendent le salut de la même
maniere qu'ils le rendent eux-mêmes.
Ils croyent que ceux qui voyent la politesse de ces chevaux, les comblent
de bénédictions, & font des souhaits
pour leur conservation, & pour la pros-
perité de leurs maîtres.

Dès qu'un cheval a couvert une cavalle, ils jettent promptement de l'eau
fraîche sur la croupe de la cavalle, &

en même-tems un homme tire l'étalon
par le licol, & lui fait faire en sautant
quelques pallades autour de la cavalle,
afin de lui imprimer l'idée du cheval,&
qu'elle falle un poulain qui lui ressem-
ble.

Les selles des chevaux ne sont que
de bois,couvertes d'un maroquin. Elles
n'ont point de panneaux rembourez
comme les nôtres ; mais seulement un
feutre piqué,qu'ils mettent entre la selle & le dos du cheval, qui avance d'environ un demi pied sur la croupe.Leurs
étriers comme ceux des Turcs sont fort
courts ; de sorte qu'un homme est assis
à cheval comme sur une chaise. Ils se
levent sur les étriers en courant, pour
porter un coup avec plus de force. Le
bas des étriers est large, plat & quarré, leurs coins sont pointus & tran-
chans, ils s'en servent pour piquer
leurs chevaux, au lieu des éperons que
nous avons, de maniere que leur peau
est déchiquetée en cet endroit, comme
le sont les parties du corps où les Chi-
rurgiens ont travaillé dans l'application des ventouses. Ces playes rendent
les chevaux extrêmement sensibles en
ces endroits, & pour peu qu'ils s'y sentent chatoüiller, ils donnent d'abord
tout ce qu'on leur demande.

CHAPITRE XVI.

Des logemens des Arabes, & de leur
maniere de camper & de décamper.

LEs Arabes n'ont point d'autres logemens que leurs tentes. Le nom
qu'ils leur donnent signifie maison en
Arabe. C'est de toutes les manieres de
se loger la plus ancienne.. Nos anciens
Patriarches n'en avoient point d'autres.
Elles sont toutes de poil de chévre noir.
C'est l'ouvrage des femmes. Ce sont
elles qui les filent & qui en sont les
Tisserans. Elles sont fortes, si serrées
& tenduës d'une maniere que les eaux
des pluyes les plus longues, & les plus
fortes ne les percent jamais. Toutes
leurs familles, hommes, femmes, enfans & chevaux logent sous la même
couverture, & sur-tout en hyver.
   Celles de l'Emir sont de la même é-
toffe, & ne different des autres que
par leur grandeur & leur hauteur. Ces
Princes en ont plusieurs pour leurs femmes, leurs enfans, leurs domestiques,
& une plus grande que les autres où ils
donnent audience, qui a une couverture de toile cirée verte. Ils en ont

pour leurs cuisines, pour leurs magasins,
& pour leurs écuries.

La disposition des Camps est toûjours ronde, à moins que le terrein ne le puisse pas permettre absolument. La tente d'audience du Prince est toûjours au centre du Camp, & les autres tentes autour & fort proche, & celles de ses sujets les environnent, & laissent entre elles un espace d'environ trente pas, tant par respect que pour n'être pas en vûë des femmes.

Ils campent sur le sommet des collines, qu'ils appellent *Roubba*, c'est-à-dire, bel air, & ils preferent les lieux où il n'y a point d'arbres qui puissent les empêcher de découvrir de loin tous ceux qui vont & viennent ; car ils craignent toûjours d'être surpris. Ils preferent les lieux où il y a des sources d'eau, & qui sont voisins des vallons & des prairies, pour la subsistance de leurs bestiaux. Le besoin qu'ils en ont les oblige de décamper souvent, & quelquefois tous les quinze jours ou tous les mois, mais on n'a pas de peine à trouver leurs camps, & quand on en a découvert un, & sur-tout celui du grand Emir, les autres sont aisez à trouver ; car ils ne sont pas éloignez de celui-là que d'une lieuë ou deux tout au plus. Quand, ils changent de Camp en Eté, ils avancent toûjours vers le Septentrion, & à mesure que l'Hyver s'approche, ils reviennent vers le Midi jusqu'auprès de Cesarée de Palestine, & hors de l'enceinte des Montagnes du Carmel. Ils se placent alors dans les vallons & sur les bords de la mer, où il y a quelques arbrisseaux qui les mettent à l'abri du vent & du sable, pour n'être pas incommodez des bouës. Les hommes & les chevaux logent sous le même toît, afin d'être plus chaudement.

Les Païsans des Montagnes de Provence, de Dauphiné, & de Savoye sont à peu près dans le même usage; ils logent au-dessus de leurs étables, afin mieux de profiter de la chaleur des animaux qui sont sous eux, ils ne mettent que des clayes sur les soliveaux qui composent leurs planchers, & ne perdent rien de la chaleur qui passe au travers.

Les Marchands qui suivent les Camps ont pour l'ordinaire des tentes de grosse toile blanche, cela sert à les reconnoître aisément. Toutes leurs marchandises sont étalées autour de leurs tentes, ou dans des coffres

de cuir. Les Princes & leurs Sujets
y trouvent tout ce dont ils peuvent
avoir befoin, & les uns & les autres
payent regulierement ce qu'ils prennent. On s'en rapporte à la bonne
foi de ces Marchands, & on leur
donne en payement des beftiaux &
des grains, fur quoi il y a toûjours
un profit confiderable à faire.

C'eft quelque chofe de fort fingulier,
que les Arabes dont le métier ordinaire eft de voler fur les grands chemins,
foient fi honnêtes gens dans leurs
Camps. Leur fidelité eft fi grande,
qu'un Marchand, ou tout autre Etranger qui eft dans leur Camp; peut laiffer dans la tente fes hardes & fes marchandifes, fans crainte qu'on lui faffe
le moindre tort.

J'ai déja parlé des meubles des Arabes; mais j'ai oublié de dire qu'ils n'ont
qu'une pierre ou un morceau de bois
pour chevet. Ils couchent fouvent hors
de leurs tentes en été, fans être couverts d'autre chofe que de leur chemife; de forte que le matin ils fe trouvent tout moüillez du ferein & de la
rofée, fans qu'ils s'en embaraffent, ou
qu'ils en foient incommodez. D'autres
fe couchent tout habillez & coüverts
de leur Aba.

On ne se couche jamais sans un caleçon de toile, de crainte de faire voir quelque nudité aux gens qui seroient dans le même endroit. Si par hazard en se remuant pendant le sommeil on venoit à se découvrir, ceux qui le verroient, non-seulement en seroient scandalisez, mais ils le prendroient pour un affront si signalé, qu'ils se croiroient excommuniez, & obligez par conséquent à faire une nouvelle profession de Foi. C'est par cette même raison que les enfans même n'ôtent jamais leurs caleçons quand ils se baignent, & qu'on ne leur donne pas le foüet à l'école sur les fesses; mais qu'on les châtie avec de petites verges sous la plante des pieds. On a la même attention en Italie; quoiqu'on les châtie sur les fesses, on leur laisse toûjours un caleçon de toile.

C'est une indécence d'être devant d'honnêtes gens les bras derriere le dos, & même en se promenant seul. On doit avoir les mains croisées ou jointes sur le nombril, & si on étoit dans une autre posture devant un Juge, on seroit condamné à une amande. On ne pardonne pas cela aux gens du Païs, ce n'est que par indulgence qu'on le souffre aux Francs, parce qu'on

suppose qu'ils ne sçavent pas les coû- —————
tumes, quoiqu'on ne laisse pas de leur   1665.
en témoigner du dépit.

Leurs meubles, comme je l'ai dit
ci-devant, sont en si petite quantité,
qu'en moins de deux heures ils ont
tout emballé, détendu & plié quand
il faut décamper. Ils chargent tous
leurs bagages sur des chameaux & des
bœufs, qui sont accoûtumez à la charge. Les hommes montent à cheval: Les
Princesses bien voilées montent sur des
cavalles, ou sur des chameaux, que
leurs servantes conduisent par le licol.
Les femmes du commun vont à pied,
& portent les enfans qui ne peuvent
marcher, & conduisent le bétail &
tout l'attirail de la maison. Les hommes ne s'embarassent point de cela,
ils accompagnent le Prince, & sont
toûjours en état de combattre, si la necessité se presentoit.

Comme les Arabes sont toûjours en
campagne, & les plus éloignez qu'ils
peuvent de toute sorte de voisnage,
on est assez embarassé pour trouver
ceux à qui on a affaire. Quand on le
leur demande, ils répondent comme
on fait sur mer, en marquant le rumb
du vent vers lequel ils demeurent. Par
exemple, ils disent: Il a tiré au Midi

ou au Septentrion , à l'Orient ou à
l'Occident. Il n'y a que la demeure
du Prince qui se trouve facilement ,
parce que ses tentes sont toûjours au
centre du Camp , & qu'elles sont fa-
ciles à distinguer par leur grandeur &
la couleur de celle où il donne audience. Celles de ses sujets sont toûjours dans la même situation , à l'é-
gard de celles du Prince ; de maniere
que quand on a une fois connu la demeure d'un particulier , on est sûr de la
trouver dans tous les Camps dans le
même endroit.

Dès que l'Emir est couché , il n'y a
plus de lumieres dans tout le Camp ,
afin de n'être pas découverts de loin
par leurs ennemis. Ils ne craignent que
les surprises pendant la nuit ; mais pour
les prévenir , ils ont une grande quantité de chiens, qui rôdent dans le Camp
& aux environs , que le moindre bruit
qu'ils entendent fait aboyer & se répondre les uns aux autres , s'ils ont
bien-tôt éveillé tout le monde. Ces
gens ne sont point du tout paresseux,
ils connoissent aux abois des chiens
s'il y a quelque chose d'extraordinaire ,
& voyant ces animaux courir du côté
d'où le premier bruit est venu , ils s'ar-
ment au plus vîte , & marchent de ce

côté-là ; & s'ils reconnoissent qu'il y a
du danger , ils font certains cris qui
avertissent les autres , & dans un moment on les voit tous à cheval , & en
état de repousser l'ennemi ou de prendre la fuite , s'ils ne se croyent pas en
état de lui pouvoir resister. Je leur ai
dit plusieurs fois qu'ils seroient bien
plus en sûreté , s'ils fortifioient leurs
Camps par des fossez & des palissades ,
qu'ils pouroient laisser en état quand
ils décamperoient , & les trouveroient
quand ils reviendroient. Mais ils m'ont
toûjours répondu que cette maniere ne
leur convenoit pas , parce que n'ayant
pas l'usage des armes à feu , & ne se
défendant qu'avec la lance & les armes blanches , si leurs ennemis les tenoient enfermez dans une enceinte ,
ils les tuëroient les uns après les autres à coups de mousquet , sans qu'ils
pussent aller à eux pour les combattre ; & tout bien consideré , je crois
qu'ils ont raison. Il n'est pas sûr d'approcher de leurs Camps pendant la
nuit , on s'exposeroit à êt e dévoré par
leurs chiens , qui dans ce tems font furieux , & en trop grand nombre pour
s'en débarasser.

CHAPITRE XVII.

Des occupations des Arabes.

LEs Arabes, comme je l'ai dit en d'autres endroits, ne se mêlent que du soin de leurs bestiaux, de suivre leurs Princes, d'aller à la guerre quand ils sont commandez, & d'être sur les grands chemins pour dépoüiller les passans.

Ils ne leur font point de mal quand ils se dépoüillent volontairement & de bonne grace, & qu'ils ne leur donnent pas la peine de mettre pied à terre pour leur servir de Valets de Chambre.

C'est une précaution necessaire à ceux qui voyagent dans ces Païs-là ; d'être toûjours munis d'armes à feu. Les Arabes les craignent sur toutes choses. Quand on est plusieurs ensemble, & qu'on se voit environnez, il faut se poster de maniere qu'on fasse face de tous côtez, & avoir ses armes en état & presentées. Il est rare qu'on soit attaqué quand on est dans cette situation : car les Arabes ne se pressent pas de se faire tuer ; & à moins qu'ils ne soient en état de vaincre en vous

environnant de tous côtez. Il faut leur
crier ou leur faire signe de se retirer,
& ne tirer sur eux que quand ils s'obf-
tinent à venir sur vous. Alors on peut
tirer, & tirer bien juste, & en abattre
quelqu'un. Mais après cela, il faut vaincre ou mourir : car ils ne pardonnent
jamais le sang, & font main basse sur
tous ceux qui tombent entre leurs mains.
Si on se trouve sans armes ou hors
d'état de se défendre, il vaut mieux les
contenter & en tirer le meilleur parti
que l'on peut.

Dès qu'ils apperçoivent quelqu'un
dans un chemin, ils mettent devant
leur visage le bout de leur turban, qui
pend sur leurs épaules, afin de se cacher & de n'être pas reconnus. Ils levent la lance, & viennent à toutes jambes fondre sur vous, en disant : Dépoüil-
le-toi, excommunié, ta tente est toute
nuë; quelle justice y a-t'il que tu sois
mieux qu'elle ? Ils se servent du nom
de tente ; pour ne pas dire, Ma femme
est toute nuë. Ils lui tiennent la lance
devant la poitrine jusqu'à ce qu'ils
ayent ce qu'ils veulent. Ils laissent assez
souvent les caleçons ou la chemise,
quand après s'être dépoüillé de bonne
grace, on les prie de ne pas vous renvoyer tout nud. Ils vous rendent aussi

vos papiers & les autres chofes dont ils n'ont pas befoin , & prefque toûjours votre monture, foit cheval, âne , mulet ou chameau, & cela pour deux raifons. La premiere, qui eft la plus effentielle , eft pour n'être pas reconnus en les vendant : car alors les Gouverneurs les feroient arrêter , & comme voleurs de grands chemins , ils les feroient empaller , ou tout au moins pendre. Et la feconde, qui eft la plus conforme à l'humanité, eft afin que le pauvre Voyageur dépoüillé ait la commodité de s'en retourner chez-lui chercher d'autres habits , & les leur rapporter s'il a encore le malheur de les rencontrer & de tomber entre leurs mains. Si le cheval du Voyageur a une bonne fel'e & de bons harnois, ils les changent contre les leurs s'ils ne font pas auffi bons. Après quoi ils les congedient honnêtement . en leur difant, comme M. Loyal, Dieu vous tienne en joye.

Dès qu'ils voyent la mer groffe, un grand vent, une apparence de tempête , ils s'appretent à aller piller les bâtimens qu'ils efperent venir s'échoüer à la côte.

Les naufrages appartiennent à l'Emir ; mais les hardes des Matelots & des Paffagers font à ceux qui les peuvent

vent enlever. J'ai parlé du naufrage
d'une Barque de Chypre, j'ai été témoin du naufrage d'une autre Barque
de Tartoura qui alloit à Jaffa. Elle é-
toit chargée entre autres marchandifes
de plufieurs caiffes de croix, de chapo-
lets, & autres dévotions, qu'un Religieux Cordelier Efpagnol, nommé Frere Alonfo, devoit porter en Efpagne, &
prefenter aux bienfaiteurs qui avoient
envoyé une groffe fomme d'argent
pour les befoins des Peres de la Terre-Sainte. Il y avoit dans ce Bateau
plufieurs Paffagers, hommes & femmes
qui venoient de Rama, qui furent dépoüillez tous nuds par les Arabes, qui
s'étoient affemblez en grand nombre
pour profiter de leurs dépoüilles, &
qui fe trouverent de fi mauvaife humeur, qu'ils ne voulurent pas leur accorder le moindre chiffon pour couvrir
leur nudité. Ils furent donc contraints
de continuer leur route en cet état, fe
cachant le mieux qu'ils pouvoient avec
leurs mains, & fe jettoient dans des
halliers quand ils voyoient quelqu'un.
Le Frere Alonfo demeura le dernier,
s'imaginant qu'à force de prieres & de
fignes il obtiendroit un caleçon pour
fe couvrir; mais ne pouvant rien gagner, il fut contraint de fuivre les autres.

Les femmes qui faiſoient l'arriere-garde de cette troupe dépoüillée, le voyant ſec, hâlé, avec une grande barbe, le prirent pour un Arabe qui avoit quelquê mauvais deſſein, ſe jetterent dans un buiſſon, & crierent de toutes leurs forces. Les hommes qui étoient devant revinrent ſur leurs pas pour les aſſiſter. On ſe reconnut de part & d'autre, & on ſe remit en marche, marchant un peu éloigné les uns des autres, & on arriva ainſi à la pointe du Carmel, les hommes & les femmes allerent à Caïffa chercher des habits, & le Frere Alonſo monta au Couvent des Carmes. Il frappa à la porte, le chien aboya, & le Frere Jean Carlo du Mont-Carmel, qui étoit fort vieux ayant regardé par un trou & vû un homme tout nud, le prit pour quelque Santon ou quelque Derviche errant, & en eut une ſi grande peur, qu'il ſe retira dans ſa chambre ſans rien dire. Le pauvre Frere Alonſo frappa & cria ſi long-tems, que le Pere Superieur vint lui parler, & après s'être bien aſſuré qui il étoit, il lui jetta un habit par deſſus la muraille, & lui ouvrit la porte. Il s'en alla le lendemain à Acre chez les Religieux de ſon Ordre, où il attendit d'autres caiſ-

fes de chapelets, pour continuer fon
voyage en Efpagne.

Les Arabes paifibles poffeffeurs du
butin qu'ils avoient fait, firent leurs
partages, jetterent à la mer toutes les
croix, & porterent à leurs femmes les
chapelets. Tout fut diftribué dès le même foir, & le lendemain il n'y avoit
point de femmes & de filles dans le
Camp, qui n'en eût quelque douzaine
autour du col & des bras.

Pendant que la Nation Françoife
demeura à Acre, il y avoit fouvent des
Marchands qui revenoient nuds à la
maifon, ceux fur-tout qui aimoient la
promenade. Les Arabes fe mettoient en
embufcade derriere les monceaux de
fable qui font fur le bord de la mer,
il y en avoit même d'affez hardis pour
fe cacher dans les mafures, & les rui-
nes dont cette Ville défolée eft toute
remplie, & ils ne manquoient pas d'attraper nos Marchands, & de les dépoüiller avec une diligence merveil-
leufe. A la fin ils prirent le parti de
n'y plus aller qu'en bon nombre & avec
leurs fufils, & quand les Arabes les
voyoient ainfi en état de les repouffer,
ils ne leur difoient rien & fe reti-
roient.

Voilà le métier favori des Arabes;

celui auquel ils s'exercent le plus ordinairement, qu'ils cultivent avec plus
de soin,& qu'ils aiment sur toutes choses.

Quand ils reviennent au Camp, ils
racontent avec complaisance leurs bonnes avantures. Ils disent : J'ai gagné un
manteau, une chemise, un habit. Ils se
gardent bien de dire : J'ai volé ou j'ai
dérobé : car cela sonneroit mal. Les
Negres qui sont Esclaves dans les Co-
lonies de l'Amerique, s'expliquent à
peu près de la même maniere. Ils se
disent fort poliment les uns aux autres,
Dieu m'a donné un cochon, une poule, ou autre chose. Les Arabes prétendent ne point faire de mal & n'of-
fenser point Dieu. La raison qu'ils en
apportent leur paroît démonstrative. Ils
descendent d'Ismaël qui n'a eu aucune
part dans les biens d'Abraham, & qui
par conséquent a transmis à ses descendans les droits qu'il a de repeter sa
portion sur tous les descendans d'I-
saac, qui a été le Maître de toute la suc-
cession. Ils disent encore que Dieu leur
a laissé la campagne en partage, & que
ce n'est pas leur faute, si d'autres qu'eux
s'y viennent promener.

A l'égard des femmes, leur occupation, comme je l'ai déja dit, est de fi-

ler du poil de chévres dont elles font
les toiles de leurs tentes. Elles filent
auffi de la laine, & filent fort bien &
fort uniment. Il n'y a guére de créatures au monde plus laborieufes que les
femmes Arabes. On peut dire qu'elles
font veritablement les fervantes de
leurs maris. Elles font la cuifine, vont
chercher l'eau, le bois ou la fiente de
vaches dont on fait le feu quand le
bois eft rare, elles ont foin de traire
les vaches & les brebis, de les ton-
dre, de faire le beurre, le fromage,
le pain, fouvent de panfer les chevaux, d'accommoder les felles, les bri-
des, les harnois, de coudre les habits,
fans compter le foin des enfans, & fans
manquer d'étourdir leurs maris avec
leur babil. Telles font les femmes Arabes, dignes d'être regardées comme des
Sara, des Agar, & autres femmes de
l'Ancien Teftament, à qui celles du
Nouveau ne reffemblent point du
tout.

La principale nourriture des Arabes
eft le laitage, le ris, le bœuf, les chévres, les moutons, & les poules,
le miel, l'huile d'olive & les légumes.

Ils ont de trois fortes de pain. Ils
n'en cuifent qu'à mefure qu'ils en ont

befoin. Ils pétriffent leur farine fans levain ; mais auffi n'eft-il bon que le jour qu'il eft fait. Celui qui refte du jour précedent, on le donne aux chiens. Ils ont dans leurs tentes des moulins à bras, dont ils fe fervent quand ils fe trouvent éloignez des moulins à eau. Ce font encore les femmes qui ont cette fatigue qui n'eft pas petite. Ils font du feu dans une grande cruche de grais, & lorfqu'elle eft bien échauffée, ils détrempent leur farine avec de l'eau, comme quand on veut faire de la colle, & l'appliquent avec le creux de la main fur le dehors de la cruche. Cette pâte quafi coulante s'étend & fe cuit dans un inftant par la chaleur de la cruche, qui ayant defféché toute l'humidité de la pâte, elle s'en détache d'elle-même, elle eft mince & déliée prefque comme nos oublies. Dans cet état, elle eft très-bonne, délicate, de bon goût & d'une digeftion très-aifée.

La feconde efpece de pain fe cuit fous la cendre, ou entre deux piles de fiente de vaches fechée & allumée. Ce feu eft lent & cuit la pâte tout à loifir.

Ce pain eft épais comme nos gâteaux, c'eft-à-dire, qu'il a environ un

demi pouce ou trois quarts de pouce
d'épaiſſeur. La mie eſt meilleure que
la croute , qui eſt toûjours noire &
brûlée, avec une odeur de fumée qui
tient toûjours de celle du feu qui l'a
cuite. Il faut auſſi manger ce pain le
jour qu'il a été fait , & être accoûtumé
à la maniete de vie des Bedoüins, pour
s'en accommoder.

Ce n'eſt pas ſeulement chez les Arabes qu'on ſe ſert de cette eſpece de
pain , & de la fiente de vache pour la
cuire. Les Païſans s'en ſervent dans les
Vil'ages où le bois eſt rare. Ils ne manquent pas d'en faire proviſion. Ce ſont
les petits enfans qui les amaſſent toutes fraîches, & quand ils les ont apportées à la maiſon, on les applique
contre les murailles & ſur les portes
pour les faire ſécher ; de ſorte qu'on
voit leurs maiſons avec de ces tapiſſe-
ries , dont l'odeur eſt à la verité un peu
forte ; mais comme ils y ſont accoûtumez. ils la ſupportent aiſément.

Ils en détachent à meſure qu'ils en
ont beſoin pour cuire leur pain, ou ſe
chauffer , elles font un feu lent , à la
verité ; mais qui dure long-tems, &
qui eſt aſſez ſemblable à celui des écor-
ces qui ont ſervi aux Tanneurs, ou à
celui des olives quand elles ſortent du

M iiij

moulin où elles ont été preſſées, dont on fait des pains qu'on laiſſe ſécher au Soleil.

Ces Païſans ne laiſſent pas d'avoir du bois pour le four & pour ſe chauffer. Mais les Arabes n'ont pas la même commodité, & quand ils l'ont ils n'en font aucune proviſion, parce qu'ils décampent ſouvent, & que ce ſeroit un embarras pour eux s'il le falloit tranſporter.

D'ailleurs ils campent l'hyver ſur le ſable au bord de la mer, & l'été ſur des collines découvertes où il n'y a point de bois, & ce ſeroit une nouvelle fatigue pour les femmes, qui étant obligées par leur état de prendre le ſoin de tout le ménage, auroient encore celui-là de ſurcroît, & elles en ont déja aſſez; au lieu qu'étant toûjours au milieu de leurs beſtiaux, elles en amaſſent ſans peine la fiente, la font ſécher, & s'en ſervent à faire du feu.

La troiſiéme maniere de faire du pain, qui eſt la meilleure & la plus propre, ſe fait en chauffant les fours, qui ſont faits à peu près comme les nôtres, ou en empliſſant à demi une cruche, dont l'entrée eſt auſſi large que le ventre, de petits cailloux luiſans qu'ils font rougir, ſur leſquels ils étendent

leur pâte en forme de galettes. Ce pain
est blanc & de bonne odeur ; mais il
a le défaut des autres, il n'est dans
toute sa bonté que le jour qu'il est fait,
à moins que la situation où ils se trouvent ne leur permette d'y mettre du
levain : car alors il se conserve plus
long-tems. Cette maniere de faire le
pain & de le cuire est commune dans
toutes les Villes & Villages de la Palestine où il y a des fours.

1665.

Dans le troisiéme & dernier voyage
que je fis chez l'Emir Turabeye avant
mon départ pour France, je fis porter
un four de cuivre, comme il y en a dans
nos Vaisseaux, à l'Emir. Il en fut charmé. Je fis instruire ses gens par un des
miens à s'en servir, & à faire des pains
comme les nôtres d'environ une livre.
L'Emir & toute sa famille les trouverent excellens. Ce Prince vint à ma
tente voir pétrir la pâte, la lever, la
mettre au four & en retirer les pains,
& ordonna à ses gens de lui en faire de
cette maniere. Ce present lui fit plaisir,
& il m'en remercia beaucoup.

Les Arabes ne boivent pour l'ordinaire que de l'eau, que leurs femmes
vont chercher dans des cruches &
des outres aux fontaines ou aux ruisseaux auprès desquels ils sont campez.

Boiss
des Aral

M v

Ils ne laiffent pas de boire du vin,
quand ils en peuvent avoir,& même de
s'enyvrer : car ces Peuples auffi bien
que les Turcs, difent que le plaifir de
boire du vin doit aller jufqu'à l'yvreffe, & que fans cela le plaifir eft imparfait.

Il eft vrai qu'il y en a qui par dé-
licateffe de confcience n'en boivent
point ; mais il y a un plus grand nombre d'efprits forts, qui ont fecoüé le
joug importun de la Loi, & qui difent
que Mahomet n'en a pas fait un pré-
cepte negatif, qui oblige toûjours &
pour toûjours, & qui doit être inviolable comme la pratique de la circoncifion ; mais que ce n'eft qu'un confeil dont l'obfervation eft arbitraire,
& qui ne doit avoir fon effet que dans
ceux dont l'yvreffe peut être préjudiciable à leur fanté ou à la focieté ci-
vile.

Ils boivent rarement pendant le repas. Mais quand ils fe levent de table,
ils boivent de l'eau tant qu'ils jugent
en avoir befoin. S'ils font plufieurs, ils
boivent tous les uns après les autres
fans fe fervir de verres ou de taffes,
& fans avoir aucune repugnance ni dé-
goût.

Ils ont une boiffon compofée d'a-

bricots , de raisins & d'autres fruits
cruds ou secs , qu'ils mettent infuser
dans de l'eau dès le jour précedent.
Quand ils la veulent faire excellente ,
ils y mêlent un peu de miel. Ils la servent à table avec les viandes dans
une grande jatte de bois, & la prennent avec des cuillieres de bois quand
ils ont soif. Quand cette liqueur est
bien faite , elle est assez agréable.

Ils se servent encore d'une espece
de ptisanne composée d'eau , d'orge,
& de reglisse qu'ils font boüillir. Mais
ils s'en servent rarement.

Le Cherbet, ou comme nous disons ,
le sorbet, ne se trouve que chez les Princes , & quelquefois chez les Cheiks
qui sont riches. On le sert par régal
dans les visites & dans quelques autres
occasions , comme nous servons en
France la limonade, l'orgeat & autres
liqueurs.

Le cahué ou caffé , comme nous pro-
nonçons, est la seule chose dont les
Arabes ne peuvent se passer, particulierement ceux qui usent de l'*opium* ou du
bergé. Il leur en faut tous les matins
une tasse à leur déjeûné, & à l'issuë de
leur repas, outre celui que l'on prend
ou que l'on présente dans les visites
que l'on reçoit ou que l'on rend : car

Ils ne laiſſent pas de boire du vin ,
quand ils en peuvent avoir,& même de
s'enyvrer : car ces Peuples auſſi bien
que les Turcs, diſent que le plaiſir de
boire du vin doit aller juſqu'à l'yvreſſe , & que ſans cela le plaiſir eſt imparfait.

Il eſt vrai qu'il y en a qui par délicateſſe de conſcience n'en boivent
point ; mais il y a un plus grand nombre d'eſprits forts , qui ont ſecoüé le
joug importun de la Loi, & qui diſent
que Mahomet n'en a pas fait un pré-
cepte negatif , qui oblige toûjours &
pour toûjours, & qui doit être inviolable comme la pratique de la circonciſion ; mais que ce n'eſt qu'un conſeil dont l'obſervation eſt arbitraire ,
& qui ne doit avoir ſon effet que dans
ceux dont l'yvreſſe peut être préjudiciable à leur ſanté ou à la ſocieté ci-
vile.

Ils boivent rarement pendant le repas. Mais quand ils ſe levent de table ,
ils boivent de l'eau tant qu'ils jugent
en avoir beſoin. S'ils ſont pluſieurs, ils
boivent tous les uns après les autres
ſans ſe ſervir de verres ou de taſſes,
& ſans avoir aucune repugnance ni dé-
goût.

Ils ont une boiſſon compoſée d'a-

bricots , de raisins & d'autres fruits
cruds ou fecs , qu'ils mettent infufer
dans de l'eau dès le jour précedent.
Quand ils la veulent faire excellente ,
ils y mêlent un peu de miel. Ils la fervent à table avec les viandes dans
une grande jatte de bois, & la prennent avec des cuillieres de bois quand
ils ont foif. Quand cette liqueur eft
bien faite , elle eft affez agréable.

Ils fe fervent encore d'une efpece
de ptifanne compofée d'eau , d'orge,
& de regliffe qu'ils font boüillir. Mais
ils s'en fervent rarement.

Le Cherbet, ou comme nous difons ,
le forbet, ne fe trouve que chez les Princes , & quelquefois chez les Cheiks
qui font riches. On le fert par régal
dans les vifites & dans quelques autres
occafions , comme nous fervons en
France la limonade, l'orgeat & autres
liqueurs.

Le cahué ou caffé , comme nous pro-
nonçons, eft la feule chofe dont les
Arabes ne peuvent fe paffer, particulierement ceux qui ufent de l'*opium* ou du
bergé. Il leur en faut tous les matins
une taffe à leur déjeûné, & à l'iffuë de
leur repas, outre celui que l'on prend
ou que l'on préfente dans les vifites
que l'on reçoit ou que l'on rend : car

c'eſt toûjours par là que l'on commence, après les premiers complimens &
avant d'entrer en converſation. Cependant la dépenſe n'en eſt pas grande, parce que le caffé eſt à bon marché, & qu'ils le prennent ſans ſucre.
Ils prétendent qu'il eſt bien meilleur
étant pris ſeul, & que ſon amertume
eſt plus ſaine que quand le ſucre en a
émouſſé la pointe. Il y a bien des gens
en Europe qui penſent de même. Il ne
me convient pas de porter là-deſſus aucun jugement.

On convient qu'on le prend meilleur chez les Bedoüins que chez les
Turcs. Ces derniers en font griller &
piler une grande quantité qu'ils con-
ſervent dans des bourſes de cuir. Mais
ils ne ſçauroient l'enfermer ſi bien, que
les parties les plus ſubtiles & les ſels
volatils ne s'exhalent, & que ſa force
ne ſe perdent. Il a même quelquefois
une odeur de relan quand on le garde
trop long tems.

Les Arabes n'en accommodent jamais
qu'autant qu'ils en veulent prendre ;
& dans le moment qu'ils en veulent
prendre, ils font rôtir ou griller la
graine dans une poële, ou dans une
terrine en la remuant ſans ceſſe, ils
obſervent de la faire griller, & non

brûler, comme bien des gens le font, faute de se souvenir qu'il ne faut simplement que détacher les parties les unes des autres, & les mettre en mouvement sans les détruire & les réduire en charbon, qui n'a plus, ni huile, ni sels, ni esprits.

Pendant qu'ils pilent les graines toutes chaudes dans un mortier de bois avec un bâton, ou dans un mortier de même matiere que les nôtres, ils font boüillir l'eau dans un coquemar ou autre vaisseau. Ils mettent les graines pilées dans cette eau boüillante, & lui donnent encore quelques boüillons, & quand elle est reposée, ils la servent dans de petites tasses de fayence, de porcelaines ou de bois, selon la richesse du maître.

Un des meilleurs déjeûnés qu'on puisse faire chez les Arabes, c'est de la crême, du beurre & du miel mêlez ensemble. Quoique cela paroisse ne s'accommoder pas trop bien, l'experience m'a appris que ce mêlange n'est pas mauvais, & n'a rien de désagréable quand on y est une fois accoûtumé.

Les Arabes du commun mangent rarement du rôti. Mais il y en a toûjours sur les tables des Emirs. On passe les poules & les poulets dans une broche de bois, que l'on tourne fur deux

piquets en fourche plantez en terre : en les tournant on les arrofe de beurre au lieu de lard, dont l'ufage leur eft défendu par la Loi.

On fait rôtir de la même maniere les agneaux & les chévreaux tous entiers.

Pour le bœuf & le mouton, on les coupe par petits morceaux gros comme des noix, on les poudre de poivre & de fel, puis on les paffe dans des petites broches de fer longues d'un pied, & on les fait rôtir fur un petit feu de charbon que l'on met dans un réchaux, & on les fert à table avec un oignon haché.

Ils font des étuvées de bœuf & de mouton, qu'ils laiffent cuire à petit feu & dans leur jus dans une marmitte bien bouchée.

Quelquefois ils mettent un chévreau ou un agneau tout entier dans un chaudron couvert & bien lutté par deffus, qu'ils mettent fur un feu de farmens, après les avoir farcies de mie de pain, de farine, de graiffe de mouton, de raifins fecs, de fel, de poivre, de faffran, de mente, & autres herbes odoriferentes. Ils les laiffent fur le feu jufqu'à ce qu'ils foient extrêmement cuits.

Ces ragoûts ne fe fervent que dans des feftins, ou fur les tables des Princes.

Les mets les plus ordinaires des Arabes du commun ne font que du boüilli, du potage au ris, ou du ris en pilau.

Le pilau n'eft autre chofe que du ris qui a boüilli un peu de tems dans un boüillon de viande, ou dans de l'eau chaude avec du faffran, des raifins fecs, des pois chiches & de l'oignon haché, jufqu'à ce qu'il foit à moitié cuit & fans être crevé. Alors on le retire du feu, & on le laiffe auprès bien couvert pour le faire enfler, & on y ajoûte du beurre rouffi dans une poële avec du poivre, & quelquefois du fucre quand il eft à l'eau. Le faffran lui donne une couleur dorée & un goût agréable. On prétend que ce fimple eft ami de la poitrine.

On fert le pilau dans une jatte ou dans un baffin de cuivre étamé, & on le met en pyramide, & quand les conviez font affis & qu'ils n'ont point de cuilliers, ils le prennent avec la main, en font de petites pelottes qu'ils jettent adroitement dans leur bouche.

Ce qui m'a déplû chez-eux, c'eft-à-dire, chez les gens du commun, c'eft que quand ils mangent la nuit & qu'ils manquent de chandeliers pour tenir leur chandelle, ils la plantent fur la pointe de la pyramide de leur pilau, fans que le fuif qui en découle leur faffe mal au cœur.

Ils coupent par morceaux la viande dont ils veulent faire du potage. Ils en font quatre d'un poulet, fix ou huit d'une ponle. Ils y mêlent de la farine, du ris, & du pain, & quand le boüillon & la viande font cuites, ils verfent le tout enfemble dans une jatte de bois ou de cuivre étamé. Ils appellent ce potage *Chorba*.

Les Bedoüins, les Turcs & les Maures ont un autre mets qu'ils appellent *Conbeibi*. Ce font des pelottes de viande hachée, pilées avec du fel, du poivre, du bled verd ou deffeché. Ils les font cuire dans leur jus aidé d'un peu de boüillon. Ils y verfent un peu de lait aigre en le fervant, & c'eft pour eux un mets des plus délicieux.

Ils ont toûjours leur provifion de bled boüilli deffeché au Soleil, qu'ils appellent *Bourgoul*, dont ils fe fervent pendant l'année, & cuit avec leur viande quand ils ne fervent pas d'eris.

Ils ont encore provifion de *Coufcoufon*, qui n'eft autre chofe que de la fa-

rine afperfée legerement d'eau, qui à
force d'être remuée fe forme en petits
grains comme des têtes d'épingle. Ils
l'apprêtent avec la viande & le beurre à
peu près comme le ris.

Le *Coufcoufou* eft bien plus en ufage
en Barbarie que chez les Arabes. La
viande de pâte, que les Italiens appellent *Andarini*, eft à peu près la même
chofe ; mais elle eft faite avec plus de
foin, & on n'y employe que la plus fine
fleur de la meilleure farine.

Le beurre des Arabes n'eft jamais
fort bon, il fent toûjours un peu le
fuif. Ils le font à force de remuer leur
lait dans une outre, & quand ils ont
tiré le beurre, ils remettent du lait &
font ainfi le fromage. Il eft blanc, d'un
mauvais goût. Ils aiment le lait doux,
ils le boivent avec plaifir & en font du
potage. Dès que le lait commence à fe
cailler, ils le font aigrir avec le fuc
d'une herbe dont j'ai oublié le nom.
Ils en verfent auffi fur le pilau ; mais
il faut être accoûtumé à ces ragoûts pour
les trouver bons.

Ils font cuire les féves, les lentilles,
les pois avec de l'huile, & en verfent
encore deffus quand ils les fervent.

Les fruits dont ils mangent le plus
font les figues, les raifins, les dattes,

les pommes & les poires qui leur viennent de Damas, & les abricots frais
ou fecs felon la faifon.

L'ufage du tabac en fumée eft fi commun chez ces Peuples, qu'ils en font
une confommation extraordinaire. Toüt
le monde s'en veut mêler, hommes,
femmes & enfans. C'eft dommage que
cette plante n'ait pas été apportée du
tems du Prophete, il en auroit dit
quelque chofe dans fa Loi, & auroit
peut-être obtenu aux chats & aux chevaux la grace de pouvoir fumer. La
pipe fert de contenance dans les com-
pagnies, & d'entretien ou de méditation quand on eft feul. La fumée les
aide à bien penfer à ce qu'ils ont à faire, elle les délaffe de leurs fatigues.
Elle les remplit de joye, elle leur fait
paffer le tems agréablement C'eft pour
eux une medecine quand ils fument à
jeun, un préfervatif contre les indi-
geftions après le repas ; en un mot, le
tabac leur tient lieu d'une infinité de
chofes.

Les tables des Emirs, des Cheixs,
& des autres perfonnes de confideration ne confiftent qu'en une grande
piece de cuir, qui fe ferme avec des
cordons comme une bourfe. Les Turcs
en ont de même façon, leur vaiffelle

eſt de cuivre étamé, les cuilliers ſont
de bois, & les taſſes dans leſquelles
on leur ſert à boire quand ils en demandent ſont d'argent, de porcelaine,
de fayence ou de cuivre jaune.

Quand les conviez ſont d'une condition égale ou bons amis, ils ſe mettent à table les jambes croiſées comme
nos Tailleurs; mais ceux qui doivent
plus de reſpect au maître ou à quelqu'un des conviez ſont à genoux, &
ſe repoſent ſur leurs talons. Il n'y a
point de nappes ſur le rond de cuir,
dont toute la circonference eſt bordée
de galettes, qui ſervent d'aſſiettes &
de pain. Ceux qui ont ſoin du ſervice
mettent quelques poignées de cuilliers
ſur la table, & en prend qui veut.
On fait paſſer tout autour une longue piece de toile de lin rayée pour
conſerver les habits; c'eſt ſon unique
uſage, car on ne s'en ſert point pour
eſſuyer les doigts, parce qu'on les tient
toûjours levez, & qu'on prend toutes ſortes de viandes avec la main au
lieu de fourchettes. dont l'uſage n'eſt
point encore introduit chez ces Peuples. On ne touche jamais rien que
de la main droite, la gauche eſt reſervée pour des uſages qu'on ne marque point ici. On ne ſe ſert point auſſi

de coûteaux , les viandes font toutes coupées ou cuites à un point qu'on les peut dépecer aifément avec les doigts. On en prend dans le plat, on en met fur fon pain , ou même fur le cuir pour le manger à loifir.

Dès que ceux qui font à table ont mangé autant qu'ils le jugent à propos, ils fe levent en difant, *Elhem du lil- lah* , loüange foit à Dieu , & vont boi- re & fe laver les mains avec du favon, & les places de ceux qui fortent font d'abord occupées par ceux qui les at- tendoient debout au tour de la table. Ils s'y mettent les uns après les autres felon leur rang jufqu'à ce que tout le monde ait mangé.

Les Princes fe levent comme les au- tres quand ils ont achevé , & fe reti- rent dans quelque endroit où on leur apporte à laver, leur caffé & leur pipe , pendant qu'ils laiffent manger leurs do- meftiques jufqu'au dernier , après quoi ils reportent à la cuifine ce qui refte , levent la nappe , & nettoyent le lieu où l'on a mangé. Des deux mouchoirs qu'ils portent à leur ceinture , l'un fert pour effuyer les mains , & l'autre pour un autre ufage : car ils ne fe mouchent jamais, ils y font accoûtumez. Ils ne crachent point non plus , plûtôt par une habitude qu'ils fe font faite que par un principe de civilité.

Les Arabes du commun n'ont ni tables ni ferviettes, on leur fert trois ou quatre gamelles de bois groffiere- ment travaillées, d'environ un pied & plus de profondeur, & d'un pied & demi de diametre pleines de pota- ge avec la viande dedans du pilau & d'autres mets, quand ils en ont. Ils s'affeoient tout autour, de maniereque les épaules de l'un font tournées vers la poitrine de l'autre. Toutes les mains droites font vers les plats, & les gauches font dehors, & ne fer- vent qu'à s'appuyer, à peu près com- me Boileau place les conviez à table,

Ou chacun malgré foi l'un fur l'autre porté,

Faifoit un tour à gauche, & mangeoit de côté.

Ils mangent leur potage dans le creux de la main. Ils prennent le pilau à pleine main, & en le pref- fant ils en font une pelotte qui leur emplit toute la bouche. S'il leur eft refté quelque chofe dans la main ou fur leur barbe, ils le fecoüent dans le plat fans cérémonie. Ils plongent leur main & une partie du bras dans le boüillon, pour pêcher à tâton un morceau de volaille, ou de viande qui fe trouve au fond de la gamelle,

& après l'en avoir tiré & mis~~ sur leur~~ pain, ils secoüent dans le plat ce qui est resté à leur bras & à leur main. C'est ainsi qu'ils mangent, & il faut être né Bedoüin pour pouvoir s'accoûtumer à leur malpropreté. Ils s'en apperçoivent bien eux-mêmes, & disent pour excuse aux Francs que telle est leur éducation & leur maniere simple de vie toute champêtre. Ils pouroient bien avoir des culliers, & même des fourchettes ; mais ils prétendent que Mahomet a donné de grandes Indulgences a ceux qui mangent avec les deux premiers doigts & le pouce, parce que c'est la fourchette que Dieu a donné à notre premier pere.

CHAPITRE XVIII.

Des habits des Arabes.

ON a vû par la description de l'habit que j'avois quand j'allai voir l'Emir Turabeye, ce que c'est que l'habillement des Arabes ; mais comme j'ai négligé d'en marquer quelques pieces, il faut en donner ici un détail complet.

Il y a peu de difference entre l'habillement des Turcs & celui des Arabes, ce qui se doit entendre des personnes de qualité.

Ces habits sont ordinairement de draps de laine ou de soye, & il n'y a que l'ouverture des manches qui les distinguent. Les Princes & les Cheiks de conséquence, outre le caleçon de toile & la chemise fine dont les manches sont taillées en pointe, ont un caftan de satin ou de moire, qui est comme une sotane qui descend jusqu'au milieu de la jambe, ceinte d'une ceinture de cuir de demi pied de large, ou d'une plus petite d'un tissu d'or, & de soye, garnie de plaques d'orfévrerie, avec des anneaux, des agrafes & des crochets, pour la serrer ou l'élargir autant que l'on veut, & pour y suspendre un coûteau dont la gaîne & le manche sont d'argent, & enrichis quelquefois de pierreries. Ils ont encore des poignards d'un pied & demi de longueur un peu courbez, dont le foureau est de chagrin, garni d'or ou d'argent, qu'ils passent entre la poitrine & la ceinture, & dont le manche est fait comme la moitié d'une croix pattée. Il est d'or ou d'argent massif, ou de quelque bois estimé, ou de corne précieuſe, comme de Rinoceror, avec des ornemens d'or, ou d'argent, ou de pierreries.

Sous ce caf an & ſur le caleçon de toile, ils portent un *Chakchir*, c'eſt-à dire, un Pauta'on de drap rouge, dont le pied eſt de maroquin jaune. La couleur de ces Pantalons doit toûjours être rouge, ou pourprée, ou violette, & jamais verte, parce que Mahomet l'a priſe pour la marque diſtinctive de ſes deſcendans, qui portent auſſi le turban verd. Ce ſeroit profaner cette couleur ſainte de l'employer à des Pantalons. C'eſt pour cette raiſon que l'on regarde les Perſans comme des heretiques, parce qu'ils portent des Pantalons verds.

Leurs babouches ſont des eſpeces de pantoufles de maroquin, qui leur tiennent lieu de ſouliers, qu'ils quittent quand ils veulent s'aſſeoir, & marcher ſur des tapis.

Aulieu de manteau ils ont une longue veſte de drap, dont les manches, & quelquefois tout le corps ſont fourez de peaux de martres ou de renards, ou d'agneaux de Moſcovie, dont le poil eſt extrêmement doux, fin & friſé. Pour l'ordinaire ils ne mettent leurs fourures que quand il fait froid, ou pour

Pour paroître en cérémonie.

Au lieu de veſtes ils portent ſou-
vent des *Abas* de drap. La couleur
eſt arbitraire, on n'inquiete perſon-
ne ſur cela. Ils ſont ornez d'un galon
d'or ou d'argent ſur les coûtures, & de
boutonnieres & autres ornemens ſur
le devant.

Ces *Abas* ſe font en couſant deux
morceaux de drap enſemble, comme
ſi l'on vouloit faire un ſac, & en le
fendant par le devant, avec une échan-
crure autour du col, & laiſſant aux
côtez deux ouvertures pour paſſer les
bras. Cet habit eſt deſtiné pour mon-
ter à cheval.

Leur Tulban ou Turban eſt une pie-
ce de mouſſeline roulée autour d'une
calotte de velours rouge, piquée de cot-
ton, dont les bouts tiſſus d'or ou d'ar-
gent pendent ſur le dos, & font une
eſpece de panache qui voltige au gré
du vent.

Ils ne portent jamais de ſabre que
quand ils montent à cheval. Ils met-
tent alors de petites bottines de ma-
roquin jaune fort legeres, couſuës en
dedans, avec leſquelles ils peuvent
marcher aiſément quand ils veulent.
Elles ſont ſi bien couſuës, que l'eau &
la bouë ne les penetrent point. Ils met-

Tome III. N

1665.

de corne précieuse, comme de Rinoceror, avec des ornemens d'or, ou d'argent, ou de pierreries.

Sous ce caf an & fur le caleçon de toile, ils portent un *Chakchir*, c'est-à-dire, un Pauta'on de drap rouge, dont le pied eft de maroquin jaune. La coueur de ces Pantalons doit toûjours êtie rouge, ou pourprée, ou violette, & jamais verte, parce que Mahomet l'a prife pour la marque diftinctive de fes defcendans, qui portent auffi le turban verd. Ce feroit profaner cette couleur fainte de l'employer à des Pantalons. C'eft pour cette raifon que l'on regarde les Perfans comme des heretiques, parce qu'ils portent des Pantalons verds.

Leurs babouches font des efpeces de pantoufles de maroquin, qui leur tiennent lieu de fouliers, qu'ils quittent quand ils veulent s'affeoir, & marcher fur des tapis.

Aulieu de manteau ils ont une longue vefte de drap, dont les manches, & quelquefois tout le corps font fourez de peaux de martres ou de renards, ou d'agneaux de Mofcovie, dont le poil eft extrêmement doux, fin & frifé. Pour l'ordinaire ils ne mettent leurs fourures que quand il fait froid, ou pour

pour paroître en cérémonie.

Au lieu de veftes ils portent fouvent des *Abas* de drap. La couleur eft arbitraire, on n'inquiete perfonne fur cela. Ils font ornez d'un galon d'or ou d'argent fur les coûtures,& de boutonnieres & autres ornemens fur le devant.

Ces *Abas* fe font en coufant deux morceaux de drap enfemble, comme fi l'on vouloit faire un fac, & en le fendant par le devant, avec une échancrure autour du col, & laiffant aux côtez deux ouvertures pour paffer les bras. Cet habit eft deftiné pour monter à cheval.

Leur Tulban ou Turban eft une piece de mouffeline roulée autour d'une calotte de velours rouge, piquée de cotton, dont les bouts tiffus d'or ou d'argent pendent fur le dos, & font une efpece de panache qui voltige au gré du vent.

Ils ne portent jamais de fabre que quand ils montent à cheval. Ils mettent alors de petites bottines de maroquin jaune fort legeres, coufuës en dedans, avec lefquelles ils peuvent marcher aifément quand ils veulent. Elles font fi bien coufuës, que l'eau & la bouë ne les penetrent point. Ils mettent quelquefois des veftes de toile legerement piquées de cotton.

Les grands Seigneurs s'en fervent fouvent pour affecter un air de modeftie, mais en même tems ils font porter à leurs domeftiques des habits des plus belles & des plus riches étoffes, afin de faire voir que ce n'eft pas par avarice qu'ils s'habillent fi fimplement.

Les habillemens d'Eté font auffi de drap, mais fans fourures ; ils en portent auffi de camelot uni ou rayé. Leur robbe ou caftan de deffous eft de toile blanche, ou de couleur toute unie. Ils ne mettent de pantalon que pour monter à cheval. Quand ils ne doivent point y monter, ils fe contentent de leur caleçon de toile, avec de petites chauffettes de drap rouge, lorfqu'ils ne veulent pas paroître les pieds nuds, comme ils le font fouvent pour leur commodité.

Les Dames ont des caleçons & des chemifes de mouffeline, brodées de foye fur les coutures, de petites camifolles de drap d'or ou de fatin, ou d'autres étoffes de foye, qui ne joignent que par deux boutons au-deffus d'une petite ceinture d'or ou d'argent, ou d'un tiffu d'or & de foye, avec des

agrafes d'or ou d'argent. Le haut de
la camifolle eft ouvert tout le long de
la poitrine, avec des boutons & des
boutonnieres, dont elles ne fe fervent
jamais, pour ne point preffer la gorge
& la faire paroître à découvert. Les
manches des camifolles font courtes,
& ne paffent pas le coude, afin que
les manches de la chemife puiffent
en fortir aifément & pendre jufqu'à
terre.

Elles ont auffi des caftans en Hyver,
ils font amples & vont jufqu'à terre.
Elles en trouffent les pointes & les
paffent dans leur ceinture, pour marcher plus librement dans la maifon, &
faire voir la broderie de leurs caleçons & de leurs chemifes. Leurs veftes de deffus font des *Abas* de fatin
ou de velours comme ceux des hommes, & quelquefois de brocard d'or.
Mais les hommes ne fe fervent jamais
d'étoffes d'or ou d'argent. Ils les regardent comme uniquement deftinées
pour orner les femmes. Elles vont les
pieds nuds, quand elles font dans
leurs maifons, parce qu'elles ne marchent que fur des tapis. Leurs babouches font petites & fort enjolivées.
Quand elles fortent elles mettent de
petites bottines de maroquin.

Leur ornement de tête est un bonnet d'or ou d'argent , fait à peu près
comme un gobelet , environné d'une
écharpe de mousseline brodée d'or &
de soye , avec un bandeau de gaze de
couleur , qu'elles lient autour du front
pour retenir toute leur coëffure. Lorfqu'elles sortent, elles mettent sur leur
tête un grand voile de mousseline qui
la couvre entierement ; de sorte qu'il
leur cache le visage, les épaules, le
sein , & descend jusqu'au dessous de
la ceinture.

Les Arabes du commun n'ont pour
habillement qu'une grosse chemise à
longues manches, des caleçons de toile par dessous, avec un caftan de grosse
toile de coton ceint d'une large san-
gle de cuir , où ils passent leur poignard, dont le fourreau est de maroquin tout simple , & le manche de
bois ou de corne , garni de quelques
petits cercles de charnière d'argent
ou d'étain doré. Leur Abas est
ordinairement de hazaran rayé de
noir & de soye.

Ceux qui sont les plus mieux ac-
commodés se servent pour livrer des four-
rures de peaux de chameaux leur vendent,
Ceux qui ont des peaux d'agneaux dont le
poil est naturellement, ils sça-

vent les paſſer à merveilles ; ils mettent le poil en dedans quand il fait
beau , & en dehors quand il pleut ,
parce que l'eau gliſſe ſur ces poils
ſans les penetrer ; & quand la pluye
eſt paſſée , ils ôtent leur veſte & la
ſecoüent , & elle ſe trouve auſſi ſeche
que ſi la pluye ne l'avoit point tou-
chée.

1665

Ils ont auſſi quelquefois de longues robbes de toile blanche , faites
à peu près comme des chemiſes, qu'ils
mettent deſſus les autres habits en
Eté dans les grandes chaleurs , & ils
prétendent que le Soleil reſpecte
la couleur blanche , & que ceux qui
en ſont habillez n'en reçoivent aucune incommodité , quand même ils ſeroient expoſez au Soleil le plus ar-
dent , depuis le matin juſqu'au ſoir.

Voilà une nouvelle découverte im-
portante dont nous ſommes redevables aux Arabes. Il ne s'agit que d'é-
prouver ſi l'experience ſe trouvera conforme à ce que leur imagination leur
perſuade ; car ſi cela étoit, les gens
habillez de blanc ſeroient exempts
des incommoditez de la chaleur , &
on ne verroit plus d'autres habits que
de blancs , & on n'auroit que faire
de chercher les lieux frais, l'ombre,

N iij

les parafols , & les autres moyens dont on fe fert pour éviter la chaleur.

Les Arabes ont leurs pieds nuds dans leurs bottines quand ils font à cheval. Il n'y a rien d'extraordinaire là-dedans , puifque.les Huffards font bottez à crud dans toutes fortes de faifons. Ils font de même dans leurs babouches , qui font differentes de celles des gens de confideration , parce qu'elles ont des quartiers & des attaches comme nos fouliers. Leurs femelles font fimples & n'ont point de talons.

Les Arabes fe couvrent la tête d'un turban ordinairement fort négligé. Il eft de toile blanche ou de moulfeline roulée autour d'une calotte de drap rouge. Ils mettent quelquefois leur turban fur un *Buffami*, qui eft un grand voile, dont les extrêmitez leur tombent fur le col, & le gardent du Soleil, & fert encore à empêcher la fueur de gâter leurs habits. Ils fervent encore à leur cacher une partie du vifage, & les empêcher d'être reconnus de ceux qu'ils dépoüillent fur les chemins. On peut voir ce que j'ai écrit de cet habillement dans la defcription de mon turban.

Les femmes du commun n'ont ordinairement qu'une chemise de toile bleuë sur leurs caleçons, avec une ceinture de corde, un *Abas* par dessus, & un voile sur la tête dont elles s'enveloppent le col, & le bas du visage jusqu'à la bouche. Les filles en ont un qui leur couvre tout le visage, excepté les yeux, dont elles ont besoin pour se conduire, de sorte qu'elles voyent sans être vûës. Elles vont nuds pieds en Eté, & en Hiver elles ont des babouches à peu près de la même façon que celles des hommes. Elles ont des camisolles piquées de cotton; quand elles ne sont pas assez riches pour avoir des vestes longues & toutes entieres.

Elles n'ont point de corps de juppes comme les femmes d'Europe, ce meublé leur seroit pourtant necessaire pour soûtenir leur gorge & conserver leur taille. Le défaut de corps la leur gâte extrêmement, & quand elles sont nourrices, leur sein descend si bas, que cela est tout-à-fait désagréable, & leur devient incommode à la suite du tems. Excepté les Princesses, toutes les femmes nourrissent leurs enfans. Cela est dans l'ordre, & ces anciennes femmes de nos Pa-

-triarches ne s'en rapportoient point à d'autres qu'à elles-mêmes pour la nourriture de leurs enfans. Elles leur donnoient le lait jufqu'à trois ans, comme on le voit dans la mere du Prophete Samuel. On fucce avec le lait les inclinations de celles qui nous le donnent. On le voit dans les enfans des François & des autres Nations Européennes qui font établies à l'Amerique; ils font nourrir leurs enfans par des Négreffes, & ils ont le chagrin de voir que leurs enfans contractent les habitudes qui femblent être attachées à cette couleur, & que dans un âge fort tendre, ils s'abandonnent à des vices que leurs parens Européens ne connoiffoient pas dans un âge bien plus avancé.

Les Princeffes & les autres Dames Arabes que j'ai vûës par les fentes de la tente où j'étois logé, m'ont paru belles & fort bien faites. Comme elles ne s'expofent jamais au Soleil, & qu'elles ne fortent jamais que quand il fait beau, & feulement pour prendre le frais, elles ne font point hâlées, & ont le teint auffi vermeil que les Françoifes & les Angloifes. Le blanc & le rouge qui gâtent fi fort le vifage des femmes, & fur-tout des

Efpagnolles, n'ont pas encore pénétrés
jufqu aux tentes de ces femmes, & il
faut efperer qu'il n'y arrivera pas fi-
tôt. Quoiqu'elles n'ayent point de
corps, leur taille ne laiffe pas d'être
droite ; elles l'ont fine ; elles fe pre-
fentent bien, mais elles ne marchent
pas bien, parce qu'elles ne font pas
inftruites à la danfe. Elles fe font faire
de petits points noirs aux côtés de la
bouche, du menton, & aux jouës,
qui leur tiennent lieu de mouches ;
quand le nombre n'en eft pas grand,
cela leur eft un agrément. Elles noir-
ciffent légérement les bords de leurs
paupieres avec une poudre compofée
de tutie qu'on appelle *Kebel*, & tirent une ligne de la même couleur au
coin de l'œil, pour les faire paroître
plus grands & plus fendus ; car la
grande beauté des Dames Arabes &
de toutes les femmes de l'Orient, eft
d'avoir de grands yeux noirs, bien
fendus, & à fleur de tête. Quand les
Arabes veulent dire quelque chofe de
la beauté d'une femme, ils montrent
la grandeur de fes yeux, par la longueur du premier doigt de leur main,
& retirent le pouce le plus qu'ils peuvent vers le centre de la main, & difent : Elle a les yeux comme cela, ou

comme ceux d'une gazelle. Toutes leurs chanſons ne roulent que ſur la beauté des yeux , qu'ils comparent toûjours à ceux d'une gazelle : en effet cet animal a les yeux beaux , noirs , grands & bien fendus ; on peut dire encore que la gazelle a les yeux extrêmement modeſtes , & tels qu'il convient à une femme , ſur - tout à une fille à marier de les avoir. Les Dames & les filles à marier peignent leurs ſourcils légérement avec de l'encre. Cette mode eſt très-ancienne dans l'Orient.

Elles ſe font piquer les bras & les mains , & y font deſſiner des fleurs & des grotesques , c'eſt une beauté , ſelon elles. Il ne faut pas diſputer des goûts , mais celui-ci ne me paroît pas devoir être fort approuvé. Il me ſemble que des bras & des mains bien blanches , potelées, & d'un beau coloris ſont plus agréables que toutes ces peintures , à moins qu'on ne veüille dire qu'elles leur tiennent lieu de gands , dont je crois être le premier qui leur en ait montré l'uſage. Elles ont encore ſoin de peindre leurs ongles d'une couleur rougeâtre , compoſée d'une certaine terre appellée *Khena*. Les Arabes s'en ſervent auſſi pour

peindre la queuë & les crins de leurs
chevaux blancs.

Toutes les femmes Arabes ont les
oreilles percées d'autant de trous qu'on
y en peut faire , & ces trous font
remplis d'anneaux d'or , d'argent ou
de pierreries en pendeloques. Les Dames Européennes en ont porté , & en
porteront peut-être encore , felon les
modes que le caprice inventera. Mais
leurs oreilles n'ont qu'un trou. Il me
femble que c'eft trop peu ; une douzaine de trous leur donneroit le moyen
de porter plus de pendans , & de
parer la partie de leur corps qui a plus
befoin d'ajuftemens.

Les femmes Arabes du commun
rempliffent les leurs de grains de verre de toutes fortes de couleurs. Elles ont auffi des bracelets & de gros
anneaux d'yvoire , de corne , & de
métal , dont elles ornent leurs bras &
leurs jambes au deffus de la cheville
du pied. Sont-ce des ornemens , ou
des marques de leur fervitude & de
leur efclavage ? Je ne veux rien décider là-deffus , de crainte de fâcher
un fexe, qui n'eft gueres raifonnable fur
ce qui lui peut faire de la peine , &
qui ne pardonne pas aifément.

Quoiqu'il en foit, les Dames & les

N vj

Princeſſes en portent comme les autres, avec cette ſeule différence que
ceux des Princeſſes ſont d'or, &
ceux des Dames ſont d'argent. Mais
ſi ces anneaux ſont des marques de
ſervitude, ſont-elles moins eſclaves
pour les avoir d'or ou d'argent, que
s'ils étoient de fer, comme ceux des
Forçats de galere? Elles les appellent
Khalkal. Ceux des Dames ſont creux, on
y met de petites pierres, ou des noyaux
& des pendeloques mobiles ; afin que
quand elles marchent elles faſſent du
bruit, qui avertiſſe leurs domeſtiques
de ſe ranger à leur devoir.

Les femmes noires du Sénégal &
de Guinée y mettent des grelots & de
petites ſonnettes d'argent ou de cuivre. On les entend de plus loin, &
on prétend que cela donne de l'agrément à leurs danſes, & en marque
la cadence. Ne pourroit-on pas ſoup-
çonner que c'eſt une politique de leurs
maris, afin d'être avertis des moindres mouvemens qu'elles ſe donnent,
comme les Chinois ont inventé la mode des petits pieds à leurs femmes pour
les empêcher de ſortir de leurs maiſons.

Les Princeſſes ont les doigts des
mains remplis de bagues & d'anneaux

d'or, & comme fi cela ne fuffifoit
pas, elles en mettent encore aux gros
doigts de leurs pieds. Ces dernieres
bagues font plattes deffus & rondes
deffous, & fort legeres. Les femmes
du commun en ont de cuivre, d'é-
tain, & quelquefois d'argent.

Il y en a beaucoup qui ont une na-
rine percée, avec un grand anneau d'argent ou de cuivre. Un des plaifirs des
Arabes eft de baifer la bouche de
leurs femmes au travers de ces anneaux ; peut-être prennent-ils cette
précaution pour n'être pas mordus.

Les femmes de qualité qui ont des
perles, ne s'en fervent pas comme
les Européennes à faite des colliers
ou des bracelets. Elles les employent
pour orner leurs bonnets & leurs coëf-
fures. Quand elles ont des chaînes d'or,
elles les mettent autour de leur col ;
elles les laiffent tomber fur leur gorge, & même jufqu'à leur ceinture.
Cela leur tient lieu de colliers. Elles
y joignent des tours de gorge de gaze de couleur, comme de petites é-
charpes, dont elles retrouffent les
bouts, & les attachent au bonnet d'or
ou d'argent qu'elles ont fur la tête.
Les bouts de cette écharpe font ordinairement chargez de fequins d'or de

Venife, ou autre monnoye d'or qui leur tombent fur le front & fur les jouës. Les femmes du commun ne pouvant mieux faire, fe contentent d'y attacher des monnoyes d'argent, grandes comme nos liards, dont elles couvrent auffi le bandeau qui leur couvre le front. Quand elles ont cet attirail de monnoye, elles fe croyent parées très-avantageufement, & ref-femblent affez à nos mulets.

On fait l'amour en ce Païs comme autre part, & fi les coûtumes étoient obfervées à la rigueur, il feroit plus difficile de réüffir, mais on trouve des moyens de diminuer ce qu'elles ont d'incommode. Les filles, comme je l'ai remarqué, ont toûjours le vifa-ge couvert. On ne peut donc les con-noître que par la taille, la démarche, le fon de la voix. On ne leur peut parler que par occafion, & en peu de mots. Les jeunes gens qui en de-viennent amoureux, feulement par cet exterieur, cherchent les moyens de les voir fans être vûs. Pour cet effet ils fe cachent dans les maifons où ils fçavent qu'elles doivent venir, & les parentes & les amies les favorifent dans leur deffein, fur-tout quand la fille eft affez belle pour n'avoir rien à

craindre d'elle-même. Le sexe qui est
naturellement compatissant, & qui prend
intérêt aux besoins de ses semblables,
favorise ces entrevûës. Ils font venir
la fille & sa mere sous quelque prétexte dans la maison où l'amant est
caché. Comme il n'y paroît que des
femmes, la fille leve son voile, le
jeune homme la voit, l'examine, la
considere, & s'il la trouve à son gré,
il engage son pere à la demander pour
lui.

Les peres se voyent & conviennent
du prix de la fille. Quel heureux Païs,
où les peres trouvent à se défaire
avantageusement d'une si mauvaise
marchandise ! Le pere de la fille demande tant de chevaux, de chameaux,
de bœufs, de vaches, de chévres, de
moutons. Ma fille est belle, dit le pere, elle est vierge, je vous la garen-
tis telle ; son humeur est agréable,
elle fera la joye de son mari. Elle vaut
tant, c'est un marché donné ; vous êtes
mon ami, je n'y regarde pas avec vous
comme avec un autre. Croyez-moi,
ne la laissez pas échaper. On dispute
sur le plus & le moins, & enfin on
convient du prix. On le livre, & on
prend jour pour livrer la marchandise.
On passe le contract devant le Cheick

du Village, ou devant le Secretaire
de l'Emir, quand les parties font d'une
certaine confideration. Les peres & les
témoins fignent l'acte, ou y appofent
leurs cachets, & le pere de l'amant
paye les frais du contract.

Dès que le mariage eft declaré, les
parens des deux côtez témoignent leur
joye par des feux & des feftins, & le
jour du mariage étant marqué, les pa
rentes de la fille la conduifent aux plus
prochaines étuves, la décraffent, la la
vent, la peignent, parfument fes cheveux avec du ftorax, du benjoin, de
la civette & autres odeurs. Elles noir-
ciffent le bord de fes paupieres & les
fourcils, la revêtent de fes beaux habits, & après lui avoir frotté le vifage d'une huile de fenteur, ils y jettent de la poudre dorée, comme celle
que nous mettons fur le papier, lu
rougiffent les ongles avec du *Khena*
& lui font des figures de fleurs, d'arbres, de gazelles, & autres chofes fu
les bras & fur la gorge. Ils lui met en
toutes les bagues, anneaux, piece
d'or & d'argent qu'elle peut avoir ga
gnées, ou dont on lui a fait prefent
& dans ces atours ils la montent fu
une cavalle, ou fur un chameau par
d'un tapis de fleurs & de verdure, &

la conduifent en cet équipage, en chantant fes loüanges , & lui fouhaitant une grande famille , & toutes fortes de bonheur & de profperité à la maifon où elle doit être mariée.

Les hommes de leur côté conduifent le futur époux aux étuves , & après qu'il a été bien favonné, ils le revêtent de fes plus beaux habits , le font monter à cheval , & le menent à fa maifon.

Dès qu'on y eft arrivé on fe met à table , les hommes dans une tente , les femmes dans üne autre. Les hommes mangent fans boire , & fe divertiffent gravement, pendant que les femmes font les folles , danfent, chantent, battent le tambour de bafque, & publient de toutes leurs forces la beauté & les avantages de la future époufe. Elles interrompent leurs chanfons pour prier Dieu qu'il veüille benir cet heureux couple , & qu'il empêche les noüeurs d'aiguillettes & les autres mauvaifes gens.

Quand la nuit eft venuë, les femmes vont préfenter l'époufe à l'époux , qui l'attend feul , & affis dans une tente féparée, la regardant fixement fans lui rien dire, & fans fe remuer. La mariée ne dit mot de fon côté. Mais les

femmes qui la conduifent font de
complimens au mari, qu'il écoûte d'u
air férieux & fans y répondre, jufqu'
ce que la fille s'étant accroupie devar
lui, il lui met une piece d'or fur l
front avec la main droite. Elle foi
avec fa compagnie, & vient un mc
ment après avec d'autres habits. On fa
les mêmes cérémonies & les mêm
complimens, on les repete jufqu'à tro
fois, & même plus, c'eft-à-dire, av
tant de fois que la fille change d'h;
bits : car plus elle en change, plus
magnificence eft grande.

Enfin on lui prefente la fille po
la derniere fois. Il fe leve alors, l'er
braffe tendrement, & l'emporte dans
tente où ils doivent coucher. Les fer
mes l'abandonnent alors, & la laiffe
feule avec fon époux. La tente où i
fe retirent a deux lits fur des natt
qui couvrent le plancher. Ils y deme
rent le tems neceffaire pour la confor
mation du mariage, après quoi le m;
rié fort avec un mouchoir enfanglan
à la main, qu'il montre à fes parens
amis affemblez. Il reçoit leurs comp
mens, & paffe le refte de la nuit à
divertir avec eux. La mariée condui
par les femmes paffe dans une au
tente où elle reçoit auffi des comp

mens. Elles se divertissent le reste de
la nuit, & dansent autour de la chemise de la mariée. Dès que le jour est
venu, on mene l'époux & l'épouse
aux Etuves. On les ramene en cére-
monie, & on passe la journée dans
les festins, les danses, la joye & le
plaisir; après quoi chacun se retire,
& les nouveaux mariez commencent à
vivre en ménage.

Tous les parens des époux assistent
à la nôce, il n'y a que le pere de la
fille qui ne s'y trouve point, c'est la
coûtume, il se retire chez un de ses
amis, pour n'être pas témoin que sa
fille va coucher avec un homme; c'est
pour eux une affaire d'honneur; mais
d'exposer en public la chemise de la
mariée, comme une preuve de sa virginité, ce qui seroit chez les autres
Peuples une espece de honte & de
confusion, est chez eux une gloire &
une marque certaine qu'ils ont livrée
la marchandise telle qu'ils l'ont promise.

Les Princes & les autres gens de
consideration se marient à peu près de
la même façon. Il n'y a que les habits,
les festins, les présens qui sont plus
magnifiques, les réjoüissances durent
plusieurs jours. Les sujets viennent

leur faire compliment, & leur apportent des préfens, qui font d'autant plus confiderables, que la perfonne eft d'une dignité plus relevée. A' tous Seigneurs tous honneurs, en ce Païs-là comme autre part.

Il eft ordinaire de voir de jeunes Arabes les bras & la poitrine cicatrifez des coups de couteau qu'ils fe font donnez pour marquer à leurs maîtreffes la violence de leur amour. On fe contente en d'autres Païs de chanter, de fe plaindre, de foupirer, de languir. On va plus loin chez les Arabes, on répand du fang ; mais on ne fe poignarde pas.

On a foin des Princeffes quand elles accouchent. Il n'y a pourtant point chez-elles de Sages-Femmes en titre : toutes les femmes fçavent ce métier.

Les femmes du commun n'ont befoin du fecours de perfonne pour cela. Elles accouchent par tout où elles fe trouvent, à la campagne comme à la maifon ; foit qu'elles ne reffentent pas tant de douleurs que celles qui ont été élevées délicatement, foit qu'elles ayent plus de courage & de patience, on ne les entend point crier. Quelques momens après qu'elles font déli-

vrées, elles lient le nombril de l'enfant, coupent ce qu'il y a de trop, &
apiès vont fe laver avec leur enfant à
la fontaine ou riviere la plus prochaine. On n'emmaillotte point les enfans,
on les met tous nuds fur une natte,
ou tout au plus couverts de quelques
linges. Les meres ne les portent point
avec elles, elles leur donnent à tetter
quand ils en ont befoin, & puis les
remettent fur leurs nattes, où elles les
laiffent fe remuer tant qu'ils veulent,
& il arrive delà qu'ils marchent feuls
dans l'année, qu'ils ne font ni boffus
ni crochus, & que la nature n'étant
point gênée par tant de bandes & de
langes dont on enveloppe les autres
enfans, ils croiffent plus aifément, &
font exempts de tous ces défauts qu'on
remarque dans les Européens.

· Les enfans des Arabes font moins
fujets que les nôtres aux maladies. La
petite verolle qui en enleve tant chez-
nous, eft plus rare chez eux, & quand
leurs enfans en font attaquez, ils fe
contentent de les tenir chaudement,
& de leur donner du fucre quand ils en
ont. Il eft rare qu'ils en meurent, ni
qu'ils en foient fort marquez.

Il y a des Arabes, qui ayant dégéneré de la vertu de leurs ancêtres, de-

meurent dans les Villes. J'en ai vû plufieurs familles à Alep, que les Arabes
du défert regardoient comme tout à
fait indignes du nom qu'ils portent. Ils
fe marient à peu près comme ceux dont
nous venons de parler ; mais ils y ajoûtent une cérémonie qui eft trop bizare
pour ne la pas rapporter ici.

Après que les cérémonies qui doivent
préceder le dernier acte font achevées,
l'époux fort avec fes amis, va faire une
promenade dans la Ville, & revient à la
maifon où eft l'époufe, accompagné de
tous fes amis armez de gros bâtons. Les
femmes qui font auprès de la future
époufe armées de bons bâtons, fe trouvent à la porte pour lui en défendre
l'entrée. Elles chargent l'époux de coups
de bâton fur la tête &. fur le corps.
Ceux qui l'accompagnent font tous
leurs efforts pour les parer ; mais il arrive prefque toûjours qu'ils ne peuvent fi
bien faire, qu'il n'ait la tête caffée ou les
épaules meurtries. Il entre enfin malgré les coups & la perte de fon fang,
on le panfe, & puis on le laiffe en
repos avec fon époufe ; afin, comme ils
difent, qu'il venge fon fang par un autre fang. Telles font les modes du Païs,
on en jugera comme on voudra.

. Les Turcomans qui marient leurs fil-

les, ne répondent pas si absolument de
leur virginité que les Arabes. Le pere de la fille dit au jeune homme qui
la recherche : Ma fille est allée seule
aux champs, au bois, à la riviere, elle
a été seule garder les vaches & les
moutons, je l'ai laissée sur sa bonne
foi, je ne vous répons de rien. Si
vous vous en contentez, je vous la
donne telle qu'elle est avec ses vertus
& ses vices.

Cette déclaration est sage & met les
peres à couvert des contestations, qui
arrivent quand la marchandise ne se
trouve pas de bon aloi.

Les Arabes du commun n'ont pour
l'ordinaire qu'une femme, & il me
semble que c'est encore assez, pour ne
pas dire trop. Ils sont naturellement
fort réservez sur l'article de la galan-
terie, & sur bien d'autres vices qu'on
reproche aux Turcs & aux autres Orientaux.

Les Emirs comme au dessus des Loix
se sont donné la liberté d'avoir des
concubines. Peut-être que leurs Sujets
les imiteroient, s'ils avoient le moyen
d'en entretenir ; mais ce seroit un embarras pour eux, car il faut les entretenir & les loger séparément de la femme légitime, qui ne les souffriroit pas

dans fa maifon : leur compla'fance, quelque grande qu'on fe la puiffe figurer , ne va pas jufques-là.

Les Concubines ne font ordinairement que pour les ménages des garçons. La Loi tolere cet abus, pour en éviter de plus confidérables ; mais on détefte ceux qui donnent da s ce liberrinage, & encore plus ceux qui en veulent aux femmes d'autrui. L'adultere eft châtié par la mort des deux qui ont péché : on n'entend point de ra.fon là-deffus.

La continence eft extrêmement honorée parmi ces Peuples. Dans leurs entretiens même les plus familiers, ils ne parlent jamais de femmes. La débauche ni le libertinage n'y entrent jamais.

L'Emir a foin de faire venir de Damas des filles de débauche pour ceux qui n'ont pas affez de vertu pour garder le célibat , ni affez de bien pour acheter une femme. Il les tient à deux ou trois portées de fufil de fon Camp, dans des tentes où elles font fervies & nourries à fes dépens, fans pourtant que cela les exempte de payer la taxe marquée par le Prince. On voit affez que c'eft une politique de l'Emir, afin d'empêcher les jeunes gens & les incontinens de fonger aux femmes d'autrui. J'ai

J'ai dit dans un autre endroit que
les Arabes ne nomment jamais leurs
femmes. Je n'ai garde de repeter ici
ce que j'en ai dit ; mais il faut ajoûter
ici que quand les Arabes ont une jeune
femme, ou une fort belle femme, ils
difent: Ma laide ou ma vieille eft en
tel état. Ils n'aiment pas non plus qu'on
leur faffe compliment fur leur bonne
fanté, craignant que cela n'y nuife.
Les Grecs ont la même fuperftition ;
& quand on leur dit : Loüé foit Dieu,
vous vous portez bien, ils répondent
auffi-tôt : *Scarda*, c'eft de l'ail, croyant
que ce mot eft le contrepoifon du mal
que les envieux pouroient leur faire
par leur compliment.

Les Arabes auffi-bien que les Orientaux aiment beaucoup leurs enfans, &
quittent leur nom pour prendre celui
de leur aîné, y ajoûtant feulement le
nom de Pere : par exemple, fi un
homme s'appelloit Mahomet, & que
fon fils fe nommât Achmet, il quittera
le nom de Mahomet, & s'appellera
Abou Achmet, & fa femme, la Mere
d'Achmet. S'ils demandent une grace
à quelqu'un, ils la demandent par la
vie ou pour l'amour de leurs enfans.

Si les Arabes aiment leurs enfans fi
tend ement, & s'ils font fi paffionnez

1665

pour leurs Maîtreſſes, ils ſont auſſi également jaloux, & ne pardonnent jamais une injure de cette nature. Cependant ils ne ſe croyent pas Cocus, parce que leurs femmes ſeront dans la débauche; mais ils croyent l'être réellement. ſi leur ſœur eſt infidelle à ſon mari. La raiſon qu'ils en donnent eſt fort naturelle. Une femme, diſent-ils, ſe fait tort à elle-même, elle déshonore ſa famille, mais elle n'eſt point de mon ſang., je n'ai qu'à la répudier, je l'ai châtiée, cela ne me regarde plus; mais ma ſœur eſt de mon ſang, elle ne ſçauroit faire du mal qu'il ne rejailliſſe ſur toute ſa race; ainſi on eſt Cocu en ce Païs-là en ligne collatéralle, & jamais en ligne directe. Qu'on diſe après cela que les Arabes ne ſont pas gens d'eſprit, & que dans une affaire ſi délicate ils ne ſçavent pas prendre le parti le plus convenable à leur repos.

Cependant ils ne laiſſent pas de regarder de bien près à leurs femmes, & ils ſe vengeroient cruellement ſur la femme & ſur le galant s'ils les ſurpre... en cela des ſer... ... de ſurveil... ... une

cuage, a intérêt de veiller fur une
femme coquette, & d'empêcher qu'elle
n'en vienne à une mauvaise action.

Les Arabes ne font pas les feuls qui
fe font un honneur de la jaloufie. Les
Druffes qui habitent les Montagnes de
l'Anti-Liban s'en piquent auffi, & pouf-
fent les chofes bien plus loin. Il fuf-
firoit qu'un homme les trouvant éloi-
gnés de chez eux, leur dît : Ne foyez
point en peine de votre famille, votre
femme & votre fille fe portent bien :
ou qu'étant dans leur maifon il leur
demandât : Comment fe porte votre
femme & votre fille ? ils raifonneroient
fur un pareil compliment. Comment,
diroient-ils, cet homme peut-il s'informer ou me dire des nouvelles de
chofes qu'il ne doit pas connoître ? Il
faut qu'il ait vû ma femme & ma fille,
me voilà déshonoré. Ils ont le remede
tout prêt, ils égorgent ces deux pauvres créatures, & cherchent l'occafion d'en faire autant à l'homme trop
curieux ou trop fçavant.

Les Arabes ne fe vangeroient pas fi
cruellement, mais ils obferveroient
les démarches de la femme & de la
fille, & pourvû que la chofe n'eût pas
éclaté, ils en demeureroient là. Leur
prudence en cela feroit loüable. Pour-

quoi fe déshonorer foi-même quand
on peut ne l'être pas ? Ils en agiſſent
avec leurs fémmes & leurs filles d'une
maniere plus raiſonnable. Ils ne les
enferment jamais, elles ſont libres d'aller où elles veulent : on ſe perſuade
qu'elles ne ſortent que pour les affaires du ménage, on s'en rapporte à leur
ſageſſe & à leur bonne foi.

Mais tous les Arabes ne ſont pas ſi
ſages. Il eſt vrai que je ne puis rapporter qu'un ſeul fait qui ne peut pas
faire regarder tous les Arabes comme
capables d'une ſemblable action. Et
voici l'hiſtoire.

Hiſtoire tragique de la fille d'Abou
Ragieh habitant d'Alep.

UN Bedoüin appellé Abou Ragieh
avoit un fils nommé Ragieh qu
ſervoit les François, & une jeune fill
auſſi belle & auſſi bien faite que peu
être une Bedoüine. Cet homme qu
étoit extrêmement jaloux de l'honneu
de ſa famille & de toute ſa race, qu'
croyoit en dépendre, obſervoit ſai
ceſſe ſa femme & ſa fille. Après la mo
de ſa femme il redoubla ſon attentio
afin d'empêcher que ſa fille ne lui f
un affront. Pour cet effet il ne la laiſ

foit jamais fortir, il la faifoit coucher
dans fa chambre, il avoit toûjours les
yeux attachez fur elle. Soit que cette
grande contrainte lui donnât envie de
joüir d'une plus grande liberté ; foit
qu'elle fût devenuë amoureufe de quelque jeune garçon, elle trouva le moyen
de tromper la vigilance de fon pere :
elle devint groffe, fon pere s'en apperçut, s'en affûra, & voulut fçavoir
celui avec qui elle avoit eu commerce.
La fille nia d'abord qu'elle fût groffe ;
mais étant arrivée à terme, fon pere
qui fembloit lui avoir pardonné ; prit
l'enfant, & feignant de l'avoir trouvé dans un chemin, il le donna à une
femme de Village pour le nourrir, &
queftionna de nouveau fa fille, pour
fçavoir qui étoit le pere. Elle ne voulut jamais rien avoüer ; ce qui mit cet
homme dans une fi étrange colere,
qu'il alla trouver le Cady, & lui demanda la permiffion de tuer fa fille,
& lui en dit la raifon. Le Cady qui
étoit un homme fage & moderé, tâcha
de lui faire comprendre que l'affaire
étant fecrette il en devoit demeurer
là, fans faire éclater fa honte, & commettre un fi grand crime. Cet homme
furieux ne fe rendit point, & fit tant
d'inftance, que le Cady, après l'avoir

traité de fol , d'extravagant & de
cruel, le fit chasser de sa présence. Cet
homme au désespoir s'en retourna chez
lui , vendit tout ce qu'il avoit, sans
se réserver autre chose que sa cavalle
pour s'enfuir, mit l'argent dans un sac,
& l'alla jetter aux pieds du Pacha, en
lui disant : Seigneur, voilà tout ce
que je possede au monde, je vous
supplie de l'accepter : il ne me reste
plus que l'honneur , ma fille a perdu
le sien, & celui de sa Nation : per-
mettez-moi de la mer, afin de réparer
le tort qu'elle nous fait, du moins
autant qu'il le peut être, ou faites-moi
mourir, car je ne puis survivre à mon
malheur. Le Pacha fut surpris au dernier point d'une si étrange résolution :
il tâcha de le consoler, d'adoucir son
esprit irrité , & n'en pouvant venir à
bout, il lui dit de reprendre son argent, & de bien prendre garde à ce
qu'il feroit, l'avertissant que s'il faisoit du mal à sa fille, il le feroit perir
par les tourmens les plus rigoureux.

Abou Ragieh reprit son argent & se
retira , & craignant que le Pacha ne
fît enlever sa fille, & ne lui ôtât par ce
moyen l'occasion de se vanger, il alla
promptement prier ses parens de venir
le lendemain dîner chez lui. Il em-

ploya tout ce qu'il avoit d'argent à leur
faire préparer un grand repas, & quand
l'heure de l'assemblée approcha, il entra dans la chambre de sa fille, l'égor-
gea comme un mouton, lui coupa la
tête, la mit dans une jatte profonde,
la couvrit d'une autre jatte, & la mit
au milieu de la table. On servit les autres plats, les conviez prirent place, on
mangea à l'ordinaire, & Abou Ragieh
comme les autres. Sur la fin du repas,
il leur demanda ce qu'ils pensoient
d'un enfant qui auroit déshonoré sa
maison, sa Nation, toute sa race. Toute la compagnie convint qu'il meritoit
la mort. Alors il leur dit: Je ne doute
pas, Messieurs, que vous ne soyez assez honnêtes gens pour vous contenter
du mauvais repas que je vous ai presenté. Vous sçavez que j'ai plus de
bonne volonté que de bien. Mais voici un plat qui vous fera connoître que
je suis homme d'honneur. Il découvrit
la jatte, & dit: Voilà la tête de ma fille.
Je l'ai élevée avec soin, elle n'a jamais
manqué de rien ; cependant elle m'a
déshonoré, & là-dessus il leur conta
toute l'Histoire, & ajoûta: Il ne me reste
plus qu'à vous prier de m'aider à lui
rendre les devoirs de la sepulture.

Il est plus aisé de s'imaginer la surprise

des conviez que de l'exprimer. La
chofe étoit fans remede. Ils mirent le
corps & la tête dans un cercüeil, & le
porterent au cimetiere, comme fi elle
fût morte de maladie, & après que les
funerailles furent achevées, Abou Ragieh monta fur fa cavalle & fe retira
chez les Arabes du défert, & ne parut
plus à Alep, craignant que le Pacha
qui ne pouvoit manquer d'être averti
de fon crime ne l'en châtiât févérement.

CHAPITRE XIX.

Des divertiffemens des Arabes.

LEs Arabes font naturellement férieux, & leur demeure continuel-
le dans les déferts ou dans les montagnes ne leur offre pas les divertif-
femens qui fe trouvent dans les Villes. Les hommes paffent leur tems à
monter à cheval, à fe promener d'un
Village ou d'un Camp à l'autre, à vifiter leurs amis, à foigner leurs beftiaux, & à aller à la chaffe. Quoiqu'ils ne mangent point de fangliers,
ils ne laiffent pas de les chaffer. Ils
les forcent avec leurs chiens, & les

tuënt à coups de lances, & les abandonnent aux Chrétiens. Ils forcent de
même les liévres & les gazelles. Ils
ont de grands lévriers qu'ils nourri-
fent foigneufement pour ces chailes.
Ils ont des oifeaux pour les perdrix &
pour les pigeons fauvages. J'en ai vû
quelques-uns qui avoient des fufils &
qui s'en fervoient fort bien ; mais le
nombre de ces Chaffeurs eft fort petit,
parce que les armes à feu ne font pas de
leur goût.

Leurs exercices les plus ordinaires
font le Gerid, ou le jet des cannes,
qu'ils fe jettent les uns aux autres avec
beaucoup d'adreffe. C'eft un divertif-
fement & un exercice tout enfemble,
qui les rend bons hommes de cheval,
& qui dreffe en même-tems leurs chevaux.

Les cartes & les dez ne' font point
en ufage parmi eux, ni aucune autre
forte de jeux de hazard. D'ailleurs ils
ne joüent jamais d'argent. Celui qui
gagne fe contente de l'honneur de la
victoire. Ils joüent aux échets & aux
dames à peu près comme nous, & au
Mangala. Ce jeu eft compofé d'une table de bois où il y a douze creux, dans
chacun defquels ils mettent fix petites
pierres ou féves, ou noyaux. Ils les

O v

confiſtent qu'à ſe rendre viſite, à con-
verſer, à prendre du caffé, fumer & ſe
dire des nouvelles.

Sans avoir de principes de muſique,
elles ne laiſſent pas de chanter metho-
diquement & d'une manière aſſez
agréable quand on y eſt fait : car leurs
chants ſont languiſſans. Les inſtrumens
ſont des violons, des tambours ordinaires, des tambours de baſques & des
cliquettes.

Les cliquettes ſont compoſées de
deux petites pieces de bois dur, comme d'ébene ou de boüis : elles ſont
ovales. Elles en tiennent un entre le
pouce & l'index, & l'autre entre les
autres doigts, & les frappent l'un contre l'autre en ſerrant la main avec aſſez d'adreſſe pour imiter nos caſtagnet-
tes. Cet inſtrument & le tambour de
baſque ſervent à marquer la cadence.

Les tambours ordinaires ſont d'une
ſeule piece de bois, creuſée, couverte
d'un parchemin, à peu près comme ſont
ceux des Negres, excep que ceux

des Arabes ont un manche fort long, sur lequel il y a trois cordes de laiton, qu'ils frappent ou pincent pour exprimer les tons.

Leurs violons font quarrez comme une boëte couverte de parchemin. Il n'y a qu'une corde de crin. L'archet est long & gros avec une corde aussi de crin, frottée de raisine. C'est le plus mauvais de leurs instrumens, qui ne rend qu'un son sombre, pesant & défagréable.

Ils ont aussi des flûtes de bois & de roseaux. Les premières approchent assez des nôtres. Celles des roseaux font fort longues, on ne les embouche point, on se contente de souffler dedans, ce qui fait perdre une bonne partie du vent. Tous ces instrumens quoique grossiers ne laissent pas de s'accorder affez passablement; mais il faut être accoûtumé à cette musique pour ne la pas trouver détestable. Cependant elle leur plaît & les fait presque extasier.

Les hommes & les femmes Arabes ne dansent jamais en public. Cet exercice leur paroît indécent. Il y a pourtant parmi eux des danseurs & danseuses de profession, qui dansent pour de l'argent. Ils n'ont point de pas re-

glé, & danfent moins des pieds que
des mains & du corps. Ils ont l'oreille jufte, & fuivent les mouvemens de
leurs cliquettes en perfection.

Les Princeffes par grandeur & par
habitude ne fe montrent jamais. Je
n'ai pû voir que par furprife celles dont
j'ai parlé. Elles fe promenent fur le
foir pendant quelques momens, pour
prendre l'air. Elles, vont quelquefois
rendre vifite aux autres Princeffes dans
les autres Camps.

J'ai vû étant au Camp de l'Emir
Mehmed des Princeffes qui venoient
vifiter la Princeffe fon époufe. La derniere qui y vint, étoit venuë fur un
chameau, couvert d'un tapis orné de
fleurs. Une douzaine de femmes de
cette Princeffe marchoient devant elle
l'une après l'autre, tenant d'une main
le licol du chameau qui étoit fort long.
Elles chantoient en marchant, & fans
difcontinuer les loüanges de leur Maîtreffe, qui fe laiffoit ainfi conduire
fans rien dire. Elle étoit parée de tout
ce qu'elle avoit de plus beau en habits
& en bijoux, & étoit couverte d'un
grand voile blanc depuis la tête jufqu'aux pieds.

Quand ces femmes avoient marché
vingt ou vingt-cinq pas, celle qui étoit

la plus éloignée venòit prendre la place d'honneur, c'eſt-à-dire, celle qui
étoit la plus proche de la tête du chameau, & ſe ſuccedoient ainſi les unes
aux autres pour partager l'honneur.

Dès qu'on fut averti au Camp qu'elle approchoit, la Princeſſe envoya une
partie de ſes femmes au-devant d'elle.
Ces femmes après l'avoir ſaluée, ſe
joignirent aux autres, qui par honneur
leur laiſſerent le licol du chameau tout
entier, & ſe rangerent deux à deux
derriere leur Maîtreſſe. Ce fut alors
que la muſique recommença de plus
belle. Elles chantroient toutes enſemble & de leur mieux les loüanges de la
Princeſſe, qui arriva enfin à la tente
de la femme de l'Emir. La Princeſſe
en ſortit, & vint avec toute ſa maiſòn
recevoir celle qui venoit lui rendre
viſite. Celle-ci mit le pied ſur le genou
d'une de ſes femmes, & les autres
s'empreſſerent de l'aider à deſcendre &
à tenir le chameau, afin qu'il ne fît aucun mouvement.

Les Princeſſes en s'abordant ſe baiſerent au front, au menton & aux
deux joües. Elles ſe prirent enſuite par
les mains, & les élevant à la hauteur de
leurs bouches, elles baiſerent pluſieurs
fois leurs propres mains, pendant que

durerent les complimens réciproques qu'elles se firent.

Pendant tout ce tems, les hommes par respect étoient enfermez dans leurs tentes. J'étois dans la mienne ; mais j'y avois disposé des ouvertures par lesquelles sans être vû, j'observois tout ce qui se passoit au-dehors.

Les Princesses étant entrées se baiserent encore , & après les complimens ordinaires elles se mirent à table. La colation étoit toute préparée , elles y demeurerent long-tems. Leurs femmes se baiserent, se complimenterent, & passerent dans une autre tente où celles de la Princesse donnerent aussi la colation à celles qui venoient d'arriver. Je crois qu'elles se relayoient pour manger & pour chanter : car pendant tout le tems que les Princesses furent ensemble, leurs femmes ne cesserent pas de chanter. De tems en tems elles jettoient des cris de joye , en fredonnant d'une maniere qui n'est usitée qu'en ce Païs. Ces cris se forment par un battement très-vif de la langue contre le palais , qui dure autant qu'elles peuvent avoir de respiration , & ne produisent que ces syllabes *lu lu lu lu*. Ces cris sont destinez par l'usage à témoigner une joye publique dans une occasion considerable.

. Tous les hommes, dont les tentes
font voifines de celle de la Princeſſe,
ſe retirent pendant ces viſites chez
leurs amis. Pas un d'eux ne paſſe auprès de ces tentes. L'Emir même n'entre point chez ſa femme pendant qu'il
y en a d'étrangeres avec elle.

Après qu'elle a été regalée d'une ample colation accompagnée de caffé, de
tabac, de ſorbet, & qu'on lui a donné de l'eau de ſenteur ſur les mains,
ſur le viſage & ſur les cheveux, on
lui donne le parfum, c'eſt-à-dire, la
fumée de bois d'aloës. On le brûle
dans un encenſoir fait comme un petit
réchaux, que l'on met ſous un voile
de taffetas dont on enveloppe la tête.
Elle ſe leve ; la Princeſſe qui a reçû la
viſite paſſe comme pour quelque affaire derriere le rideau, qui partage ſa
tente, & l'étrangere prend ce tems pour
ſe remettre ſur ſon chameau, & s'en
retourner dans le même ordre qu'elle
étoit venuë.

La coûtume de ces Dames n'eſt pas
de ſe dire adieu en ſe quittant. On
veut s'épargner le chagrin de ſe quitter. Il y a pourtant des occaſions où
l'on ſuit un autre cérémonial ; au lieu
qu'on ne ſe diſpenſe jamais des cérémonies de l'arrivée, parce qu'alors on

doit mettre tout en ufage pour perfua-
der les perfonnes qui viennent rendre vifite qu'on les reçoit avec plaifir.

Les femmes des Cheiks , ou autres
de quelque confideration, qui viennent
rendre vifite à leur Princeffe , ne font
pas reçûës avec tant de cérémonies.
La Princeffe ne va pas au-devant d'elles. Elle ne les baife point ; mais elle
leur donne fa main à baifer , elle les
fait affeoir , leur donne la colation ,
les eaux de fenteur & le parfum.

Les femmes des vaffaux qui ont affaire à la Princeffe , lui baifent le bas
de la robe. Ses femmes de fervice lui
baifent les pieds quand elle le veut
permettre. Elles vivent avec leurs femmes dans une grande familiarité , &
quoique femmes on ne les entend jamais criailler , comme cela eft fi ordinaire au fexe babillard. Chacune fçai
faire fon devoir , y eft appliquée , s'en
fait un capital , un honneur.

J'ai remarqué la même chofe parm
les domeftiques des Emirs. On fçai
leur volonté , on la prévient , tout ef
prêt , un leger figne fait courir dis
hommes où il n'en faudroit qu'un.

Parmi les égaux , on ne remarqu
que de l'honnêteté & de la moderation

Il eſt rare qu'ils ſe querellent, & quand
cela arrive, on les met d'accord auſſi-
tôt, & ils n'ont point de peine à ſe réconcilier, excepté l'article du ſang, comme je l'ai remarqué ci-devant. Il faut
voir de près ces Peuples, pour ſe perſuader qu'il y ait chez-eux tant de mo-
deſtie & de bon ſens.

CHAPITRE XX.

De la Medecine des Arabes.

TOut le monde ſçait que la Medecine a pris naiſſance chez les
Arabes, & je me ſuis convaincu par
une longue experience, qu'il n'y a pas
de gens qui s'en ſervent moins qu'eux,
à quoi je dois ajoûter, & qui en ayent
moins beſoin. Ils ſont redevables de
ces avantages à leur vie ſobre & uniforme.

La plûpart de nos maladies viennent
de nos déreglemens dans le boire &
dans le manger, dans la diverſité de nos
viandes, de nos ragoûts, de ces ſaul-
ces ſi propres à augmenter l'appetit au-
delà des bornes, que la ſage nature
preſcrit à tous les hommes. Elles viennent encore de la diverſité des liqueurs,

& de la quantité qu'on en prend.

Ce que j'ai dit des Arabes dans plufieurs endroits de ces Memoires , marque affez que la temperance eft une de
leurs vertus. Ils ne mangent jamais fans
neceffité. Le nombre de leurs repas eft
reglé , auffi bien que les heures. Ils
mangent avec appetit , cela eft pardon-
nable à des gens qui font beaucoup d'e-
xercice. Mais s'ils mangent bien quand
le befoin les y oblige, ou que l'occafion
s'en préfente , ils fçavent jeûner à merveille quand ils fe trouvent dans la neceffité de le faire, ou parce qu'ils font
en courfe , ou parce qu'ils font en embufcade pour attendre des paffans.
Leurs viandes font toûjours les mêmes.
Excepté certaines occafions où ils fe
trouvent à des feftins , leur ordinaire
n'eft que de la foupe ou du pilau au
ris, de la viande boüillie & du pain
frais. Ils ne boivent qu'une fois, après
qu'ils ont achevé le repas. Il eft rare
qu'ils boivent en mangeant. Ceux qui
boivent plufieurs fois s'excitent par là à
manger davantage , parce que l'eau ou
le vin pefant fur les viandes les préci-
pite davantage , & fait trouver de la
place pour en ammonceler d'autres en
plus grande quantité que la nature n'en
demande. Je fens bien que cette regle

trouvera bien des contradicteurs, &
qu'on ne manquera pas de dire que je
raisonne en Arabe, & non pas en Phy-
sicien. Ce n'est pas ici le tems de répondre à cette objection, nous sommes
accoûtumez nous autres François à
une pratique toute opposée. Il faut
boire souvent, disent nos Medecins, &
boire à petits coups. Ont-ils raison ?
Nous en portons-nous mieux ? L'experience prouve le contraire. Nous man-
geons davantage, & nous avons des
indigestions, qui nous causent souvent
des maladies mortelles, & nous bû-
vons du vin qui est de lui-même nour-
rissant & d'une digestion difficile, & la
chaleur naturelle n'étant pas assez forte pour faire digerer les viandes & les
boissons que le plaisir, la gourmandi-
se, ou l'habitude nous fait prendre
avec excès, il faut avoir recours aux
Medecins. Si nous étions plus sobres,
que feroient ces légions d'hommes inu-
tiles, à qui notre santé cause la mort,
& à qui notre intemperance fait rouler
carosse ?

Les Arabes ne boivent pour l'ordinaire que de l'eau, ou dans les festins, de ces liqueurs ou infusions de
fruits & de racines dont j'ai parlé. Ils
boivent aussi du vin quand ils trouvent

l'occafion, ils en boivent même avec
excès; mais comme cela leur arrive
rarement, il leur fert alors de medecine.

Les Arabes font naturellement fecs
& robuftes, d'une complexion froide
& mélancolique, qui les empêche d'ê-
tre violens & emportez. On les ac-
coûtume dès leur plus tendre jeuneffe
à une vie dure, à fouffrir le froid &
le chaud, à coucher fur la dure, excepté aux injures de l'air. Leurs courfes fréquentes, leurs exercices, leurs
décampemens fréquens les rendent
robuftes; il n'y a prefque rien qui
leur puiffe faire du mal, ni caufer
des maladies. Les plus pauvres font
ceux qui fe portent mieux parmi eux,
parce que leur maniere de vivre eft
plus uniforme & moins délicate que
celle des riches.

Leur remede le plus ordinaire eft
d'appliquer le feu fur les parties où ils
fentent de la douleur, foit fur la tête,
fur les bras, les cuiffes, les jambes
& autres parties du corps.

Quand ils ont la fiévre, ils fe mettent au Soleil pendant le friffon, &
à l'ombre pendant le chaud. Ils fe couchent où ils fe trouvent, quand ils ne
peuvent plus fe tenir debout ou mar-

cher, & quand ils font couchez, avec
une cruche d'eau auprès d'eux, ils
boivent tant qu'ils se sentent alterez.

Ils aimeroient mieux mourir que de
recevoir un lavement, parce qu'il leur
faudroit découvrir une partie qu'ils
n'oseroient montrer à personne, étant
persuadez que cela les deshonoreroit,
& deshonoreroit en même tems la personne qui la verroit. Ils n'ont point
aussi d'Apotiquaires pour préparer leurs
medecines, ni de Medecins pour les
ordonner. Il n'y a, disent-ils, de veritable Medecin que Dieu, aussi ne
font-ils aucun remede dans leurs maladies. Ils se contentent de quelques
recettes que certaines femmes habiles emp'oyent à tort & à travers,
comme nos Medecins, pour toutes
sortes de maladies, sans en rechercher les causes, & sans trop raison-
ner sur les accidens.

Mais ils ont une confiance entiere
pour certaines écritures que leurs E-
crivains leur font avaler dans de l'eau.
On dit qu'un Païsan Italien fut parfaitement bien guéri pour avoir ava-
lé l'ordonnance de son Medecin. Si
cela est arrivé dans un Païs où les
Païsans les plus grossiers ont p'us d'esprit que les Arabes les plus spirituels,

pourquoi n'arrivera-t'il pas chez des Peuples que l'on regarde comme barbares. Il ne faut que remuer les reſſorts de l'imagination, dans laquelle réſide ſouvent une bonne partie de nos maux, ſur-tout chez les femmes. Outre ces billets myſterieux, ils ont encore certaines Oraiſons ou Paſſages de l'Alcoran qu'ils attachent à leur col, ou certaines pierres, anneaux, ou autres ſemblables amulettes, qui ſont excellentes quand elles produiſent leurs effets, c'eſt-à-dire, quand l'imagination y a aſſez de confiance pour perſuader le malade qu'elles lui rendront la ſanté.

Ils n'aiment point à être ſaignez; parce qu'ils diſent que l'ame eſt dans le ſang. Dieu a dit la même choſe en parlant des bêtes. S'ils ſe mettent dans leur catégorie, il n'y a rien à dire. Ils diſent pour prouver leur opinion, qu'une poule ou un mouton meurent dès qu'ils n'ont plus de ſang dans le corps. Il eſt certain qu'il leur en arriveroit autant ſi on leur tiroit tout leur ſang; mais il s'en faut bien qu'on en vienne à cette extrêmité. Pour l'empêcher, ils ne veulent point ſouffrir qu'on leur en tire du tout. Ils ſe ſoumettent pourtant, & même

de bonne grace à tout ce qu'on veut ————
d'eux quand ils sont blessez. Ils sont
persuadez de l'utilité, & même de la
necessité de la Chirurgie, & la mettent infiniment au-dessus de la Medecine. Autrefois on ne distinguoit pas
ces trois professions. La même personne étoit Medecin, Chirurgien & Apo-
tiquaire. Cela est changé à present ;
mais les Arabes ne sont pas revenus
de leur prévention contre les Medecins. Leur ignorance fait qu'ils méprisent les écrits du premier de tous
les Medecins. Il n'y a que les Arabes
bâtards, c'est-à-dire, ceux qui s'enferment dans des Villes. Ceux-ci conservent les écrits des premiers Medecins, & sur tout ceux du *Cheikh
Mehmed Ebensina*, & par corruption,
Avicenne. Ils en ont beaucoup d'autres qui traitent de la qualité des
plantes, de leurs vertus, de leurs
usages. Mais les véritables Bedoüins
ne s'en embarassent point du tout.
Dieu, disent-ils, a écrit sur le front
de chaque homme le nombre de ses
années, toute la Medecine ne peut
l'empêcher de mourir quand l'heure
est arrivée ; c'est donc une folie de se
livrer à ces sortes de gens.

Cela n'empêche pas qu'ils ne vivent

très-long-tems. J'en ai vû qui , felc
l'époque de leur naiffance , avoiei
plus de cent ans , qui n'avoient jama
été malades , & qui dans ce gran
âge avoient toute la vigueur , la foi
ce & l'agilité de nos gens de trente
cinq ans.

Ils meurent pourtant à la fin con
me les autres hommes , & dès qu'i
ont rendu le dernier foupir , on li
ve le corps avec décence , on le cou
dans un morceau de toile , s'il s'e
trouve dans la maifon , ou dans quel
ques guenilles s'il eft pauvre , & or
le met fur un brancard compofé d
deux morceaux de bois , avec quel
ques traverfes d'ozier , & quatre ou fi:
hommes le portent où il doit être en
terré. Comme ils changent fouvent d
Camp , ils n'ont point de Cimetiere:
fixes. Ils choififfent toûjours un lie
élevé & écarté du Camp. Ils y font
une foffe profonde , y mettent le
corps , la tête du côté de l'Orient , le
couvrent de terre , & mettent deffus
de groffes pierres , afin d'empêcher
les bêtes fauvages de le venir déter-
rer & le dévorer. Ceux qui portent
le corps à la Sépulture , & ceux qui
l'accompagnent , chantent des prieres pour le défunt , & des loüanges à
Dieu.   Les

Les hommes ne pleurent point,
pour marquer leur courage & leur
fermeté dans les differens évenemens
de la vie , & pour témoigner leur
foumiſſion aux ordres de Dieu. Mais
en échange les femmes font merveilles. Les parentes du défunt crient comme ſi elles vouloient vendre leurs larmes , s'égratignent le viſage & les bras,
s'arrachent les cheveux , ne font cou-
vertes dans ces occaſions que d'un
abas déchiré avec un voile bleu & ſa-
le , toutes marques de douleurs extraordinaires, vrayes ou de coûtume.

Au reſte on ne peut les blâmer ,
ſuppoſé qu'elles pleurent tout de bon ;
elles ont raiſon ; car ſi elles ont aimé
véritablement le défunt qu'on porte
à la ſépulture , elles perdent pour toûjours l'eſpérance de le revoir , puiſque Mahomet, a eu la dureté de les
exclure du Paradis , & de les envoyer
par grace aux Faubourgs de ce lieu de
délices , où mêlées avec les Chrétiens,
qui n'y feront ni commodément , ni
proprement , elles y demeureront pendant toute l'éternité ſans eſpérance d'en
ſortir , au lieu que les Chrétiens en
ſortiront un jour , comme je l'ai dit
en un autre endroit.

Les cérémonies des funerailles , qui

ne font pas longues , étant achevées ; on revient au Camp. Tous ceux qui y ont affifté trouvent un repas préparé & mangent dans une tente ; & les femmes dans une autre. Les hommes à leur ordinaire gardent la gravité. Les femmes effuyent leurs larmes , le caquet leur revient. Les uns & les autres fe confolent , on fait compliment fur la perte que la famille a faite ; ils font courts , ils ne confiftent qu'en ces deux mots *Khaterna aandek* qui fignifient: Je prens part à votre affliction , & en ces deux autres *Sclamet Erafek*, Dieu conferve votre tête. Après quoi les parens affemblez font les partages des biens du défunt entre fes enfans. S'il laiffe des dettes on les paye , & le refte eft partagé également entre fa veuve & fes enfans. Si les enfans font en bas âge , ils demeurent avec leur mere qui a foin de leur éducation. S'ils font en état de fe paffer de ce fecours , ils vont s'établir où bon leur femble avec leur part d'heritage. Comme les Arabes n'ont point de terres en propre , les partages ne font que de biens mobiliers , une tente , des meubles , des beftiaux. La tente demeure par préciput à la veuve & aux petits enfans, & le refte eft partagé.

Voilà à peu près ce que j'ai remarqué des mœurs & des coûtumes des
Arabes dans les voyages que j'ai faits
chez eux, & dans tout le tems que
j'ai demeuré dans leur voisinage.

L'état de mes affaires m'obligeant
de repasser en France, je crus être
obligé d'aller prendre congé de l'E-
mir Turabeye. Je n'y trouvai plus
Haffan. J'avois appris par un Marchand de Damas & par une lettre de
l'Emir, qu'il s'étoit sauvé avec son
valet.

Je sçûs que l'Emir l'ayant envoyé
porter une lettre de consequence au
Pacha de Damas, il s'étoit servi de
cette occasion pour se sauver. Il avoit
porté la lettre, en avoit reçû la réponse, & ayant payé un homme pour
la porter à l'Emir, ils s'étoient retirez à Barut habillez comme des
Chrétiens du Païs ; que là ayant vendu
leurs chevaux, ils s'étoient embarquez
sur un Vaisseau Venitien, qui partit
deux jours après, & les porta à l'Isle
de Zante comme des Marchands Grecs,
& que là s'étant séparez, ils étoient
retournez dans leur Païs natal.

Etant arrivé au Camp de l'Emir,
& en ayant été reçû avec les mêmes
marques d'amitié que les autres fois,

P ij

nous reglâmes quelques co mptes que
nous avions enfemble , il me paya
en argent comptant, & me fit encore
un prefent. Il me parla de la fuite
de Haffan , & me fit connoître que
quoiqu'il eût perdu un domeftique
très-fidéle , il ne pouvoit cependant
le blâmer d'avoir pris le parti d'aller
mourir avec ceux de fa Religion , puifqu'il n'étoit pas deftiné à fe fauver
avec les Fidéles,

Je fçûs que la pauvre Hiché étoit
morte de douleur de la perte de fon
inutile époux. Elle s'abandonna aux
larmes dès qu'elle l'eût apprife , &
quelque confolation que l'Emir & la
Princeffe priffent la peine de luidonner,
elle ne voulut plus boire ni manger, ni
dormir. Elle paffa les jours & les nuits
à pleurer & à foupirer jufqu'au dernier moment. Si toutes les femmes
étoient auffi attachées à leurs maris que
l'étoit celle-ci , ce feroit bien à tort
qu'on les accuferoit d'inconftance, &
de peu de tendreffe. Mais il eft bien
rare de trouver des Hiché.

CHAPITRE XXI.

*Voyages en France & en Barbarie.
Etat du Commerce à Seïde, & en
particulier de celui que l'Auteur y
faisoit.*

LE Commerce que les François faisoient au Levant, étoit dans un
état si florissant depuis l'année 1660.
jusqu'en 1665. que plus de soixante
Commissionnaires des Marchands de
Marseille & de Lyon qui demeuroient
à Seïde & aux environs, gagnoient
des sommes considerables à faire valoir leurs fonds dans le Païs, outre
ce que leurs Commissions leur pro-
duisoient.

Il ne venoit point de bâtiment qui
n'apportât au moins cent mille écus en
especes, outre les marchandises dont
ils étoient chargez. Ce grand trafic
mettoit les Commissionnaires en état
de se retirer en France après quelques
années de travail, avec assez de bien
pour y faire des établissemens considerables.

Je n'eus pas le même avantage;
mes parens & la plûpart de mes amis

P iiij

ne prenoient pas aſſez d'interêt dans le Négoce pour m'enrichir par leurs commiſſions. Quoique je n'euſſe qu'un bien médiocre & peu de commiſſions, le penchant que j'avois pour les Langues Orientales emportoit preſque tout mon tems ; de ſorte que tout ce que je pouvois faire étoit de vivre ſans toucher à mon fond , mais auſſi ſans l'augmenter beaucoup , parce que je m'étois mis ſur le pied d'une aſſez belle dépenſe. Je donnois ſouvent à manger au Cadi , & aux principaux Officiers du Pacha. Je voyois ce Seigneur ſouvent , je lui faiſois ma cour , & j'avois ſoin de lui faire des preſens de certaines curioſitez de France qui lui faiſoient plus de plaiſir qu'elles n'étoient conſiderables par leur valeur.

Le credit que j'avois acquis auprès du Pacha , & mes manieres honnête & généreuſes , m'acquirent bien-tô l'eſtime & la confiance de tous les Officiers. Ils m'apportoient leur argent à meſure qu'ils en recevoient , & me prioient de le leur garder , afin qu'en cas de quelque accident , il ne tombât pas entre les mains de leur Maître ; car la premiere peine qui ſuit le diſgraces , c'eſt infailliblement la perte des biens , & ils étoient en ſûre

té entre mes mains : perſonne ne le
ſçavoit qu'eux & moi. Ils me permettoient de m'en ſervir quand j'en trouvois l'occaſion. Tout ce qu'ils exi-
geoient de moi étoit de le leur rendre
quand ils s'en alloient en Sequins de
Veniſe, afin de le tranſporter avec
plus de facilité & de ſecret. Voici l'u-
ſage que j'en faiſois.

Je l'employois en ſoyes au commencement de la récolte, lorſque les Païſans ſont contraints de vendre à bas
prix pour payer les contributions aux
Gouverneurs ; de ſorte qu'après les
avoir gardées quelques mois, j'étois
aſſuré de les vendre aux Vaiſſeaux qui
venoient en charger, & les leur vendant alors au prix de la place, j'y
trouvois un profit de vingt, vingt-
cinq & trente pour cent. Après la
vente des ſoyes je ne perdois point de
tems, mon argent ne moiſiſſoit pas
dans ma caiſſe, je l'employois en cottons filez vers le commencement de
l'Hyver. Je ſçavois les endroits où
l'on trouvoit les plus beaux, je les
faiſois emballer & les gardois juſques vers la récolte des ſoyes, & à
meſure que les Marchands ou les Capitaines des bâtimens en avoient beſoin, ils étoient aſſurez d'en trouver

dans mes magafins quelques centaines de balles toutes prêtes à embarquer.

Outre le profit confiderable que je faifois fur ces marchandifes par l'augmentation du prix , parce que je les avois toûjours de la premiere main , & que je pouvois les garder jufqu'à ce que l'occafion fe prefentât de m'en défaire avantageufement , parce que je ne payois point d'interêt de mon argent ; j'en faifois encore un autre, qui quoique peu confiderable en lui-même , ne laiffoit pas de le devenir par la quantité.

J'avois établi des correfpondances à Damas & en Egypte , d'où je faifois venir des toiles bleuës , des canevas , des toiles d'embalage , & jufqu'à des cordes , qui étoient toûjours à moitié meilleur marché qu'à Seïde, & j'avois toutes ces chofes en troc de reftes de marchandifes qu'on ne pouvoit pas vendre à Seïde en argent comptant.

Quand quelque Marchand fe trouvoit embaraffé de quelque partie de drap , de fatins , ou autres marchandifes , parce qu'il avoit befoin d'argent comptant pour fes emplettes , il étoit affuré d'en trouver chez-moi , & je trouvois à me défaire de ces marchan-

dites avec avantage au Pacha , & à ses
Officiers, dont j'étois assuré de recevoir
des soyes des meilleures , & à un prix
toûjours au - dessous de celui de la
place.

Les Officiers de la Doüanne , ceux
du poids & des autres Bureaux me fa-
vorisoient si fort en toutes choses , que
j'étois payé au centuple des regales &
des présens que je leur faisois dans les
occasions.

J'avois un Muletier à qui je confiois
souvent deux ou trois charges de marchandises pour Damas. Il me les ven-
doit avantageusement , & très-souvent
par son adresse il me sauvoit les droits
des Doüannes, qui sont plus considerables que dans d'autres Villes.

Ce Muletier nommé Chamssaddin
étoit Drusse de Nation ; mais aussi
droit & aussi fidéle qu'on en pût trouver au reste du monde. Il fut volé une
fois, on lui enleva ses mulets dans un
Village pendant qu'il dormoit. Je lui
avois confié pour huit cens écus de co-
chenille & d'autres marchandises. Dès
que j'en fus averti , je crus que la perte retomberoit entierement sur moi, &
j'en étois consolé , quand deux mois
après étant à travailler dans mon cabinet, j'entendis jetter un sac d'argent

dans mon anti-chambre, comme cela
arrivoit fouvent, parce que bien des
Turcs m'apportoient leur argent pour
le garder ; je ne me levai point, & je
fus encore près de deux heures à travailler. A la fin je fortis de mon cabinet, & je fus extrêmement furpris de
trouver mon Muletier Chamffaddin,
qui m'attendoit en fumant appuyé contre une fenêtre.

Je l'abordai civilement, je lui demandai des nouvelles de fa fanté, & je
lui fis compliment fur la perte qu'il
avoit faite, & enfin je m'enquis de ce
que j'avois perdu. Vous n'avez rien
perdu, me dit-il, tout votre argent eft
dans ce fac, j'avois vos marchandifes
fous mon chevet quand je m'endormis.
A mon réveil, je trouvai qu'on avoit
enlevé mes mulets. J'en loüai un pour
faire votre commiffion, & j'en fuis revenu affez heureufement. Je lui demandai combien il y avoit dans le fac,
il me dit qu'il n'en fçavoit rien, que
tout ce qu'il avoit reçû étoit dans le
fac, & que le Billet qui y étoit m'inf-
truiroit de tout. Je comptai ce qui
étoit dans le fac, & je trouvai mil
quatre vingt piaftres pour les huit cens
que je lui avois donnez, ce qui me
faifoit un profit de deux cens quatre-

vingt piaftres. Je voulus lui donner
cinquante piaftres, il me remercia, &
n'en voulut recevoir que onze pour le
droit de fa commiffion. Je lui voulus
prêter deux cens piaftres pour acheter
d'autres Mulets, il les refufa encore,
difant qu'il ne vouloit point fe charger du bien d'autrui, parce que fi on
lui enlevoit encore fes Mulets, il n'auroit pas le moyen de les payer, & qu'il
feroit contraint de s'enfuir, & qu'il
étoit tout confolé de fa perte, puifqu'il avoit plû à Dieu d'en ordonner
ainfi. Je ne fçai où l'on pourroit trouver plus de droiture & plus de fidelité.

J'avois tellement acquis l'eftime des
Habitans de Seïde, qu'ils me confioient
leurs biens fans prendre aucune précaution. Les Marchands Etrangers qui
trafiquoient à Seïde, venoient mettre
leur argent en dépôt dans ma chambre, fans prendre la peine de cacheter
leurs facs. J'en ai trouvé quelquefois
une vingtaine, fans fçavoir à qui ils
appartenoient, que quand ils les venoient reprendre, & cela fe faifoit
avec tant d'équité & de bonne foi, que
l'un ne touchoit pas à ceux d'un autre.
Chacun reprenoit le fien de bonne
foi, jamais aucun d'eux ne s'eft plaint.

LES Bourgeois de Seïde étoient tellement allarmez de la guerre que le Pacha avoit avec les Druffes, que je gardois fouvent dans mes coffres les pierreries, & les dorures de leurs femmes & la plus grande partie de leur argent, parce qu'ils fçavoient que quelque chofe qui pût arriver à la Ville, les maifons des Francs feroient toûjours refpectées, & que perfonne n'oferoit y toucher. Ils avoient même l'honnêteté de me dire, que n'ayant affaire de leur argent que dans un certain tems, je leur ferois plaifir de m'en fervir dans mon négoce.

En moins de deux ans que je fis ce commerce, je trouvai avoir gagné une très-groffe fomme, quoique je fiffe une dépenfe confiderable : car j'avois quatre chevaux, fix domeftiques, une table de fix couverts, & fouvent de davantage, & bien fervie, où mes amis de toute forte de Nations venoient boire & manger fans cérémonie. J'avois une maifon fort agréable, dont la plûpart des vûës donnoient fur la mer, quatre belles chambres, un grand cabinet, une falle à manger, une cuifine, un office, deux grands magafins, une écurie, des logemens pour mes domeftiques, des meubles propres, toûjours

bonne provifion de vin de plufieurs
fortes, auffi bien que d'eau de vie & de
liqueurs.

Le frere du Pacha & fes principaux
Officiers venoient fouvent fe réjoüir
avec moi, & le dîné duroit pour l'ordinaire jufqu'au foir, & quelquefois
bien avant dans la nuit. Outre la bonne chere, je leur donnois la fimphonie du Païs & d'Europe, quand il fe
trouvoit des Simphoniftes dans nos
Vaiffeaux. Ces dépenfes alloient loin à
la verité; mais ils me les rendoient avec
ufure par les facilitez qu'ils me faifoient
trouver dans mes affaires.

Pendant ce tems-là, M. Thevenot
que j'avois vû à Smyrne & à Acre dans
fes premiers voyages, & avec qui j'é-
tois lié d'une étroite amitié, vint à Seïde pour paffer à Damas & delà en Perfe, où il mourut au regret de tous les
honnêtes gens.

Je me fis un plaifir de le loger chez-
moi, & de le regaler tout le tems qu'il
demeura dans la Ville. Je lui donnai
en partant une Lettre pour le Sieur
Michel Cadales Grand-Maître de l'Artillerie à Bagdet, qui le fervit très-uti-
lement dans une affaire qui lui arriva,
& lui donna les moyens de paffer fûre-
ment en Perfe. Il avoit un jeune Va-

let fort bien fait, qui eut envie de se
faire Turc à Damas. M. Thevenot s'en
étant apperçû me l'envoya, sous prétexte de lui apporter de l'argent, que
je ne devois donner qu'à lui seul. Mais
il le fit préceder par un Arabe qui m'apporta une Lettre, par laquelle il me
prioit de le faire embarquer, & de le
renvoyer en France. Je convins avec
le Capitaine d'un Vaisseau qui étoit
prêt à mettre à la voile, à qui je l'envoyai avec un Billet pour recevoir cet
argent prétendu, qui fut changé en
une paire de fers qu'on lui mit aux
pieds, & qu'on ne lui ôta que quand
le Vaisseau fut à la voile. Par ce moyen
nous sauvâmes l'ame de ce malheureux.

J'avois un Cuisinier, qui aussi bien
que mes autres domestiques avoit sa
part des profits des cartes, & des autres gratifications que mes amis leur
faisoient. Ce malheureux s'amusa à
voir des Juifves, qui le reçûrent bien
pendant qu'il eut de l'argent ; mais
quand il n'en eut plus, elles le firent
prendre chez-elles, & il auroit mal passé son tems, si des Turcs de mes amis
ne l'avoient tiré des mains des Gardes,
qui le menoient en prison, & ne me l'a-
voient ramené Je le fis embarquer dans

le moment fur un Bâtiment qui alloit
en Afrique où il mourut, & je perdis
cent écus que j'avois donné pour affou-
pir cette affaire.

CHAPITRE XXII.

Defordres dans le commerce de Seïde,
& les fu.tes.

QUelque tems après que M. Croifet eût fuccedé à M. Betta ndié,
qui étoit Conful à Seïde, il arriva un
Bâtiment de Marfeille nommé le S. Auguftin, commandé par le Capitaine An-
dré Bremond de Caffis, avec un fond
d'environ foixante mille écus comp-
tans, & des marchandifes pour plus de
quarante mille écus.

Les foyes & les cottons fe trouverent cette année à un fi haut prix,
qu'il y auroit eu beauccup à perdre à
Marfeille fi on y en avoit envoyé.

Il faut encore fe fouvenir de ce que
j'ai dit en un autre endroit, que la
Nation étoit chargée de très-groffes
dettes, à caufe des avanies qu'elle avoit
été forcée de payer aux Pachas. Elle
en payoit des changes lunaires très-
confiderables, qui alloient jufqu'à tren-

te cinq pour cent , & quand on fe trouvoit dans l'impuiſſance de les payer,
les interêts ſe changeoient en principal , & les changes augmentoient ſi
conſiderablement, qu'en moins de deux
ou trois ans ils euſſent triplé les capitaux. Pour payer ces changes , on levoit mil écus ſur chaque Bâtiment
qui venoient moüiller à Seïde. Les
Bâtimens mediocres étóient à plaindie,
les gros l'étoient moins , parce qu'ils
avoient de plus gros fonds ; mais les
uns & les autres prirent le parti d'a-
bandonner l'Echelle de Seïde , & d'aller faire leurs charges dans celles qui
ne dépendoient point de ce Conſulat,
afin de ne pas ſouffrir cette taxe.

Le commerce de Seïde tomboit de
jour à autre , & ſe ſeroit perdu tout à
fait , ſans que la Nation eût été quitte
de ſes dettes , quand ce Vaiſſeau arriva.

M. Croiſet Conſul aſſembla chez-lui
les plus habiles Négocians de la Nation, qu'il ſçavoit mieux connoître que
les autres ſes veritables interêts , &
après une mûre déliberation qui fut
tenuë fort ſecrete , il fut réſolu de ſe
ſervir des fonds de ce Vaiſſeau pour li-
quider toutes les dettes, en laiſſant à
la Chambie du Commerce de Marſeil-

le le foin d'en faire la répartition fur tous les particuliers à proportion du commerce qu'ils faifoient. Mais comme le Conful & ceux qui avoient donné leur avis, ne trouverent pas à propos de fe charger feuls de l'enlevement de ces fonds, dont le Commerce de Marfeille n'auroit pas manqué de les rendre refponfables en leurs propres & privez noms, ils eurent recours à un des principaux Officiers du Pacha, qui porta fon Maître à faire arrêter ces fonds entre les mains du Conful, & d'ordonner qu'on s'en ferviroit à payer fur le champ toutes les dettes de la Nation, afin que l'Echelle étant dégagée, les Vaiffeaux y vinffent fans craindre d'être fujets à une fi groffe taxe qu'étoit celle de mil écus pour chacun.

Cela fut executé, & affurément rien ne pouvoit être plus avantageux au commerce. Toutes les dettes furent payées, tant celles qu'on avoit contractées avec les gens du Païs, qu'avec les François à qui on payoit douze pour cent d'interêt par année. On fit une gratification au Pacha felon la coûtume. On traita avec les Officiers de la Doüanne pour les indemnifer, & on paya au Capitaine du Vaiffeau fon fret,

———— tout le monde fut content.

Mais le Commerce de Marseille prit la chose tout autrement ; ils ne regarderent que la perte présente, sans envisager l'avantage qui leur en reviendroit en peu de tems. L'arrivée du Capitaine Bremond sans marchandise, les irrita à un point qu'ils obtinrent du Lieutenant de l'Amirauté, que les Lettres des particuliers feroient ouvertes, pour connoître ceux qui avoient été les auteurs de cet enlevement, & leur en faire payer le dédommagement. Ils obtinrent enfin que tout ce qui avoit été enlevé de ce Vaisseau feroit restitué aux particuliers qui l'avoient chargé. Cela causa un désordre épouvantable. Les affaires tomberent dans un état pire qu'elles n'étoient auparavant. La Nation fut absolument décreditée, il y eut nombre de banqueroutes, plus de commerce, & on a été long-tems sans pouvoir se relever du mal que la précipitation de ces Messieurs avoit fait au commerce.

Quelque tems après l'affaire du Capitaine Bremond, le nommé Jasup Bamolori Turc, qui gouvernoit la Ville de Barut sous Mustafa Beig frere de Mehmed Pacha, fut accusé de concussion par les Habitans de la Ville. Il fut

pris & mis en prifon. Ses parties le
pourfuivirent avec tant de vigueur ,
que le Pacha après l'avoir fait tourmen-
ter plufieurs fois le condamna à avoir la
tête tranchée.

Cet homme m'avoit fait tant de civilitez toutes les fois que j'avois paffé à
Barut , que fon malheur me touchoit
infiniment. Je reçûs en même-tems une
Lettre du Sieur Loüis Quillet , qui ré-
fidoit à Barut avec d'autres Négocians
François , qui me prioit d'avancer jufqu'à douze cens écus pour le tirer d'affaire fi je pouvois , fçachant le credit
que j'avois auprès du Pacha. J'allois à
la prifon pour prendre des mefures
avec lui , lorfque paffant devant le Serail du Pacha , je le trouvai au milieu
de la place , les yeux bandez avec fon
mouchoir, & le Bourreau auprès de lui.
Je connoiffois cet Officier , il étoit de
mes amis , & venoit quelquefois manger chez-moi. Je pouvois le recevoir
à ma table , puifque le Pacha le recevoit à la fienne , parce que cet Office
n'eft pas infâme chez les Turcs. Je le
priai de fufpendre fon execution jufqu'à ce que j'euffe parlé au Pacha , &
je tâchai par toutes fortes de raifons de
lui faire connoître l'innocence de Ba-
molory , j'y joignis un offre de mil

écus. Cela ne fut point écoûté. Je l'importunai tant qu'il me dit que pour l'amour de moi, il se contenteroit de quinze cens écus. Je les promis, & sur le champ il envoya un de ses Officiers avec moi, qui lui ôta le bandeau, & me le remit entre les mains. Je payai l'honoraire à l'Executeur, & pris par la main ce pauvre homme, qui étoit si hors de lui-même, qu'il ne sçavoit si ce qu'il voyoit étoit un songe ou une réalité. Je le menai chez moi, je lui fis prendre quelque liqueur, je lui donnai un habit : car il n'avoit qu'un seul caleçon sur le corps, & après l'avoir fait manger, je le conduisis par toute la Ville pour faire dépit à ses ennemis. Mais dès le soir même, je le fis monter à cheval avec un de mes gens, & je l'envoyai avec des Lettres de recommandation à l'Emir Turabeye, de crainte que ses ennemis ne fissent de nouvelles plaintes, & qu'avec une plus grosse somme d'argent ils ne lui fissent couper la tête.

L'Emir Turabeye le reçût fort bien à ma consideration. Il lui donna quelque tems après la Doüanne de Tartoura, où il demeura jusqu'à ce qu'il n'eût plus rien à craindre des ennemis qu'il avoit à Barut. Il m'envoya quel-

ques bateaux chargez d'orge , pour me
payer des trois cens écus que j'avois
avancez au-delà des douze cens que le
Sieur Quillet m'avoit chargé de payer ,
& les douze cens écus me devoient être
payez en foyes à la prochaine récolte
par le même Quillet.

La Nation Françoise s'avifa de faire
une Compagnie après l'affaire du Vaiffeau le S. Auguftin. Ceux qui la com-
pofoient prétendeient par là avoir la
foye à meilleur marché , en fixant fon
prix & empêchant les Commis de la
porter à l'envie les uns des autres aux
prix exceffifs où ils la portoient fouvent , afin d'expedier les Vaiffeaux qui
leur étoient adreffez. Mais ces Meffieurs ne prenoient pas garde qu'ils n'é-
toient pas les feuls qui achetaffent les
foyes. Les Marchands d'Alep, de Damas & d'Egypte en enlevoient des parties bien plus groffes que les François,
& par confequent étoient plus en état
qu'eux d'y mettre le prix. D'ailleurs la
Compagnie avoit fixé le prix à fes Commis d'une maniere qu'ils ne pouvoient
pas paffer , ce qui faifoit que leurs
Vaiffeaux étoient prêts à partir avant
qu'il y en eût une feule balle dans leurs
magafins , & ils revenoient à vuide.

Les Affociez fe broüillerent là-def-

fus, & rompirent leur Compagnie. Cha
cun voulut retirer le fond qu'il y avoi
mis , & pour avoir plûtôt les foye
dont ils avoient befoin , chacun don
na ordre à fes Commis d'en achete
comme ils pourroient. Cette mauvaif
manœuvre porta tout d'un coup le
foyes à un prix fi exorbitant, que bie
loin d'y trouver du profit en France, le
commettans perdirent beaucoup d
leurs capitaux.

La Compagnie Ephemere de Mar
feille , le défordre qu'elle caufa dan
le commerce qu'elle fit tomber abfo
lument , furent la pierre de touch
qui fit connoître ce qu'étoient le
Marchands & les Commis qui réfi
doient à Seïde , & aux autres Echel
les des environs. Le Commerce qu
les faifoit fubfifter ayant ceffé , leur
gains cefferent en même tems , & n
pouvant plus fe foûtenir , ni faire le
dépenfes auxquelles ils s'étoient ac
coutumez , ce qu'ils ne purent fair
fans alterer leurs fonds & ceux qu'o
leur avoit confiez.

Le premier qui fuccomba , & qu
fit connoître le mauvais état de fe
affaires , fut le nommé Loüis * * *]
étoit fils d'un Matelot , qui étant de
venu Capitaine d'un Vaiffeau. Mar

chand , devint affez riche pour donner à fon fils , qui eft celui dont je
parle , une éducation affez bonne pour
l'envoyer dans les Echelles du Levant
faire le commerce & les commiffions
que fon credit lui pouvoit procurer.

Loüis * * * étoit jeune, beau garçon,
bien fait , d'un efprit vif , enjoüé ,
hardi jufqu'à la témérité , pour entreprendre toutes fortes d'affaires. Il faifoit grande dépenfe , étoit toûjours
vêtu comme un Magiftrat , & affectoit de paroître comme s'il eût été
réellement le Chef de la Nation à
Barut. Il faifoit des prefens aux Turcs
& aux gens du Païs ; tenoit bonne table , & y avoit toûjours groffe compagnie : fes plaifirs & fes amourettes
fecretes lui coûtoient beaucoup , &
eurent bien-tôt confommé fon fond,
& ceux de fes Commettans , fans
qu'on s'en apperçût , car il faifoit un
trou pour en boucher un autre. Il
prenoit des foyes à crédit , il emprun-
toit de l'argent à change lunaire ; mais
il faifoit toutes fes manœuvres avec
tant d'adreffe & de fecret , qu'il n'y
avoit perfonne qui ne le crût puiffam-
ment riche , de forte qu'il y avoit
preffe à lui confier fon argent , pré-
ferablement à tous les autres Com-

miſſionnaires. Je donnai dans le pan-
neau comme les autres , & je lui
confiai de groſſes ſommes pour m'a-
cheter des ſoyes.

Enfin il s'éclipſa un beau matin , &
fit une banqueroute de plus de quarante mille piaſtres dans laquelle je
me trouvai le plus intereſſé. Je ne
ſçai pourquoi il avoit affeété de conſerver ſes cheveux , contre la coûtume de preſque tous les Européens ;
mais il les fit raſer quand il eut con-
çû le deſſein de fairé banqueroute. Il
ſe retira à Alep , où il prétendoit ſe
tenir caché juſqu'à ce qu'il trouva un
embarquement à Alexandrette.

Il s'étoit ſi bien déguiſé , qu'encore qu'il eût été dans cette Ville , il y
ſeroit demeuré inconnu , ſi un François qui paſſoit par hazard dans cette Ville ne l'eût reconnu , & n'en eût
donné avis , & qu'il étoit prêt à partir
pourchercher unendroit pour ſe ſauver.

Les Marchands de Barut monterent
à cheval pour le prendre , parce qu'ils
étoient la plûpart intereſſez dans la
banqueroute. Ils ſe partagérent en
deux ou trois troupes , & prirent differentes routes , afin de ne le pas manquer. Ils le rencontrerent à la fin ſur
le chemin d'Alexandrette.

Après

Après quelques mauvais traitemens
qu'ils lui firent en l'abordant, ils le
prirent, le lierent & le conduifirent
dans les prifons du château de Gebeïl, dépendant du Pacha de Tripoli, n'ayant ofé le mener à Seïde, parce que le frere du Pacha étoit de fes
amis, & prêt à s'en retourner à Conftantinople, où il n'auroit pas manqué
de le conduire, afin de le fouftraire
aux pourfuites de fes creanciers.

Dès qu'on fçût à Seïde qu'il étoit
arrêté à Gebeïl, je montai à cheval
avec un feul valet, & je m'y rendis en deux jours. Je demandai
à le voir; on me fit entrer dans le
château, & les gardes me conduifirent dans une chambre baffe, où je le
trouvai les fers aux pieds. Il eut une
confufion extrême de ce que je le
trouvois dans cet état, & fe mit à
pleurer. Je tâchai de le confoler en
lui difant que je n'étois pas venu pour
lui faire de la peine, mais pour chercher avec lui les moyens de reme-
dier à fes malheurs, & le tirer de
prifon. J'allai prier le Capitaine du
château de lui faire ôter les fers, il
me l'accorda, & peu de tems aprsè
un Chrétien Maronite qui avoit foin
de lui, nous apporta à dîner. Je paf-

Tome III. ρ

1665.

fai tout le refte de la journée à rai-
fonner avec lui fur fa banqueroute,
fans en pouvoir rien tirer qui pût me
fatisfaire. Je couchai dans la prifon,
afin d'avoir plus de commodité de découvrir quelque chofe de l'état de fes
affaires, & je n'avançai pas plus pendant la nuit, que j'avois fait pendant
le jour. Je le quittai le lendemain matin; fans en avoir tiré autre chofe qu'une
promeffe verballe de me payer préfé-
rablement à tous fes autres créanciers.

J'allai trouver le Pacha de Seïde,
qui étoit campé auprès de la riviere
de Barut, & je fis tous mes efforts
pour l'engager à faire enlever le Ban-
queroutier des prifons de Gebeïl &
le conduire à Conftantinople, fous
le prétexte fpécieux qu'il y devoit de
l'argent ; il rêva quelque tems à ce
que je lui propofois, & me dit qu'il
ne pouvoit pas fe faire de gayeté de
cœur une affaire avec le Pacha de
Tripoli qui étoit fon ami.

Quelques jours après Abou-Naufel le demanda, & obtint fon élar-
giffement fous fa caution, & le conduifit dans un de fes Villages à la
Montagne de *Kefroüin*, après avoir
promis aux intereffez de Barut qu'il
lui donneroit moyen de fe relevèr,

& de les satisfaire. Cela étoit aisé ,
parce que les sommes qu'il devoit à
Barut n'étoient pas considérables , &
que je n'étois point compris dans le
cautionnement qu'Abou-Naufel avoit
fait pour lui , quoique je fusse le plus
interessé dans la banqueroute.

Un autre Marchand m'emporta encore dans le même temps une somme
très-considerable , & deux barques
chargées de cotton filé & de soye, qui
me venoient de Barut , furent enlevées
par un Corsaire.

Ces trois pertes arrivées l'une sur
l'autre , pour ainsi dire , mirent mes
affaires en désordre , & m'obligerent
de rompre les projets que j'avois for-
mez pour l'établissement de mes deux
freres. J'avois établi l'aîné à Rama , &
j'étois prêt d'envoyer le cadet à Barut. Je résolus de me retirer en France , me doutant bien que la fortune
qui m'avoit favorisé jusqu'alors , me
devenant contraire, je me trouverois
exposé à de plus grands malheurs. Mais
je ne voulus pas les priver de la con-
solation de voir les Saints Lieux avant
de quitter le Païs. J'envoyai l'aîné à
Jerusalem , & le cadet à Nazareth,
parce qu'il avoit déja fait le voyage
de Jerusalem , & à son retour je le fis

embarquer dans le Vaisseau du Capitaine Bremond, ne gardant que le cadet auprès de moi.

Outre l'argent qui m'appartenoit que j'avois confié à Loüis * * * je lui avois encore remis des sommes considerables, appartenantes aux Sieurs Guillaume S. Jacques, & Loüis Martin de Marseille, qui se trouvoient ainsi interessez dans sa banqueroute, pour lesquelles je prévoyois que j'aurois un gros procès à soutenir, & cela ne manqua pas d'arriver, comme je le dirai dans la suite.

Mais je me trouvai en revenant de Barut dans un danger qui pensa terminer toutes mes avantures. J'eusse pû m'embarquer & faire mon voyage plus commodément, mais j'avois deux chevaux qu'il auroit fallu confier à un valet, qui auroit pû être volé, ou me les voler lui-même, je pris le parti de revenir par terre comme j'étois allé.

J'appris après avoir passé la riviere de Damour, qui est à moitié chemin de Barut à Seïde, qu'il y avoit cinq cens Drusses en embuscade, qui égorgeoient tous les Turcs qui tomboient entre leurs mains, & qui ne faisoient pas un meilleur traitement

aux autres Nations. Ils étoient poftez
dans un défilé, fermé par un chemin
étroit coupé dans le rocher, ayant d'un
côté un précipice affreux, au pied duquel la mer vient fe rompre, & de
l'autre des rochers entrecoupez d'un
bois taillis fort épais. Les mulets ont
creufé ce chemin de maniere que les
chevaux qui y paffent font contraints
de mettre leurs pieds dans les trous
qui fe trouvent creufez, de forte qu'on
ne peut avancer qu'à pas comptés. Dès
Païfans qui avoient efcarmouché avec
ces Druffes quelques heures auparavant m'avoient appris le nom de leur
Chef. Dès que je fus à portée de lui
parler, je le faluai par fon nom en fa
langue, comme fi je l'avois déja vû
& connu auparavant. Je mis pied à
terre, lui touchai dans la main, &
comme fi je fuffe étonné qu'il ne me
remettroit pas : Quoi, lui dis-je, Cheikh
Mender, vous ne connoiffez plus un
Franc qui vous a vû tant de fois à
Seïde du tems des Emirs, & qui
avez mangé chez moi avec tels & tels
Cheikhs que je lui nommai. Mon affurance lui impofa, il me reconnut,
quoiqu'il ne m'eût jamais vû, & me
demanda en riant d'où je venois &
où j'allois. Je répondis à fes queftions,

Q iij

& je lui demandai à mon tour, s'il ne vouloit pas m'aider à vuider une bouteille de vin, & manger un morceau avec moi. Il me dit que cela lui feroit plaisir. Mon valet étoit sur son cheval immobile comme une statuë, attendant le moment d'être égorgé, & jetté dans le précipice, comme bien d'autres, dont nous avions le sang encore fumant sous nos yeux. Je dis au Cheikh d'envoyer un de ses gens prendre mes provisions dans les besaces que mon valet avoit derriere la selle de son cheval. Il me dit que mon valet feroit cela mieux que ses gens. Il me fit plaisir, car il y avoit sous mes provisions un sac d'argent que j'avois reçû à Barut, dont la vûë auroit pû réveiller l'avarice de ses gens, que je voyois marmotter entre leurs dents, & murmurer de la patience de leur Chef. Mon valet me parut un peu rassuré. Je lui dis de nous apporter à manger. Par bonheur j'avois chargé le cheval de mon valet de quatre grosses bouteilles de cuir d'excellent vin, dont on m'avoit fait present, & d'une bouteille d'eau-de-vie. Mon valet en apporta deux avec la bouteille, un chapon rôti & du pain. Nous nous assîmes sur l'herbe à l'ombre des arbres. Quel.

ques-uns des principaux de la troupe se joignirent à nous. Les deux premieres bouteilles furent bien-tôt vuides. On apporta les deux autres, qui
mirent nos conviez de gaye humeur;
nous nous embrassâmes tendrement.
Ils me conterent leurs bonnes fortu-
nes, & me firent voir les habits de
ceux qu'ils avoient égorgez, & le
butin qu'ils avoient fait, & voyant
que l'heure commençoit à me faire
songer au départ pour arriver à Seïde avant que les portes fussent fermées, il me dit que je pouvois partir quand il me plairoit; mais sur toutes choses, que je ne découvrisse à
personne son embuscade. Je le lui
promis, & je lui aurois promis bien
davantage, s'il me l'avoit demandé,
tant j'avois envie de m'éloigner d'un
endroit si dangereux.

Après nous être donné reciproquement mille témoignages d'une amitié
sincere, je montai à cheval, il m'offrit
fort honnêtement quelques-uns de ses
gens pour m'escorter, je le remerciai.
Il me dit: Ils vous pourront être uti-
les; car vous trouverez un autre parti
de nos gens, qui pourroient vous in-
sulter, ne sçachant pas que vous êtes de
nos amis; mais puisque vous ne jugez

pas à propos de prendre de mes gens ; prenez ce Billet & le leur montrez , & vous ferez en fûreté , & le leur laiffez , afin qu'ils me le rendent. Je l'acceptai , & il me fervit très-bien : car je tombai en moins de deux heures dans l'autre embufcade. Je demandai d'abord le Chef. Il fe préfenta, je defcendis de cheval , je lui prefentai le Billet en baifant fa barbe. Il jetta les yeux deffus , & me prefenta la main. Nous nous fîmes mille careffes , il me dit que je ne trouverois plus perfonne des leurs. Je lui fis préfent d'une livre de tabac, & après de nouvelles embraffades , je montai à cheval , & pourfuivis ma route.

Alors je pouffai mon cheval ; mais quelque diligence que je fiffe , je vis bien que les portes feroient fermées quand j'arriverois à Seïde ; de forte que je réfolus de paffer la nuit dans un Village nommé Romey , à une grande lieuë de Seïde. Heureufement j'étois connu de tous les Païfans, fans quoi ils ne m'auroient pas reçû , & me le dirent fans cérémonie, ajoûtant qu'ils nous avoient d'abord pris pour des Turcs, & que fi nous en euffions été , ils nous euffent forcez de paffer , de crainte d'être pillez & maltraitez des

Drusses, s'ils eussent appris qu'ils eussent donné retraite à leurs ennemis.

Avant d'arriver à ce Village, j'avois
rencontré une Caravanne de Marchands que j'avertis charitablement, &
malgré ma promesse, du danger où elle
étoit de tomber dans une de ces deux
embuscades. Les Marchands me crurent, rebroussèrent chemin, & vinrent
se retirer au même Village, sans quoi
ils étoient perdus : car les Drusses
avoient de bonnes armes à feu, & ils
sçavent fort bien se battre.

Cependant un François, nommé Si-
mon Bourgeois, étoit arrivé à Seïde, &
avoit dit que je ne tarderois pas à arriver étant parti en même tems que lui.
Cela obligea mes amis & mes gens à
prier le Portier de la Ville de ne pas
fermer la porte. Il y consentit, & demeura avec eux jusqu'à près de minuit,
& voyant que je n'arrivois point, ils
se retirerent; ne doutant point que je
n'eusse eu le même sort que bien d'autres, qui étoient tombez entre les mains
des Drusses, & qui avoient été égorgez.

Je partis le lendemain à la pointe du
jour, & j'arrivai de très-grand matin
à la Ville. Je trouvai mes gens qui
avoient passé la nuit sans se coucher,

Q v

ils me pleuroient comme mort, & furent bien aifes de me voir en vie. Mes amis furent avertis de mon arrivée, & vinrent en foule me faire leurs complimens. Je vis en cette occafion que j'étois aimé dans cette Ville, dont prefque tous vinrent me congratuler d'être ainfi échappé des mains de ces Barbares.

CHAPITRE XXIII.

Départ de Seïde , & voyage jufqu'à Marfeille.

JE ne fongeai plus qu'à executer le deffein que j'avois formé de quitter Seïde, & me retirer à Marfeille. J'arrêtai mes comptes avec tous mes créanciers & mes débiteurs. Je liquidai toutes mes affaires, afin que quand il fe préfenteroit une occafion convenable je pûffe m'en fervir.

Il y avoit une Barque commandée par le Patron Penon de la Cioutat, qui devoit partir dans un mois. Mon preffentiment m'obligea de la préferer à un Vaiffeau de trente pieces de canons, commandé par le Capitaine Martineng, qui vint m'offrir fa chambre de fort

bonne grace. Tous mes amis me con-
feilloient de préferer un bon Vaiffeau
à une Barque. J'écrivis au Pere Gardien de Jerufalem, & au Pere Procu-
reur, qui étoient de mes amis, & les
priai de recommander cette affaire à
Dieu, afin qu'il me donnât fes lumieres
fur ce que je devois faire. Ils le firent,
me dirent adieu par leurs Lettres, qu'ils
accompagnerent de quelques caiffes de
chapelets, de croix, & d'autres curio-
fitez de Jerufalem. A la fin malgré tous
les avis & toutes les remontrances du
Conful & de mes amis, je me déter-
minai à prendre la Barque préferable-
ment au Vaiffeau, & ce fut un vrai
bonheur pour moi : car j'arrivai à
Marfeille quatre-vingt jours après mon
départ, & le Capitaine Martineng fut
pris par les Corfaires de Tripoli, &
le Pere Loüis de Pontoife Cordelier
de la Terre-Sainte, demeura long tems
efclave chez ces Barbares.

J'envoyai le refte de mes effets à
Marfeille à M. Bertandier par des Vaiffeaux qui partirent avant moi, & à
Meffieurs S. Jacques & Martin ce que
j'avois à eux au - delà de ce qu'ils
avoient fouffert dans la banqueroute
de Loüis ***. Je contentai tout le monde, & malgré mes pertes, je me trouvai
encore affez riche.   Q vj

Il n'y eut que Juda Bolçaire Juif d'Alep & établi à Barut, qui ne fut pas content de mon départ. Ce Juif que les Sieurs S. Jacques & Martin avoient recommandé à M. Bettandier, & à moi, comme un homme de confiance, étoit un intriguant du premier ordre, adroit, fourbe, diffimulé; en un mot, Juif depuis les pieds jufqu'à la tête. Je lui donnois, felon les ordres que j'avois reçû, des fommes confiderables, & même pour moi, afin de les employer quand la Caravanne de la Mecque arrivoit à Damas, & il faifoit fi bien fon compte, qu'il y avoit toûjours à gagner pour lui, quand même fes Commettans y trouvoient de la perte.

Le prix exceffif des foyes & des autres marchandifes, obligerent M. Bettandier à me donner ordre de faire acheter des panfes, c'eft-à-dire, des raifins fecs de Damas. Je chargeai Bolcaire & Alicha fon Affocié de me faire cette commiffion, & felon leur coûtume, ils ne manquerent pas de me tromper. Ils acheterent à la verité touté la panfe qu'ils trouverent, comme je leur avois ordonné; mais contre mes ordres exprès, ils en vendirent une partie à un Marchand de Tripoli, & rem-

plirent ce qu'ils avoient vendu de panfe de Balbée, qui n'eft pas fi bonne ni
fi claire que celle de Damas. La fri-
ponnerie ne fut reconnuë qu'à Marfeille, où l'on eut de la peine à s'en
défaire, & où il y eut confiderable-
ment à perdre ; auffi bien que fur les
marchandifes que ces Juifs avoient trai-
tées pour notre Compagnie.

Je trouvai pourtant moyen de lui
faire payer la fraude qu'il avoit faite
à notre Societé. Mais quelques mois
après mon départ, il fit banqueroute,
& j'y fus en pure perte pour une fomme
confiderable d'argent, que je n'avois pû
retirer de fes mains.

La Barque étant prête à partir, &
mes affaires en état, j'y fis embarquer
deux bœufs, des moutons, des chévreaux, des poules, du bifcuit, du
vin, & toutes fortes de rafraîchiffemens,
qui fervirent à nourir l'Equipage, auffi
bien que mon frere & moi, & deux
Valets. Je pris congé de M. le Conful
Croifet, de toute la Nation, du Pacha, de fes Officiers, du Cadi, & de
tous mes amis de toutes fortes de Nations. J'avois écrit à l'Emir Turabeye,
à l'Emir Dervicx, & autres, qui m'envoyerent des exprès, avec des Lettres
très-polies, & des préfens.

Le moment de mon embarquemer étant arrivé, je fus conduit au bor de la mer par plus de cinq cens per fonnes, & il me fallut plus de deu heures pour les embraſſer les uns apré les autres. J'entrai enfin dans la Cha loupe, & je fis voguer au large, & à meſure qu'elle s'éloignoit, mes am me diſoient les derniers adieux par d ſignes de mains, & par leurs mouchoi qu'ils faiſoient voltiger en l'air. J trouvai la Barque preſque remplie d préſens que mes amis y avoient e voyez. Quelques-uns prirent des B teaux du Païs pour me venir enco embraſſer. Nous dînâmes enſemble & le vent commençant à rafraîchi nous nous embraſſâmes, & l'on fit ſe vir les voiles, & nous tirâmes au lar le vingtiéme de Mai 1665.

Le vent nous fut favorable tout reſte du jour & toute la nuit ſuivar te. Mais le jour ſuivant il augmen conſiderablement & devint contrair de ſorte qu'il fallut amener les voil latines, & en enverguer de quarré Un autre bord nous porta au Cap Gatta, & delà nous côtoyâmes la C ramanie juſqu'à l'Iſle de Rhodes. No découvrîmes un Vaiſſeau Corſaire q portoit ſur nous, & comme le vé

étoit foible, nous fîmes fervir nos avi-
rons toute la nuit, & nous ne le vîmes 1665.
plus le lendemain matin.

Un petit vent de terre s'étant levé,
nous fit paffer entre les Ifles de Cafo
& de Scarpanto, & ayant trouvé les
vents de Nord qui regnent ordinairement dans l'Archipel, nous côtoyâmes
l'Ifle de Crete. Nous vîmes la Ville de
Candie la Neuve, que les Turcs ont
bâtie près de l'ancienne, & qui étoit
alors affiegée fur les Venitiens.

Ce fut en cet endroit que le Mouf-
fe de la chambre tomba à la mer. Par
bonheur pour lui le vent étoit foible.
Nous eûmes pourtant affez de peine à
le repêcher, & fans une planche qu'on
lui jetta dans le moment qu'il tomba, il
étoit perdu.

Le vent s'étant rafraîchi, nous dé-
paffâmes l'Ifle de Cerigo pendant la
nuit, & comme notre deffein étoit de
côtoyer la Morée, nous paffâmes le
lendemain devant la Sapience, que
l'on appelle la Vigie des Corfaires, parce que c'eft l'endroit où ils fe mettent
en embufcade, pour découvrir les Vaiffeaux Chrétiens qui viennent du Levant
pour reconnoître le Cap, & qui y achevent fouvent leur voyage.

Nous y trouvâmes le Capitaine Gé-

néral de Venife, auquel il fallut aller
rendre obéïffance.

Le Patron fit mettre la Chaloupe à
la mer, & s'en alla lui faire la révérence avec un préfent de rafraîchiffemens
que nous avions embarquez à Seïde.
Ces Venitiens font en poffeffion de
maltraiter les François. Auffi notre
Patron n'eut que des injures pour remercîment de fon compliment & de
fon préfent. Le Capitaine le menaça
de le faire mettre à la chaîne, parce
qu'il n'étoit pas venu à fon Vaiffeau
dès qu'il l'avoit apperçû. Le Patron
lui dit qu'il avoit eu peur de fa Banniere rouge ; mais qu'ayant à la fin remarqué le Lion de S. Marc, il s'étoit
auffi tôt rangé à fon devoir. Le Capitaine lui dit alors en fon mauvais langage Venitien : *Andé via meffar bef-*
tiazza , mi venne la Voglia de farni
dar la Calla gramo difgratiato , ande
via in tanta ma lhora Canaglia di Fran-
ceß , Sparchezza del-mondo , Razza
Strapaffata , per non dir ni Vilania.

Le pauvre Patron s'en revint à fa
Barque le plus vîte qu'il pût, fort mécontent de fa vifite. Nous demeurâmes encore quelques momens dans
l'armée Venitienne, après quoi le Patron fit tirer trois coups de pierriers

& regagna la côte. Nous vîmes Modon, Coron & Navarin. Le vent d'Oüeſt
qui ſouffla toute la nuit ſuivante, nous
fit porter au Nord, & le lendemain
nous allâmes moüiller à l'Iſle de Zante, pour y attendre le beau tems &
faire de nouvelles proviſions de pain,
de vin & d'eau qui commençoient à
nous manquer.

Nous demeurâmes moüillez au Port
de Zante juſqu'au dixiéme Juin 1665.
ſans mettre pied à terre, parce que
venant de Turquie on ſoupçonne toûjours qu'on vient des lieux infectez de
peſte. Le Sieur Taulignan Conſul de
France vint nous parler au bout du mole. Nous le priâmes de nous faire acheter les choſes dont nous avions beſoin. Il le fit dès le lendemain, nous
aurions été en état de mettre à la voile, ſi le vent ne nous eût pas été entierement contraire. Cela me donna le
loiſir de conſiderer l'Iſle & la Ville, autant que l'éloignement des lieux me le
pût permettre.

Le Port de Zante n'eſt à proprement Iſle & Vil-
parler, qu'une Rade en forme de croiſ- le de Zante
ſant. Une haute montagne forme la
pointe du Midi, au haut de laquelle il
y a un Monaſtere de Grecs, avec une
Egliſe appellée la *Madonna de Scarpo*,

le bout de la Ville ferme la pointe du Nord.

L'entrée de la Rade est à l'Orient, & comme cette Isle n'est éloignée de la côte de la Morée que de seize milles, ou cinq lieuës & un tiers vers Castel Tornese, la circonference de l'Isle est d'environ soixante milles ou vingt lieuës. On prétend qu'elle a vingt milles Habitans, la plûpart Grecs ou Juifs. Ces derniers y ont trois Synaguogues. Les Grecs y ont un Evêque de leur Rit, plusieurs Eglises & Monasteres. Il y a aussi un Evêque Latin, dont la Jurisdiction ne s'étend que sur la Garnison & sur cinquante ou soixante familles Latines qui y sont établies. Il est suffragant de l'Archevêché de Corfou, auquel on a uni l'Evêché de Céphalonie, qui est au Midi de Zante, & séparée par un détroit de douze milles ou environ.

On divise ordinairement l'Isle de Zante en trois parties, la montagne, le pied de la montagne & la plaine. Tous ces terreins differens sont extrêmement fertiles en bleds, en fruits & en vins, qui sont extraordinairement violens & presque comme de l'eau de vie. On croit que cela vient de la chaux vive qu'on a coûtume d'y mê-

ler, sous prétexte de les conserver davantage, & de les rendre plus propres à
souffrir la mer.

On y fait encore un grand trafic de
ces petits raisins secs, qu'on appelle
raisins de Corinthe, parce que les premiers seps sont venus des environs de
cette Ville, qui est dans l'Isthme qui
joint la presqu'Isle de la Morée à la
Terre-Ferme. J'en fis acheter quelques
quintaux, les Italiens, les Espagnols,
les Anglois & les Peuples du Nord en
consomment beaucoup, & en mettent
dans tous leurs ragoûts & leur pâtisserie.

La Ville est située au pied de la
montagne, au sommet de laquelle il y
a une Forteresse qui me parut bonne en
elle-même ; mais peu propre pour commander à la Ville, & pour défendre la
Rade, à cause de sa situation trop élevée, qui empêche que les canons ne
puissent plonger assez pour cela. La
Ville est bien plus longue que large,
sa figure suit celle de la côte, elle ne
me parut avoir que trois ou quatre
ruës longues, dont les maisons n'ont
qu'un étage, à cause des fréquens tremblemens de terre qu'on y ressent.

Il y a au pied de la montagne, sur
laquelle la Forteresse est bâtie, une

grosse source d'eau douce, qui jette dés
morceaux de poix de la grosseur des
noisettes & des noix. Cette poix qui
est d'abord molle, s'endurcit promptement au Soleil. On en amasse environ
cent barils tous les ans , ce qui est une
marque certaine qu'il y a des feux soû-
terrains dans les entrailles de cette Isle,
qui produisent les tremblemens dont
elle est agitée , & qui la ruineront
peut-être un jour quand toute la matiere bitumineuse sera consumée , &
que ces vastes voûtes naturelles qu'elles remplissent viendront à se rompre,
& à s'affaisser. Les Venitiens à qui elle
appartient y entretiennent une bonne
Garnison , & la regardent avec l'Isle
de Corfou , comme deux clefs du Gol-
fe Adriatique, dont ils prétendent être
les Maîtres, & les Seigneurs, à l'exclu-
sion de tous autres , en vertu d'une pré-
tenduë donation qu'un Pape leur en a
faite. Il n'y auroit rien à redire là-dessus si la mer Adriatique avoit appar-
tenuë au Pape ; mais comme il n'y a
pas plus de droit que les autres Princes, qui sont en possession des terres
qui l'environnent , aussi regarde-t'on
comme une momerie, la cérémonie que
fait le Doge de Venise le jour de l'As-
cension , quand il va en pompe jetter

un anneau d'or dans la mer, en difant : —————
Despōnsamus te, mare, in signum perpetui
Domini. Nous t'épousons, ô mer, en signe d'un domaine perpetuel. Voilà sans
doute un beau mariage, & des époux
bien proportionnez.

Pendant que nous étions moüillez
à la rade de Zante, il y arriva dix Galeres Venitiennes : elles étoient fort
bien armées. Outre les Chiourmes &
les Soldats elles avoient un bon nombre de gens qu'on appelle *Bonavogles*,
c'est ainsi qu'on nomme les malheureux
qui ont vendu leur liberté, ou pour un
tems, ou pour toute la vie, moyennant une modique somme qu'on leur
a donnée, pour une chose qui n'a point
de prix chez les hommes qui ont tant
soit peu d'honneur, ou qui en connoissent le prix. Ces misérables ont un
anneau de fer au pied, & très-souvent
sont à la chaîne comme les Forçats. Ils
sont obligez à ramer & à faire les autres services de la Galere où ils sont.
Toute la différence qu'il y a entre eux
& les autres Forçats, c'est qu'ils ont
un sabre & un mousquet à côté d'eux
dans le banc où ils rament, & que
dans l'occasion ils quittent la rame &
prennent les armes comme soldats.
Ces Galeres ont des hautbois & des

tymballes, & c'eſt quelquefois ſur le ſon de ces iñſtrumens que les Forçats reglent leur vogue.

Les Capitaines de ces Galeres avoient une cour nombreuſe de Gentilhommes & d'autres jeunes gens bien vêtus qui apprenoient la Marine, afin d'être en état d'avoir des emplois dans l'Armée Navalle, après qu'ils avoient fait quelques campagnes.

L'onziéme de Juin un vent de Sud s'étant levé à la pointe du jour, nous levâmes l'ancre, & nous côtoyâmes la partie ſeptentrionale de l'Iſle, afin de nous élever & faire canal, c'eſt-à-dire traverſer le Golphe Adriatique, & garder la terre-ferme de la Calabre. Nous portâmes à l'Oüeſt, & en deux jours nous découvrîmes le Cap Sainte Marie en Calabre.

Le 14. nous portâmes ſur le Cap Spartivento que nous doublâmes heureuſement, & ſans rencontrer les Corſaires qui en font ordinairement leur croiſiere.

Le 16. nous vîmes le Mont Ethna en Sicile, qu'on appelle autrement le Mont Gibel. Le vulgaire ignorant croit que c'eſt une bouche ou un des ſoupiraux de l'Enfer, parce qu'il en ſort des tourbillons de flammes: On les

voit pendant la nuit, & pendant le
jour on ne voit que de.la fumée qui
s'éleve en gros tourbillons.

Après avoir doublé le Cap Spartivento, nous entrâmes dans le Fare
de Meſſine, c'eſt ainſi qu'on appelle
le détroit fameux qui eſt entre la Calabre & la Sicile. Ce paſſage étoit re-
doutable aux anciens Navigateurs,
on eſt à préſent bien revenu de ces
terreurs paniques.

Nous vîmes en paſſant la Ville de
Rheggio, elle eſt décorée d'un Siege
Archiepiſcopal. Elle me parut petite &
aſſez jolie, ſes édifices forment une
eſpece d'amphithéâtre qui leur donne
la vûë de la mer. Sa ſituation ſur le
bord de la mer en feroit une Ville de
commerce; mais elle n'a qu'une rade
où les vents & les courants du Détroit
tourmentent les.Bâtimens. Cela n'empêche pas qu'elle ne débite les marchandiſes de ſon crû. Les Pilotes de
Rheggio vinrent au devant dans une
Chalouppe, pour nous montrer la
route que nous devions ſuivre.

Nous paſſâmes devant Meſſine ſans
avoir le tems de la conſidérer: le courant qui nous étoit favorable, avec le
vent qui étoit arriere, nous emportoient d'une vîteſſe extraordinaire.

1665.

Tout ce que je pûs remarquer de cette Ville, c'eſt qu'elle eſt grande, ſituée au bord de la mer & ſur les pentes de cinq ou ſix côteaux ou montagnes qui l'environnent du côté du midi, ſur les ſommets deſquels il me parut qu'il y avoit quelques forts.

Le Port eſt ovale & fort grand. Son côté droit eſt fermé par de grandes maiſons de pierres de taille d'une égale ſimétrie. Autant que mes lunettes me purent les approcher, elles me parurent d'une architecture peſante & maſſive.

Nous paſſâmes enfin l'endroit qui eſt entre les deux dangereux écüeils appellez Scilla & Caribde, entre leſquels ſont ces tourbillons ou tournoyemens d'eau, qui étoient autrefois ſi méchans, qu'ils emportoient les Bâtimens, & après les avoir bien fait piroüetter les abîmoient. Ils ſe ſont corrigez, il n'y a plus que les bonnes gens qui les craignent. Nous y paſſâmes ſans nous en appercevoir, & nous rangeâmes la côte d'Italie. Nous vîmes pendant la nuit les flammes du Volcan de Stamboli qui eſt une des Iſles Liparotes. Nous paſſâmes devant Naples, c'eſt-à-dire à l'embouchure du Golphe, au fond duquel eſt cette Ville célebre

célébre par fa grandeur & par le peuple nombreux qu'elle renferme.

Le 17. Juin, nous nous trouvâmes en
calme dans le Canal entre Portolon-
gone & Piombino. Le vent contraire
fuccéda au calme, & nous fit lou-
voyer deux jours entre l'Ifle d'Elbe,
celle de Corfe, la Capraya, Monte-
Chrifto & les Formigues.

Les courans nous ayant pouffez trop
près de la Capraya, nous fûmes obligez de mettre notre Pavillon pour faire
connoître que nous étions François;
mais comme on me voyoit fur le pont
habillé de long à la Turque, on nous
prit pour un Bateau Corfaire, on prit
les armes, & on nous envoya trois
volées de canon qui pafferent entre
nos mâts fans les offenfer.

Le même foir, le vent s'étant mis à
la raifon, nous doublâmes le Cap
Corfe; mais ayant apperçû deux Galeres que nous ne connoiffions point,
& qui pouvoient être de Biferte, nous
changeâmes de route, & voguâmes
toute la nuit, & le lendemain ne les
ayant point apperçûës, nous portâmes
à route, & nous côtoyâmes la riviere
de Genes, c'eft-à-dire la côte de cette
République. On appelle celle qui eft
à l'Eft de Genes la riviere du Levant,

& celle qui eſt à l'Oüeſt la riviere du
Ponant.

Le 20. Juin, nous dépaſſâmes les Iſles
d'Hyéres, nous vîmes la Cioutat, &
nous penſâmes faire naufrage au Port.
Un coup de vent imprévû nous ſurprit
avec une telle violence, que celui qui
tenoit l'eſcoute ne l'ayant pas larguée
aſſez vîte, la Barque vint ſur le côté :
tout le monde mit la main à l'œuvre,
on manœuvra, & la Barque s'étant
remiſe nous allâmes moüiller au dehors
de l'embouchure du Port de Marſeille
le 21. Juin 1665. qui étoit le jour de
ma naiſſance, & après une abſence de
douze années que j'avois demeuré
dans le Levant.

Le Patron alla porter les Lettres au
Bureau de la Santé : les Intendans s'é-
tant aſſemblez nous envoyerent aux
Infirmeries, où l'on nous laiſſa en
quarantaine, & où l'on déchargea toutes les marchandiſes, parce que nous
venions d'un Païs toûjours ſuſpect du
mal contagieux.

Le 26. mes parens m'envoyerent des
habits à la Françoiſe. On m'enferma
dans une petite chambre ſans fenêtre,
où l'on alluma un feu de paille avec
quelques herbes odoriferentes, &
après que j'eûs été bien parfumé &

bien lavé, je mis les habits qu'on m'avoit envoyés. Mes parens & mes amis me vinrent embraſſer, & me conduiſirent à la Ville.

Je paſſai les huit premiers jours à recevoir les viſites & les complimens d'une infinité de gens de ma conno ſ-ſance, & d'autres qui vouloient ſçavoir des nouvelles du Levant. Ces civilitez extraordinaires & peu attenduës me charmerent d'abord ; mais j'appris bientôt que ces politeſſes n'é-toient que des coûtumes incommodes introduites & conſervées avec ſoin dans cette Ville, qui n'ont point du tout pour fondement une amitié ſincere, d'autant que l'intereſt étant la ſeule regle de la conduite de tous ces gens-là, le ſang, les alliances les plus anciennes, les ſervices les p'us importans & plus ſouvent réiterez ne les en font pas revenir, ils n'y font pas la moindre attention. L'intérêt eſt la ſeule regle de leur conduite, je m'en apperçûs bien-tôt.

A peine eûs-je rendu les viſites que j'avois reçûës, que les Srs. S. Jacq es & Martin, ſans garder aucunes meſures de bienſéance, me firent aſſigner devant le Lieutenant de l'Amirauté, préten-dants me rendre reſponſable de tout

ce qu'ils perdoient dans la banqueroute du Juif Bolcaire. On me conseille
d'aller à Aix consulter mon affaire
aux plus habiles Avocats. J'y allai, je
portai mes pieces justificatives avec
moi. Ils trouverent mon affaire très-
bonne, & m'assûrerent que je la ga-
gnerois infailliblement, pour peu que
je l'évoquasse au Parlement, qui jugeroit bien plus équitablement que les
Marchands qui composent le Siége de
l'Amirauté. Je revins à Marseille, résolu d'attendre le Jugement de l'A-
mirauté, & de porter mon affaire au
Parlement par appel ; mais ayant consideré que je n'étois gueres propre à ces
sortes d'affaires, qui dureroient peut-
être longues années, & qui me feroient perdre un tems que je pourrois
employer plus utilement, je suivis le
conseil de quelques amis préférable-
ment à celui des Avocats, & je consentis à mettre mon affaire en arbitra-
ge. Par malheur pour moi les Arbitres
qui furent choisis de part & d'autre
étoient des gens de commerce, qui
prévenus des maximes qui sont en
usage chez eux, & qui sont plus confor-
mes à leurs intérêts qu'à la justice, me
condamnerent à dédommager presque
entierementles Srs. S. Jacques & Mar-

fin ; de forte qu'ils ne perdirent qu'un
tiers dans la banqueroute de Bolcaire,
& je fus obligé de leur tenir compte des
deux autres tiers. Cette perte jointe à
bien d'autres, mit mes affaires en affez
mauvais état, & de tous ces prétendus amis qui m'avoient incommodé par
leurs vifites & leurs longs complimens,
il n'y eut que mon coufin François
d'Arvieux qui ne m'abandonna pas,
& qui me fecourut toûjours généreufe-
ment de fes confeils, de fes foins &
de fa bourfe.

Je paffai ainfi dans les embarras de
mes affaires tout le refte de l'année
1665. & une partie de 1666. Je mis
ordre à tout. Je mis mes deux fœurs
dans un Couvent, pour y être élevées
felon leur état. Mes deux freres que
j'avois élevés auprès de moi à Seïde
fe trouvant en état de faire quelque
chofe, je les mis en train de profiter
des inftructions que je leur avois don-
nées, & j'allai paffer quelques jours
en retraite chez les Peres de l'Oratoi-
re à Notre-Dame des Anges, à moitié
chemin de Marfeille à Aix.

Au bout de huit ou dix jours je réfolus de faire un voyage à Paris, ef-
pérant d'y trouver quelque moyen de
féparer le défordre que les banque-

& celle qui eft à l'Oüeft la riviere du
Ponant.

routes avoient apportées dans mes affaires. Je crus qu'il étoit à propos d'avoir des Lettres de recommandation de M. le Premier Président d'Oppede & de quelques autres perfonnes, afin d'abreger le tems qu'il m'auroit fallu, pour me faire connoître dans un Païs où je n'avois aucune habitude.

J'arrivai à Aix dans le tems que M. du Moulin Ecuyer de la Reine y arriva. Il étoit chargé de porter à Tunis la Ratification du Traité de Paix que M. le Duc de Beaufort avoit conclu avec la Régence de Tunis le 26. Novembre 1665. & M. le Prefident d'Oppede, qui faifoit la fonction de Lieutenant de Roy en Provence, avoit ordre du Roy de choifir une perfonne en Provence qui fût capable d'aller fur les lieux, & de faire exécuter ce Traité de Paix de point en point.

M. le Prefident d'Oppede à qui j'avois été préfenté dès que j'étois arrivé en Provence, jetta d'abord les yeux fur moi, & écrivit à M. de Vallebelle, afin de m'avertir d'aller à Aix recevoir les ordres qu'il me donneroit de la part du Roy.

Mon coufin François d'Arvieux monta à cheval auffi-tôt, & vint me trouver à Aix, où j'étois chez un de mes

parens, il m'inſtruiſit de ce qui ſe paſſoit, & me conſeilla de prendre ce
parti comme une oecaſion favorable
de me faire connoître à la Cour. J'allai
auſſi-tôt faire la reverence à M. d'Oppede. Il me reçût avec beaucoup d'honnêteté, me retint à dîner, & après
qu'on fût ſorti de table, il me fit entrer dans ſon cabinet, & m'expliqua
fort en détail ce qui regardoit la commiſſion dont il me vouloit charger. Je
lui dis ce que je penſois, il en fut
content, & m'ordonna de retourner
à Marſeille, afin de prendre avec M.
du Moulin les meſures neceſſaires pour
notre Commiſſion.

CHAPITRE XXIV.

Voyage du Chevalier d'Arvieux à Tunis.

JE ne manquai pas d'aller voir M.
du Moulin dès que je fus arrivé à
Marſeille. Je lui fis mon compliment,
& je lui donnai la Lettre dont M. d'Oppede m'avoit chargé pour lui. Il me
reçût avec toute l'honnêteté imaginable : il me dit, qu'il étoit ravi qu'on
eût choiſi une perſonne de mon me-

rite pour être fon Affocié, qu'il me connoiſſoit de réputation, & que mon experience feroit très-neceſſaire pour faire réüſſir la négociation que nous allions entreprendre. Il m'aſſura enſuite qu'il n'oublieroit rien pour me donner pendant le voyage tout le contentement que je pouvois eſperer.

Après un entretien fort long ſur ce dont nous étions chargez, nous conclûmes que dès le lendemain il falloit exiger des Communautez de Provence les ſommes qu'elles avoient promiſes pour le nombre des Eſclaves qu'elles avoient à Tunis, ſur quoi elles avoient reçû les ordres du Roi : & comme cela étoit de ma Commiſſion, il me remit les papiers qui étoient neceſſaires pour l'executer.

Je reçûs peu à peu l'argent qui me fut apporté, & j'en donnai quittance. Je reçûs auſſi cent mille livres, que le Roy eut la bonté de donner pour le rachapt des autres Eſclaves de ſon Royaume, qui n'étoient pas de Provence.

Nous étions preſqu'en état de partir, que nous n'avions point encore de Vaiſſeau pour nous embarquer. Ceux du Roi étoient tous employez à la guerre que nous avions contre les Anglois.

Il ne se trouvoit aucun Vaisseau Marchand qui nous fût propre ; de sorte que nous fûmes obligez d'aller à la Ciourat pour en trouver un. Il s'en trouva un qui n'étoit pas encore achevé. Il appartenoit au Capitaine Philippe Martin. Nous l'arrêtâmes, mais il fallut attendre qu'il fût prêt.

Je demeurai à la Ciourat pour presser l'ouvrage, & un mois après on le conduisit à Marseille. On l'arma de quatorze pieces de canons & de dix-huit pierriers. M. du Moulin le voulut commander, & que le Sieur Martin fût son Lieutenant. On y mit tous les Officiers qu'on met ordinairement sur les Vaisseaux de guerre, avec trente Soldats, deux trompettes, deux tambours, & un pavillon blanc. Nos hardes furent embarquées & nos provisions, celles de Baba Ramadan Turc Envoyé de Tunis auprès du Roi, pour l'assurer de la bonne intelligence avec laquelle la République & la Régence de Tunis vouloit vivre avec les Sujets de Sa Majesté. On l'avoit regalé à la Cour, & dans toutes les Villes du Royaume où il avoit passé, il fut logé à Marseille chez le Sieur Tessel, où les Echevins & les Députez du Commerce le vinrent visiter, après lui

R v

avoir envoyé les préfens ordinaires.

　Baba Ramadan avoit deux Valets ſi
infolens, qu'ils donnerent des coups
de foüet à des Bourgeois qui ſe pro-
menoient ſur le Port, on lui en fit des
plaintes, & on n'en eut d'autre raiſon,
ſinon qu'on leur faiſoit boire du vin,
& que c'étoit ce qui leur faiſoit faire
des ſottiſes. On s'en tint là, parce qu'on
crut avoir beſoin de cet homme quand
on ſeroit arrivé à Tunis.

Le Vaiſſeau alla moüiller aux Iſles,
& nous demeurâmes à Marſeille en attendant que le vent devînt favorable.

Je me ſervis de ce tems-là pour aller
à Aix recevoir les derniers ordres de
M. d'Oppede. Il me fit dîner avec lui,
& me donna enſuite ma Commiſſion,
dont voici la teneur.

Hᴇɴʀʏ ᴅᴇ Mᴀʏɴɪᴇʀ, Baron d'Oppede, Chevalier Romain, Comte Pa-
latin, Conſeiller du Roi en ſes Con-
ſeils, & ſon premier Préſident au Parlement d'Aix.

En execution & conformément aux
ordres de Sa Majeſté, de choiſir dans
la Province une perſonne experimentée,
pour envoyer au Royaume de Tunis.
Et étant bien & dûëment informé de
l'intelligence, capacité, affection &

fidelité de la personne du Sieur Laurent d'Arvieux, & de sa Religion Catholique, Apoſtolique & Romaine, Nous lui avons ordonné par ces Preſentes de s'embarquer avec M. du Moulin Ecuyer de la Reine, Envoyé par Sa Majeſté pour donner la ratification de la paix, que M. le Duc de Beaufort a traité avec le Royaume de Tunis, pour recevoir & employer les ſommes deſtinées au rachat des Eſclaves François, & mettre en execution de point en point tous les articles du Traité ſelon leur forme & teneur, & faire generalement tout ce qu'il y aura à faire ſur les lieux pour le ſervice du Roi, & pour la liberté & l'utilité de ſes Sujets trafiquans audit Royaume, ſelon les inſtructions qui lui ſeront communiquées par ledit Sieur du Moulin, & du tout donner à ſon retour bon & fidéle compte. Fait à Aix le deuxiéme jour de Juin 1665. Signé Oppede, & plus bas Faucher, & ſcellé du cachet de ſes armes.

Je pris congé de M. d'Oppede, & je revins à Marſeille où je demeurai juſqu'au cinquiéme de Juin, que nous nous embarquâmes pour partir le lendemain à la pointe du jour.

Dès le même ſoir de notre embar-

E vij

quement , M. du Moulin me montra toutes ses instructions , & les ordres que nous avions à suivre. Il m'en remit une copie , avec une copie du Traité que M. le Duc de Beaufort avoit fait avec la Régence de Tunis. Il avoit été écrit en Italien , dont on donnera la Traduction en François à la fin de ce Traité.

Ce Traité secret & connu en même-tems de tout le monde, a été le motif d'une raillerie parmi les Turcs , qui disoient que les Chrétiens se payent de formalitez , & que les Turcs vont au solide , qu'ils consentent à la verité à tout ce qu'on veut écrire , pourvû que malgré les écritures , ils reçoivent de bon argent. Ils n'avoient pourtant pas raison de se mocquer de nous , puisque la somme stipulée pour la rançon de chaque Esclave, étoit bien au-dessous du prix le plus bas qu'ils les vendent ordi-nairement.

Départ de Marseille. Nous partîmes des Isles de Marseille le 6. Juin 1666. au point du jour. Le vent nous fut d'abord assez favorable , il changea ensuite , & devint si foible que nous fûmes six jours entiers avant de découvrir la côte de Barbarie.

Ce retardement me servit à conferer

avec M. du Moulin fur tout ce que
nous avions à faire, & à prendre les
mefures convenables pour réüffir dans
notre négociation, .

Comme ces entretiens me donnerent lieu de connoître à fond le caractere de fon efprit, je prévis aifément
qu'il me donneroit bien de l'exercice,
& que malgré tout ce que je lui pouvois dire de l'humeur des Turcs & des
Barbarefques que je connoiffois mieux
que lui, il auroit bien de la peine à fe
moderer, ce qui étoit pourtant abfolument neceffaire dans l'affaire délicate
que nous allions traiter avec des gens la
plûpart fans parole & fans honneur, &
que l'interêt feul conduit & fait agir.

Ce que j'avois prévû ne manqua pas
d'arriver, comme je le dirai dans la
fuite.

Nous arrivâmes enfin le 12. Juin
aux côtes de Barbarie : le Vaiffeau avec
fon pavillon blanc déployé, mit en pan-
ne devant Porto Farine. On jugea à
propos que j'allaffe à terre, afin d'a-
voir nouvelle de ce qui fe paffoit à
Tunis.

On fit armer la Chaloupe, on y
mit un pavillon blanc, un tapis & des
carreaux, & quand elle déborda, on
me falua de cinq coups de canon, &

d'autant de Vive le Roi.

J'avois eu foin de laiffer croître ma mouftache, j'avois pris un fort bel habit, j'avois mon épée au côté & ma canne à la main, & j'étois fuivi de trois Valets de livrée.

Je fus à la Doüanne en mettant pied à terre, je fis civilité au Doüannier, qui fut ravi de m'entendre parler Arabe; mais quand je vis qu'il me répondoit en Turc, je lui parlai auffi dans la même Langue, il en fut furpris, & me demanda fi j'étois Turc: je lui dis que j'étois François; mais que j'avois demeuré plufieurs années dans les Etats du Grand Seigneur, où j'avois appris les Langues Orientales. Il me fit fervir du caffé, du tabac & du forbet, & nous entrâmes dans une converfation, dans laquelle il m'apprit que le Pacha *Khamouda Beigalhgagli* étoit mort, que fes enfans *Muradbeig* & *Mehemet-Beig-Elhaffi*, avoient chaffé le Day appellé Caragus, nom qu'on lui avoit donné, parce qu'il avoit les yeux noirs, qui eft pourtant une beauté chez les Turcs, tant pour les hommes que pour les femmes; que ce Day étoit mort de poifon quelques jours après, & que ces jeunes Princes qui aimoient la guerre, ne paroiffoient pas difpofez à exe-

cuter le Traité de Paix que leur pere
avoit figné.

Ces nouvelles me furent confirmées
par des Efclaves François que je trouvai à Porto Farine. Notre arrivée leur
fit grand plaifir ; mais ne voyant qu'un
feul Vaiffeau François, qui n'impofe-
roit pas beaucoup aux Turcs de Tunis, ils crurent leur liberté encore bien
éloignée. Je les confolai le mieux qu'il
me fut poffible, & je leur promis que
je n'oublierois rien pour les emmener
avec moi. Je m'arrêtai quelque tems à
confiderer Porto Farine, & puis je
rentrai dans la Chalouppe, & je rega-
gnai le Vaiffeau, afin qu'il pût arriver
le même foir à la Goulette.

Bien des gens croyent que Porto
Farine eft l'ancienne Ville d'Utique,
célébre par la mort de S. Loüis, qui
y déceda de pefte en revenant d'Egypte. On fe trompe ; ce S. Roi mourut
devant Tunis qu'il affiegeoit. Les Arabes Bereberes qui font les Naturels du
Païs l'appellent *Garalmelha*, dont on
a fait le nom de Biferte. Il n'eft pas
facile de fçavoir pourquoi on l'appelle Porto Farine. On croit que ce font
les Italiens qui lui ont donné ce nom,
ils nous inftruiront quand il leur plaira
de la raifon qu'ils en ont euë.

Situation
& nom de
Porto Fari-
ne.

Elle eſt à dix-ſept lieuës de Tunis, &
à l'embouchure de la riviere Bagrada:
Les Afriquains l'appellent Benſar, c'eſt-
à-dire, fils ou fille du lac, parce que
la mer entre dans la terre par un canal
étroit, & forme un lac d'où elle ſort,
& au travers duquel elle paſſe : car
ſelon les apparences, elle a ſa ſource
dans les montagnes qui en ſont plus
éloignées. Les bords de ce lac ſont habitez par des Pêcheurs, qui y prennent beaucoup de poiſſons qui y montent de la mer, & ſur-tout de petits
Dauphins ou Marſoüins de cinq ou ſix
livres, qui ſont excellens quand ils
ſont de ce poids ; au lieu qu'ils ne valent pas grand choſe quand ils ſont

parvenus à leur grandeur naturelle, qui
eſt pour l'ordinaire de huit à dix pieds,
parce qu'alors ils ſont trop gros, leur
chair eſt coriace & de mauvais goût,
il faut être preſſé de la faim pour s'en
accommoder ; mais on en fait de l'huile pour brûler & pour d'autres uſages.
On y prend auſſi quantité d'Aloſes, &
d'autres poiſſons.

La Ville, Bourg ou Village, eſt très-
peu conſiderable, quoiqu'on prétende
qu'il y a ſix mille maiſons. J'aurois peine à m'inſcrire en faux contre ce nombre, parce que celles que j'ai vûës ſont

fort petites & fort ſerrées les unes
contre les autres. Il y a des magaſins
aſſez grands, deux bagnes ou priſons
pour les Eſclaves , & une doüanne
aſſez ſpacieuſe & bien bâtie. Du reſte
elle n'eſt conſiderable que par ſon Port,
qui eſt accompagné d'une Darce fermée d'une chaîne , où dix Vaiſſeaux
peuvent moüiller commodément & en
ſûreté. L'embouchure eſt fortifiée de
deux Tours ſur leſquelles il y a quelques pieces de canon. La rade qui eſt
en forme de croiſſant eſt grande &
aſſez bonne, elle eſt formée par un bas
fond , qui part du Cap & s'étend fort
avant dans la mer. Le courant de la riviere borne un autre bas fond , qui fait
l'autre pointe du croiſſant.

Les Arabes Bereberes que je vis dans Arabes Bereberes.
la Ville , me parurent fort miſerables.
Tout leur habillement conſiſtoit en
une piéce de baracan dont ils s'entor-
tillent le corps , qu'ils lient avec une
ceinture de cuir. Ils ont un caleçon
ſans ſouliers , & ſur la tête un méchant morceau de toile dont ils font
leur turban. Leur vie eſt ſi miſérable,
que leur plus grand régal n'eſt que
des gâteaux pétris avec des œufs qu'ils
font ſécher au four , & qui ſe con-
ſervent les années entieres. Ils ne ſont

point de feu dans leurs maiſons ; ils ont de petits fours de terre cuite qu'ils mettent dans la ruë , dans leſquels ils font cuire leur pain , leur viande & leur poiſſon. Ils couchent ſur des peaux de mouton. Il y en a peu qui ayent d'autres lits, Ils ſont auſſi ſuperſtitieux que leurs Confreres du Mont-Carmel , & ſur-tout quand ils vont à la guerre. Eux & leurs chevaux ſont chargez de gris gris , ou billets où ſont écrits des paſſages de l'Alcoran, qu'ils croyent les rendre invulnerables & leur porter bonheur.

On mit le vent dans les voiles dès que je fus de retour au Vaiſſeau , afin d'aller moüiller à la Goulette.

Il y a un Marabout ou Hermitage Mahometan , qui eſt ſitué au milieu du penchant de la montagne , entre la rade & la pointe du Cap , il ſert de guide pour entrer dans la rade.

Arrivée à
laGoulette.　Baba Ramadan demeura à bord avec les ſix Janiſſaires qu'on avoit tiré des Galeres , pour être échangez contre autant d'Eſclaves Chrétiens François. On éluda de leur donner permiſſion d'aller à terre , de crainte qu'ils ne donnaſſent des avis qui ne nous auroient pas été favorables.

Nous moüillâmes le même ſoir à la

Goulette, & nous demeurâmes tout
le lendemain 13. Juin sans envoyer
personne à terre.

Les Esclaves que j'avois vû à Porto-Farine, avoient donné avis de notre arrivée à ceux de Tunis. Mais les
Turcs ne s'empresserent point d'envoyer sçavoir qui nous étions, ni ce
que nous demandions. Ils ne voulurent pas même permettre à M. le Vacher Prêtre de la Mission, Vicaire Apostolique & Consul de nous venir voir.
Il n'y eut que Mehemet Beig Ellaffy
qui nous envoya son Trésorier, avec
M. de Leon Gentilhomme de Marseille, qui s'y trouvoit pour quelques affaires, qui nous envoya faire compliment, & qui nous confirmerent tout
ce qu'on m'avoit dit à Porto Farine. Ils
nous firent trouver bon d'envoyer à
terre Baba Ramadan avec ses gens,
afin qu'il pût dire au Day & au Divan la maniere dont il avoit été reçû en France, & les porter à executer le traité de paix. On y consentit.
Baba Ramadan fut remis à ces Envoyez
avec ses valets, mais on retint à bord
les six Janissaires, aussi bien que tout
ce qu'il avoit chargé dans le Vaisseau.
Baba Ramadan s'étant presenté au Day,
& ensuite au Divan, fut interrogé sur

tout ce qui s'étoit passé dans son voyage ; mais comme il n'y trouva plus de
les anciens amis, parce que presque
tout le Divan avoit été changé après
la mort du Pacha *Khamonda Beig Ogli*,
il n'osa presque rien dire à notre avantage. Nous lui avions donné deux lettres, une pour le nouveau Pacha, &
l'autre pour Mehmed Chelabi, que les
Chrétiens appelloient Dom Philippe,
il les rendit, mais ils ne nous firent
aucune réponse.

Baba Ramadan étant revenu à bord
nous assura que tout iroit bien & que
nous serions contens ; mais qu'il falloit attendre que les fêtes du Ramadan fussent passées. Nous étions alors
dans les Fêtes de la Pentecôte, elles
nous servirent de prétexte pour ne lui
pas laisser emporter ses hardes, & les
planches de noyer qu'il avoit embarquées dans le Vaisseau, en lui disant
que notre Loy nous défendoit de travailler ces jours-là ; de sorte que toutes nos affaires demeurerent suspenduës
pendant ce tems-là.

Le lendemain quatorziéme Juin nous
vîmes arriver des Seigneurs à la Goulette appartenant à Mehmed Beig El-
saffy, qui venoient pour saluer le
nouveau Day, & faire le Beïram dans
le Port.

Mehmed Bey & Dom Philippe s'y
rendirent pour les voir arriver. Dès
qu'ils apprirent qu'ils paroissoient, ils
y firent dresser leurs tentes à dessein
d'y passer les trois jours de leur fête
dans les divertissemens qui suivent leurs
jeûnes ordinaires.

Regab Renegat Genois, accompagné de plusieurs autres Turcs vint à
notre Vaisseau, on le reçût avec politesse, on lui présenta du caffé, des
confitures & des liqueurs. Il nous apprit dans la conversation que les Beizs
étoient sur le rivage.

J'observai par la maniere dont ils
entrerent dans le Vaisseau qu'ils agi-
soient en amis. J'appris dans la conversation que j'eus avec eux, tout ce
dont je voulois être informé. Je résolus donc d'aller à terre saluer ces
Seigneurs, & tâcher de découvrir ce
qu'ils pensoient sur notre affaire; car
j'étois résolu de faire par moi-même
tout ce qui regardoit ma commission,
sans me fier aux négociations des In-
terpretes, dont je pouvois me passer,
& que je connoissois ou ignorans, ou
infidéles.

Je fis mettre un tapis, des carreaux
& un pavillon blanc à la chalouppe,
j'y fis embarquer un grand bassin de

fruits cruds & fecs, des confitures, du
vin & des liqueurs. Ces Meffieurs
s'embarquerent dans leur chalouppe,
& moi dans la mienne, & quand nous
débordâmes on nous falua de fept
coups de canon, & j'allai faluer les
Beigs dans leurs tentes. Je leur fis
mon compliment en Turc, cela leur
fit plaifir ; car quoiqu'on doive ou puiffe fuppofer qu'ils fçavent les Langues
des Chrétiens , il eft certain qu'ils n'aiment pas à s'en fervir. Ils répondirent à mon compliment avec beaucoup
de politeffe , & parurent furpris que
je parlois fi aifément leur Langue.

Nous paffâmes légérement fur les
affaires qui m'avoient fait entreprendre le voyage. Ils me dirent qu'ils n'auroient pas de peine à les accommoder après que les fêtes du Beïram feroient paffées ; que cependant on pouvoit aller à terre en toute liberté , nous
réjoüir , y faire nos affaires , & être
affurez que nous ferions par tout les
bien-venus.

Après avoir demeuré quelques heures avec ces Seigneurs , je retournai
au Vaiffeau, & je dis à M. du Moulin le fuccès de ma vifite. Il en fut
pour le moins auffi joyeux que nos
Janiffaires , qui craignoient fort d'a-

voir vû Tunis fans y pouvoir entrer.
Tout ce jour, qui étoit le quinze, fe paffa à recevoir des vifites de quantité
de François & de Turcs qui vinrent à
bord.

Le jour fuivant nous apprîmes que la
Milice ne vouloit point la paix , & que
Cuchuk - Murad Renegat Portugais
avoit reprefenté que fi on rendoit tous
les Efclaves François , leurs Vaiffeaux
manqueroient abfolument de Matelots;
qu'étant déja en paix avec les Anglois
& les Hollandois , il ne leur refteroit
plus que les Efpagnols & les Italiens
fur qui ils puffent faire des prifes & des
Efclaves , & qu'il n'en falloit pas davantage pour faire périr la République ; qu'on ne devoit pas craindre les
François, qui fe contentoient de menacer, ou tout au plus de faire de grandes levées de boucliers, qui fe rédui-
foient à rien, comme on l'avoit vû à
Gigery ; & qu'enfin il ne falloit jamais
compter fur notre amitié ; que nous
fervions également les Venitiens & les
Maltois contre le Grand Seigneur , &
que nos Vaiffeaux portoient toutes fortes de Bannieres.

Ce difcours fut applaudi de la Milice , & irrita tout le Divan contre nous.
Mehmed Ellaffi , qui étoit jeune, & qui

avoit quatre Vaiſſeaux, aimoit la...
re, & n'avoit garde d'avoir des...
mens contraires aux diſcours de ce...
negat, pour ne pas déſobliger la Mi...
ce, & ne pas préjudicier à ſes intere...
Le vieux Pacha qui avoit ſigné le Traité n'étoit plus au monde. Le nouveau
Pacha ne ſe mêloit de rien. Le Day
étoit encore trop neuf & trop peu ac-
credité, & Dom Philippe n'oſoit rien
dire, parce qu'il avoit été Chrétien ;
de ſorte qu'il fut conclu que la paix ne
ſeroit point faite, & qu'on nous ren-
voyeroit après le Beïram.

Cette réſolution mit les Eſclaves &
les Marchands preſqu'au déſeſpoir, &
tous s'empreſſoient de nous venir donner ces mauvaiſes nouvelles.

Le 16. Juin dernier jour du Beïram,
le Beig Mehmed voulut ſe réjoüir dans
les Vaiſſeaux & y regaler ſes Capitaines & ſes Officiers. Il y fit porter une
grande quantité de viande, de vin, de
fruits & de liqueurs.

Les Chalouppes vinrent le prendre
à la Goulette. Il en envoya une à notre
bord avec Ragab ſon Treſorier me
prier de le venir trouver, parce qu'il
avoit quelque choſe à me dire en particulier.

Cette Ambaſſade fit de la peine à M.
du

du Moulin & à tout notre Equipage ,
ils craignoient après ce qu'on nous
avoit rapporté, qu'on ne voulût m'arrêter pour nous obliger à rendre les
six Janiſſaires, ſans nous remettre les
ſix Eſclaves François qu'on nous devoit donner en échange. Pour moi ,
j'en jugeai tout autrement , & je deſ-
cendis auſſi-tôt dans la chambre pour
m'habiller. Ragab , qui s'apperçût du
trouble que ſon meſſage avoit cauſé
dans le Vaiſſeau, fit dire à M. du Moulin qu'il n'y avoit rien à craindre , &
que ſon Maître n'avoit rien autre choſe à me dire , que de me faire paſſer
la journée à me divertir avec lui. Je
ſuivis Ragab dès que je fus habillé.
J'entrai dans ſa Chaloupe, & nous
rejoignîmes celle du Beig, il me fit entrer dans la ſienne & placer auprès de
lui. Les quatre Chaloupes s'appioche-
rent de notre Vaiſſeau. Ils le trouverent pavoiſé de l'avant à l'arriere avec
ſes pavillons de pouppe & de beaupré ,
& ſes flammes. On ſalua le Beig de
toute notre artillerie & de dix-ſept Vive le Roi. Nous paſſâmes enſuite au
vent des quatre Vaiſſeaux de guerre ,
qui ſaluerent leur Maître de tout leur
canon , & enfin après nous être un peu
promenez , nous montâmes dans la Ca-

Tome III.   S

pitane, & auſſi-tôt le Beig fut ſalué de toute l'artillerie des quatre Vaiſſeaux, auſquels le nôtre ne manqua pas de répondre. Cette politeſſe à laquelle le Beig ne s'attendoit pas lui fit plaiſir.

Les Vaiſſeaux firent ſervir leurs voiles, & pouſſerent environ deux lieuës au large, après quoi ils revinrent faire des bords dans le Golphe de la Goulette.

Mehemet Beig fit ſervir le déjeûné dans la chambre de pouppe, & on commença à boire. Il eut beaucoup d'honnêteté pour moi ; mais il gardoit ſon ſérieux dans ces commencemens, & même juſqu'au dîné.

Pendant ce premier repas, & une aſſez longue converſation qui le ſuivi en fumant, je remarquai que ce Seigneur avoit beaucoup d'eſprit, & que malgré le ſérieux qu'il affectoit, il avoit de la vivacité & de l'enjoüement.

Pendant que nous étions dans la chambre de pouppe, on couvrit le tillac d'une belle tente. Le parquet fut couvert de nattes & de tapis. On mit des carreaux tout autour, & une grande nappe au milieu.

Je n'avois garde de paroître nouveau dans les cérémonies uſitées dan ces repas, j'avois mangé tant de fois avec des Pachas & leurs Officiers, que je n'obmettois pas la moindre chose. Le Beig me fit mettre auprès de lui. Je m'assis les jambes croisées comme les autres, je refusai modestement un carreau qu'on me voulut donner. Je mis mon mouchoir sur mes genoux, je n'employai que ma main droite; de sorte que le Beig & tous ses Officiers étoient surpris de me voir parler leur Langue, & aussi accoûtumé à leurs manieres que si je fusse né parmi eux. Est-il possible qu'il soit François, se disoient-ils les uns aux autres ? Ce fut toute autre chose quand ils m'entendirent parler Arabe & Persan, & que pour satisfaire leur curiosité, j'écrivis & je chantai dans ces Langues dans la suite du repas.

La nappe étoit couverte d'un grand nombre de plats, il y avoit du pilau de toutes sortes de couleurs, blanc, rouge, bleu, jaune, violet. Le rôti, le boüilli, les ragoûts, la pâtisserie, quoique accommodez à leur maniere, étoient bons. On mangea avec appetit, & on but encore mieux. Il n'y avoit point de scrupuleux dans toute la troupe, tout le monde bûvoit du vin. Le Beig montroit l'exemple & bûvoit sou-

yent & à grands coups , & quelqu
le vin qu'on nous fervoit fût vio
lent , & qu'en moins de deux heures la plûpart des conviez euffent plu
d'envie de dormir que de boire , le
Beig tint bon jufqu'au foir, fans avoir
d'autre incommodité que d'être bien
guai. Il railloit , il faifoit des conte
les plus plaifans du monde , il chantoit , rioit , bûvoit. On fumoit de tem
en tems , le caffé fuccedoit au vin. Le
forbet précedoit les liqueurs , puis on
revenoit au vin. Toute la journée fi
paffa ainfi dans la joye. Je priai le
Beig de me permettre d'envoyer un
Billet à mon Vaiffeau ; il y confentit ,
& on m'apporta une douzaine de boëtes de confitures feches au fucre candi
& une cannette de liqueurs. Elles furent trouvées excellentes. Les coup
de canon accompagnerent les fantez
quoique ce ne fût pas trop la coûtume
parmi ces gens, ils trouverent que no
tre maniere étoit raifonnable.

Quand je vis le Beig bien en train
de dire , je crus que je lui pouvoi
parler de nos affaires fans rien rifquer,
& comme j'étois à côté de lui, je lu
dis en riant, qu'il alloit fe perdre de
réputation en France, s'il ne fe faifoit
pas un point d'honneur de faire exe

cuter le Traité que ſon pere avoit fait,
que l'Empereur mon Maître en ſeroit piqué au vif, & qu'il étoit trop puiſſant
pour ne pas venir à bout d'une Ville
telle que Tunis, qu'aſſurément il la
ruineroit de fond en comble, & qu'a-
près cela il les contraindroit de nous
apporter nos Eſclaves ſans rançon juſqu'à Marſeille. Il me répondoit quelquefois en riant : Nous verrons comment vous vous y prendrez. A la fin,
il me ſerra la main, & me dit : Don-
nez-vous patience, j'ai la memoire de
mon pere en trop grande vénération,
pour ne pas faire les derniers efforts
pour vous contenter. Nous en parlerons demain. Pour aujourd'hui ne ſon-
geons qu'à nous divertir.

La nuit s'approchant, Mehmed Beig
voulut débarquer & aller paſſer la nuit
dans une maiſon de campagne qu'il a
ſur le rivage de la mer appellée Mar-
ſa. Nous nous embarquâmes dans les
Chaloupes. Les quatre Vaiſſeaux le
ſaluerent de toute leur artillerie. Nous
nous promeñâmes un peu, & nous paſſâmes aſſez près de notre Vaiſſeau,
qui ſalua le Beig de tous ſes canons &
pierriers, & m'envoya la Chaloupe
pour me prendre ſi je voulois aller à
bord. Le Beig me dit qu'il ne falloit

pas nous quitter fi-tôt. Je dis à l'Officier qui la commandoit, qu'on ne fût
pas en peine de moi, & que j'étois en
bonne compagnie.

Nous arrivâmes à la maison. Le Beig
& tous fes gens fe mirent à dormir de
côté & d'autre. Pour moi, qui ne me
fentois point incommodé de la fatigue
de cette journée, je me promenai dans
les apparremens en fongeant à mes affaires, pendant qu'un grand nombre
d'Efclaves travailloient à préparer le
fouper.

Le Beig s'étant éveillé au bout de
trois heures, & ne me voyant point
m'envoya chercher. Nous prîmes du
caffé tête à tête, & nous parlâmes de
nos affaires.

Il me dit tout ce qui s'étoit paffé au
Divan, avec des circonftances que je
ne fçavois pas, ajoûtant qu'il feroit
bien difficile de vaincre l'oppofition
d'une Milice mutinée. Je lui répondis
qu'il ne connoiffoit pas fes forces ni
fon pouvoir, & qu'il ne trouveroit
peut-être jamais une occafion fi favorable, pour fe faire un honneur infini
dans tout le monde, & pour acquerir
à fa famille & à lui en particulier, la
réputation d'être les plus honnêtes
gens, & qui fçavent mieux tenir leur

parole, qu'il se devoit cela à lui-même
& au plus grand Monarque de la Chrétienté, que pour moi je ne prétendois
dans cette négociation que l'honneur
de servir mon Maître & d'être utile à
ses sujets ; mais que je souhaitois n'en
avoir obligation qu'à lui seul. Nous
raisonnâmes beaucoup, & il conclud
enfin que le lendemain je devois me
rendre à Tunis, & que sans faire connoître que je lui avois parlé, il falloit
que je visse son frere en particulier, &
tâcher d'avoir sa parole, que je ne
manquasse pas de lui dire les raisons
que je lui venois de dire, & qu'il é-
toit sûr qu'il me la donneroit. Il m'assura que le Day n'hésiteroit pas un
moment à me donner la sienne ; mais
qu'il falloit pour cela l'aller trouver à
quatre heures du matin avant que la
Cour entrât, que c'étoit un bon homme
qui aimoit la paix, & qu'infailible-
ment je ne pouvois pas manquer de
réüssir. Il me dit que je vinsse ensuite
dîner avec lui, afin de lui rendre compte de ce que j'aurois fait.

Il me dit encore de faire débarquer
M. du Moulin & les six Janissaires &
de les mener au Fondique, & me donna sa parole que tout iroit comme nous
pouvions souhaiter.

On fervit le fouper , & nous conti-
nuâmes à boire & à nous divertir juf,
qu'à deux heures après minuit , après
quoi chacun alla fe coucher fur des matelas qu'on avoit mis autour de la
falle.

Le dix-fept nous montâmes en ca-
roffe fur les fept heures du matin , &
nous allâmes à Tunis. On me defcendit à la porte du Fondique , où je fus
reçû par M. le Vacher Prêtre & notre Conful , accompagné des François
qui y étoient. On me conduifit à la
Chapelle,& delà à la maifon Confulai-
re. J'envoyai un Exprès à M. du Moulin , & lui marquai l'heure qu'il devoit
débarquer avec fes gens & les fix Janiffaires. J'eus foin d'en donner avis,
au Beig, qui envoya à la Marine un
cheval richement enharnaché pour
M. du Moulin , & d'autres pour les
Gentilshommes & les autres qui l'accompagnoient.

La politeffe du Beig donna du courage à M. du Moulin, qui craignoit
toûjours à caufe des avis qu'on nous
avoit donnez.

La Chalouppe de notre Vaiffeau
aborda dans le tems que les Officiers
de la Doüanne arriverent au bord de la
mer. Après les complimens recipro-

ques, M. du Moulin monta à cheval.
Les deux trompettes & les deux hautbois du Vaisseau étoient à la tête, M.
du Moulin venoit ensuite ayant à ses
côtez deux Boulacbachis ou Capitaines
de Janissaires, & il étoit suivi de ses
Gentilshommes & de tous les François,
qui étoient allez au-devant de lui, ou
qui étoient venus du Vaisseau. On le
conduisit ainsi à la Maison Consulaire.

Pendant cela j'étois allé voir Murad Beig, je l'entretins en particulier,
& il me donna parole de nous rendre
service. J'allai ensuite dîner avec Mehmed Beig son frere, & après nous être
entretenus de ce que j'avois negocié
avec son frere, j'allai voir M. du
Moulin que j'instruisis de l'état des affaires.

Nous fûmes ensemble voir un grand
corps de logis qu'on nous avoit marqué pour notre logement; mais comme il n'y avoit aucuns meubles & que
nous n'en avions point, nous resolû-
mes de nous établir dans la Maison
Consulaire, le moins mal que nous
pourrions.

Le reste du jour se passa à recevoir
les visites des Consuls & des Marchands des autres Nations, & à rece-

S v

voir les hardes & l'argent qu'on avoit envoyé chercher à bord.

Baba Ramadan nous vint voir, nous lui remîmes les fix Janiffaires, afin qu'il les rendît au Day, qui fur le champ nous renvoya fix Efclaves François, & donna permiffion à tous les autres de nous venir voir quand ils voudroient. Ils n'y manquerent pas, & nous inftruifirent de tout ce qui fe paffoit chez leurs Maîtres, ce qui nous importoit de fçavoir.

Le 19. Juin, j'allai dès quatre heures du matin voir le Day, il s'appelloit Hagi Mehemed. Il étoit né à Smyrne. C'étoit un fort bon homme, âgé d'environ 70. ans. Je le trouvai dans le veftibule du Château où il donne ordinairement fes audiances, qu'on appelle l'Efquiffe. Il étoit affis à leur maniere fur un banc de pierre, couvert d'une natte & d'un tapis. Je le faluai en entrant. Il me reçût avec ce compliment d'un Italien corrompu, qu'on appelle Langue Franque, dont on fe fert ordinairement à Tunis : *Ben venuto, como eftar, bono, forte, gramercy.* Je ne fçavois pas affez ce jargon pour m'en fervir en lui parlant. Je lui parlai en Turc, & je lui expofai le fujet de ma vifite & de notre voyage. Je

lui repreſentai tout ce qui le devoit
porter à nous faciliter l'execution du
Traité de Paix. Le bon homme fut ravi de m'entendre parler ſa Langue, &
me demanda ſi j'étois François, &
comment j'avois ſi bien appris leur Langue. Je lui dis que je l'avois appriſe à
Smyrne, où j'avois demeuré quelques
années. J'ai bien de la joye, me dit-il,
que vous ſoyez de mon Païs, vous y
avez acquis droit de Bourgeoiſie. Je
vous en eſtimerai davantage, & je ferai pour votre ſatisfaction tout ce qui
dépendra de moi. Il m'a tenu parole,
& dans la ſuite il ne m'appelloit plus
que *Hemnechei*, c'eſt-à-dire, Compa-
triote. Il me fit connoître les difficultez qu'il auroit à réduire la Milice à
ſa volonté ; mais que dès le jour même
il y travailleroit, qu'il envoyeroit dire
à Murad & à Mehemed de le venir
trouver, qu'il verroit avec eux quelles
meſures il faudroit prendre, & que
dans deux ou trois jours on execute-
roit ce dont ils ſeroient convenus enſemble. Je lui demandai s'il trouveroit
bon que M. du Moulin le vînt ſaluer.
Il me dit qu'il ſeroit le bien venu. Je
m'en retournai au logis faire préparer
tout ce qui étoit neceſſaire pour commencer nos viſites.

Nous avions apportez de France des étoffes de laine & de foye, des toiles, des rubans, des montres à boëtes d'or & d'argent, du roſſoli, des confitures, & des luſtres de criſtal. Tout cela étoit deſtiné à faire des préſens. Il y avoit encore une chaiſe à porteurs, dont le dedans étoit garni de brocard avec des franges d'or, & le dehors étoit peint d'azur avec des fleurs de lys d'or; une chaiſe roulante à deux roües, que M. le Duc de Beaufort envoyoit à Dom Philippe. Par malheur elle étoit toute femée de fleurs de lys, avec les armes de ce Prince devant, derriere & aux côtez, & beaucoup d'autres choſes dont il eſt inutile d'entretenir le public.

C'eſt une coûtume invariable dans le Levant de ne point faire de viſites, que les préſens n'ayent ouvert les portes des maiſons des Grands. Nous commençâmes donc dès le même jour à envoyer ces préſens. Ce fut Muſtafa Renegat Eſpagnol, qui ſervoit de Trucheman & de Jaſſakhelu au Conſul, qui fut chargé de les préſenter.

On envoya au Day du drap, du brocard, des toiles, des confitures, des rubans, deux montres à boëtes d'or & un luſtre.

Autant à Murad Beig & à son frere
Mehmed Beig, & comme celui-ci aime
le vin & en boit beaucoup, on y ajoûta deux tonneaux de dix Millerolles
chacun du meilleur vin de la Cioutat
& d'Aubagne, quelques cannevettes
de rossoli, des anchois, des olives &
du sucre. Nous étions obligez de lui
faire un présent plus considerable
qu'aux autres, parce que dès le jour
même que nous entrâmes dans la Ville, il ordonna par un état qu'il dressa
lui-même, de nous donner à ses dépens chaque jour une quantité de pain,
de viande, de beurre, de ris, de poules, de confitures du Païs; en un mot,
tout ce qu'il falloit pour notre subsistance. Nous ne jugeâmes pas à propos
de l'accepter, non plus que la grande
maison qu'il nous avoit destinée.

Nous envoyâmes à Dom Philippe la
ca'éche dont M. le Duc de Beaufort lui
faisoit présent, avec les mêmes présens
qu'aux autres.

La chaise à porteurs que M. du Moulin avoit fait faire à Marseille, étoit
destinée pour le Day. Je lui avois dit
plusieurs fois qu'elle seroit inutile, parce que ce n'est pas l'usage en ce Païs-
là de se faire porter par des hommes,
qu'on n'a garde de regarder comme des

mulets de littiere. Il ne laiſſa pas de l'envoyer, & le Day la refuſa par cette raiſon, & parce qu'il la vit toute par-ſemée de fleurs de lys, croyant que s'il s'en ſervoit on pourroit lui reprocher de ſe ſoumettre à la France, puiſqu'il portoit ſes armes & ſes livrées.

On fit encore des préſens aux prin-cipaux du Païs, & des gratifications à leurs Officiers & à leurs domeſtiques en argent, & nous fîmes dire à tous ces Seigneurs que nous les irions voir le lendemain.

Le reſte du jour ſe paſſa à faire dé-barquer l'argent & les autres choſes qui étoient encore à bord.

Le vingtiéme Juin ſur les ſix heures du matin nous allâmes voir le Day. Malgré tout ce que je pus dire, M. du Moulin voulut ſe ſervir de la chaiſe que le Day avoit refuſé : il ſe fit porter par deux porteurs qu'il avoit amenez de Marſeille ; mais il ne fut pas à cin-quante pas du logis, que les Turcs le voyant dans cet équipage qui leur pa-roiſſoit ridicule, commencerent à ſe mocquer de lui, & les enfans s'attrou-perent au tour de ſa chaiſe en ſi grand nombre, & avec des huées ſi extraor-dinaires, que les Janiſſaires qui com-mençoient la marche, les Gentilhom-

mes qui l'accompagnoient à pied, &
tous ses domestiques étoient dans une
extrême confusion. Pour moi j'avois
pris les devans avec M. le Vacher
Consul : il ne nous convenoit pas d'ê-
tre à sa suite, & mes instructions me
donnoient un rang qui me rendoit
son égal, & qui me chargeoit de l'e-
xecution des ordres du Roy.

Nous allâmes donc l'attendre à la
porte de l'Esquiffe, & nous entrâmes
avec lui.

- Les Chaoux & les autres Officiers
nous introduisirent dans l'Esquiffe,
où le Day avec les autres membres du
Divan étoient assemblez.

M. du Moulin étant entré avec sa
suite, M. le Vacher & moi nous nous
plaçâmes à ses côtez, & Mustafa le
Trucheman se mit entre le Day &
nous. M. du Moulin avoit étudié une
longue harangue qu'il avoit préparée
depuis long-tems, & qu'il avoit polie
avec beaucoup de soin : il ôta son
chapeau en entrant, & salua toute l'assemblée.

Le Day lui fit d'abord le compliment
dont il m'avoit régalé : *Benvenuto*,
&c. & lui fit dire de s'asseoir vis-à-
vis de lui sur un banc de pierre couvert d'une natte de jonc.

Etant tous affis , M. du Moulin fe
leva , & ôtant fon chapeau il commen
ça fa harangue par ces mots : Très-il
luftres Seigneurs, l'Empereur de Fran
ce mon Maître . . . . Il s'affit alors , &
fe couvrit , & continua pendant u
bon quart d'heure un difcours Françoi
auquel ceux à qui il l'adreffoit ne com
preno ent rien. Ils commencerent bien
tôt à s'ennuyer & à fe regarder les un
les autres, mais ils ne l'interrompiren
point. Il les falua après qu'il eût achè
vé , & ordonna au Trucheman d'ex
pliquer fon difcours.

Ce Trucheman étoit un Renégat Ef
pagnol qui n'entendant prefque pa
la Langue Françoife n'avoit garde d
répeter une fi longue oraifon qu'il n'a
voit pas comprife, & qu'il auroit é
obligé d'étudier pour la retenir pa
cœur. Il ne fçavoit que dire , & l
Day alloit fe mettre en colere conti
lui , quand je dis au Day que j'allo
faire la fonction de Trucheman. Il m
dit que cela feroit plaifir à tout le mo
de. Je leur fis un abregé de ce lo
difcours , & je joignis les raifons qi
je leur avois dites à celles de M. c
Moulin , & je conclus à la délivran
des Efclaves, & à la confervation c
la bonne intelligence entre les det

au logis, & je commençai à travailler
à mes affaires.

Le 21. Juin, nous envoyâmes fçavoir fi Dom Philippe vouloit nous donner audience. Il nous fit dire que nous
lui ferions plaifir de ne pas aller chez
lui, c'eft-à-dire dans fa maifon de la
Ville, où il ne feroit pas en état de
nous recevoir comme il fouhaitoit ;
mais qu'il defiroit que j'allaffe le trouver. J'y allai fur le champ. Il me
fit préfenter du caffé & du tabac, &
nous étant retirez à l'écart, il me
donna de très-bons avis fur la maniere
dont je me devois conduire dans ma
négociation. Il m'inftruifit du gouvernement préfent de Tunis, de l'humeur
des Miniftres de cette République, &
de la façon que je devois traiter avec
eux. Souvenez-vous, me dit-il à la fin,
qu'il faut beaucoup de patience &
point de hauteur : la Milice veut la
guerre, elle n'a que ce feul moyen
pour fubfifter. Il eft vrai que tout le
monde aime l'argent, mais le prix auquel on a taxé les efclaves, eft bien
au deffous de celui qu'on en auroit par
les voyes ordinaires, & c'eft en partie
ce qui retient les Miniftres & la Milice. Il me dit qu'il m'offriroit volontiers fes fervices ; mais qu'au lieu de

Le même jour sur les trois heures
après midi, nous allâmes rendre visite
à Murad Beig. Il nous reçût dans une
grande & longue salle meublée, partie
à l'Italienne, & partie à la mode du
Païs. On nous fit asseoir dans des
fauteüils. La cérémonie ne fut pas
longue : le caffé, le forbet, les eaux
de senteur, le parfum suivit, & c'est,
comme je l'ai dit, le compliment de
l'adieu, ou, comme on dit en termes
de Marine, le coup de partance.

Nous allâmes delà chez Mehmed
Beig son frere qui demeuroit près de
là. Il nous reçût dans un appartement
fort propre : les murailles étoient in-
cruftées de marbres de différentes couleurs, les meubles étoient moitié à l'I-
talienne, & moitié à la Turque. Les
murailles de la grande chambre étoient
tapissées d'une quantité de sabres, de
mousquets, & d'autres armes très-belles
& très-curieuses. Les complimens furent courts, sans façon : il nous fit
servir une fort grande collation avec
du vin & des liqueurs. Il nous dit
qu'il vouloit nous donner à dîner à sa
maison de campagne, mais il me retint à souper, & je passai toute la nuit
à boire avec lui ; & le lendemain matin après avoir déjeûné, je retournai

au logis , & je commençai à travailler
à mes affaires.

Le 21. Juin , nous envoyâmes fçavoir fi Dom Philippe vouloit nous donner audience. Il nous fit dire que nous
lui ferions plaifir de ne pas aller chez
lui , c'eft-à-dire dans fa maifon de la
Ville , où il ne feroit pas en état de
nous recevoir comme il fouhaitoit ;
mais qu'il defiroit que j'allaffe le trouver. J'y allai fur le champ. Il me
fit préfenter du caffé & du tabac , &
nous étant retirez à l'écart , il me
donna de très-bons avis fur la maniere
dont je me devois conduire dans ma
négociation. Il m'inftruifit du gouvernement préfent de Tunis, de l'humeur
des Miniftres de cette République, &
de la façon que je devois traiter avec
eux. Souvenez-vous , me dit-il à la fin ,
qu'il faut beaucoup de patience &
point de hauteur : la Milice veut la
guerre, elle n'a que ce feul moyen
pour fubfifter. Il eft vrai que tout le
monde aime l'argent, mais le prix auquel on a taxé les efclaves , eft bien
au deffous de celui qu'on en auroit par
les voyes ordinaires , & c'eft en partie
ce qui retient les Miniftres & la Milice. Il me dit qu'il m'offriroit volontiers fes fervices ; mais qu'au lieu de

nous être de quelque utilité, il nou
nuiroit, parce que depuis qu'il avoi
été Chrétien, on se défioit toûjours d
lui, & que tous les Officiers du Diva
étoient ses ennemis jurez, & l'obser
voient sans cesse, pour trouver occasio
de le perdre, quoiqu'ils parussent êtr
ses amis au dehors, & que par cett
raison & beaucoup d'autres il fallo
éviter de leur donner de la jalousi
Il me dit qu'il vouloit avoir une plu
longue conversation avec moi, ma
qu'il falloit prendre son tems, qu'
me feroit avertir par Dom Gaspar
& qu'il m'envoyeroit son carosse à l
porte de la Ville un peu tard, pou
me conduire à son jardin, & que pen
dant la nuit nous aurions tout le ten
de nous entretenir. Je le remerciai d
ses bons avis, & je me retirai.

En attendant qu'il me fit avertir
travaillai sans relâche à nos affaire
Je ne faisois autre chose que d'alle
d'un palais à l'autre. Je voyois ass
duëment le Day, le Pacha & les Bei
pour découvrir ce qui se passoit.

La Milice ne manquoit pas de s'a
sembler tous les jours au Divan, & d
protester contre la paix, & sur-toi
contre la délivrance des Esclaves..

Murad Beig avoit du respect pour

parole de fon pere , & vouloit abfolument que le traité de paix fût executé. Son frere Mehmed Beig qui étoit
jeune, qui avoit des Vaiſſeaux, & qui
aimoit la guerre , n'auroit pas été fâché que le traité de paix eût été rompu ; mais le refpect qu'il avoit pour
la memoire de fon pere , & pour la
parole qu'il m'avoit donnée , le rete-
noient , & j'eûs lieu d'être content de
la maniere dont il en agit dans ma
négociation. Enfin à force de me donner des mouvemens , on me promit
à la fin que le jour fuivant on con-
cluëroit quelque chofe en prefence du
Day ; & qu'on m'appelleroit au Château avec M. du Moulin.

Le vingt-deux de Juin , nous allâmes chez le Day. L'affaire fut mife
en délibération. Les raifons de part &
d'autre furent débattües. Je répondis
à toutes les objections qu'on me fit,
& enfin on conclud qu'on commence-
roit dès le jour fuivant à mettre le
traité en execution , en nous rendant
les Efclaves.

Nous retournâmes au logis fort contens , & affurément dans la fituation
où étoient les affaires nous avions lieu
de l'être. Les Efclaves François qui
en furent avertis , s'en réjoüiſſoient
publiquement.

Le vingt-trois Juin se passa sa
rien faire. Mehmed Beig me dit che
lui qu'ils vouloient regler entre e
par quels Esclaves on devoit con
mencer.

M. du Moulin prenant cela pour ur
défaite, commença à s'inquieter. C'au
roit été peu si ses emportemens n'
voient point éclaté au dehors ; ma
il eut l'imprudence de les faire paroí
tre jusques chez le Day & dans l
Divan, & de menacer qu'il se reti
reroit, & ce qui les augmentoit, c'e
qu'on lui répondit froidement que l
porte étoit ouverte pour sortir, com
me elle l'avoit été pour entrer, &
qu'on lui souhaitoit un bon voyage
Je faisois tous mes efforts pour arrêtç
ses saillies, en lui representant qu'oi
ne traitoit pas en ce Païs comme e
France. Le Day lui dit en colere : *Ar
date à Gigery à Gigery* ; & Mehme
lui dit tout net : Monsieur, sçache
que nous sommes ici dans un Païs qu
ne craint personne, & que toute l
Chrétienté ensemble n'a pû conqué
rir ; & lui montrant avec le doigt ur
jardin qui est sur le chemin de Carthage, il ajoûta : Votre Roi S. Loüis est mor
là, & vous verrez à la Goulette le
armes de Charles-Quint, qui serven

de marches à nos Châteaux. *Non far tanta fantasia.* Si vous voulez que nous executions le traité de paix , commençons , sinon Dieu vous benisse. Nous vous donnerons demain les Esclaves de la Doüanne qui sont les Esclaves du public , puis ceux du Day , ceux de mon frere , les miens , & consecutivement ceux des particuliers , jusqu'à ce qu'il ne reste plus ici aucun François : avec cela serez-vous content ?

M. du Moulin répondit en colere, qu'il ne vouloit point d'Esclaves qu'il n'eût d'abord le Chevalier de Colombiere. On lui répondit qu'étant Chevalier de Malte , on n'étoit point obligé de le rendre, comme il le pouvoit voir par le second article du traité de paix ; que s'il prétendoit avoir des Esclaves contre la justice & les conventions qui avoient été faites , il pouvoit en aller chercher ailleurs qu'à Tunis , & là-dessus on se retira , & M. du Moulin s'en alla chez lui, où il passa le reste du jour à se promener dans sa chambre & à rêver.

Je lui avois dit plus de trente fois dans notre voyage que ce n'étoit pas par le Chevalier qu'il falloit commencer l'execution du Traité , qu'il fal-

loit retirer les Efclaves , les faire er
barquer , les renvoyer en France ,
que quand il ne refteroit plus que
Chevalier & quelques autres , no
ne manquerions pas d'expediens po
les avoir. Mais les Paffagers & l
Volontaires qui étoient venus av
nous de France gâtoient tout , ils aj
prouvoient fes emportemens , & l
mirent en tête qu'il étoit de l'honne
du Roi de retirer le Chevalier tout
premier , & les autres Efclaves felc
l'ordre qu'il voudroit prefcrire aux Pui
fances de Tunis ; qu'il ne falloit pa
s'arrêter à ce que je lui difois , par
ce que j'avois trop de complaifanc
pour les Turcs , & qu'étant tous l
jours à boire , manger & me diverti
avec les Beigs , je fongeois plûtôt
leur plaire qu'à executer ma Commi
fion d'une maniere digne du gran
Prince qui nous avoit envoyez ,
qu'affurement les Turcs me trompe
roient & rendroient notre négocia
tion inutile.

Comme je fçavois d'où venoier
ces difcours dont M. du Moulin m
fatiguoit tous les jours , je tâchois d
lui faire comprendre qu'il étoit d
l'honneur du Roi , & du bien de fo
fervice de lui ramener de bons Ma
telo

telots qui ferviront bien dans fes armées ; que la violence ni les emportemens n'opereroient rien ; qu'on auroit toûjours bien fait quand on auroit fait executer le Traité de paix; que
telle étoit la volonté du Roi ; au lieu
que c'étoit l'expofer à une nouvelle
guerre & à la ruine entiere du commerce , par un caprice d'avoir un Efclave p'ûtôt ou plus tard , & que
ces levées de boucliers étoient inuti-
les dans un Païs comme celui où nous
étions , où la douceur , la prudence ,
& le raifonnement avançoient les affaires , quand on n'avoit pas de canon pour les faire valoir.

Il fembloit quelquefois fe rendre
à mes raifons , mais il changeoit un
moment après , & reprenant les airs
de hauteur , il me dit qu'il prétendoit
être le maître , & faire les affaires
comme il le jugeroit à propos , & que
fe chargeant de tout , il me p ioit de
ne me mêler de rien , & de ne plus
aller chez les Puiffances. Quoique j'euffe pû agir en vertu de ma Commiffion & de mes inftructions , je réfolus de me tenir en repos , & voir
comment il fe tireroit des embarras
où il s'étoit jetté par fa précipitation
& fes hauteurs. Je demeurai trois jours

Tome III. T

fans fortir de la maifon. Certainement
ce repos m'étoit neceffaire , car j'étois
extrêmemeat fatigué. Les Miniftres
du Divan ne me voyant point fe tinrent en repos , & toutes chofes demeurerent fufpenduës.

· Je fçûs pendant ce tems-là que c'é-
toit un nommé Ememel Payen qui mettoit la divifion entre M. du Moulin &
moi. J'en fus furpris , parce que je
l'avois fait embarquer avec nous dans
le deffein de lui procurer quelque avantage dans le Païs , & au lieu de m'en
témoigner de la reconnoiffance, il mit
tout en œuvre pour me broüiller avec
M. du Moulin.

Cet Envoyé s'étant convaincu que
les Miniftres ne faifoient pas beaucoup
de cas de lui ni de fes menaces, réfolut de fe retirer. Il fe leva à dix
heures du foir , fit éveiller tous fes
domeftiques, & emballer fes meubles,
fa vaiffelle , fes hardes , & tout ce
qui étoit à fes gens. Le bruit que ces
gens faifoient m'éveilla ; je me levai , & ayant fçû ce qui fe paffoit
je me recouchai jufqu'au point du
jour que je me levai. Je fçûs que M.
du Moulin avoit envoyé des gens à
la Goulette pour faire venir la chaloupe du Vaiffeau , & embarquer fes

bagages, avec ordre au Capitaine Martin d'être prêt à mettre à la voile dès qu'il seroit arrivé à bord. Je vis venir ensuite tous les portefaix de la Ville, qui dans une heure de tems porterent tous les bagages à la marine. Il n'y eut que moi, mes domestiques & mes hardes qui demeurerent.

M. du Moulin me demanda si je ne m'embarquois pas? Je lui dis que j'étois venu à Tunis pour retirer les Esclaves ; & que j'y demeurerois avec eux jusqu'à ce que je pusse les ramener en France. Il me dit qu'il emportoit tout l'argent, & qu'ainsi je demeurerois inutilement. Je lui répondis que Dieu ne m'abandonneroit pas dans une si bonne œuvre, & qu'ayant vû les Turcs dans la disposition de ne me rien refuser, j'esperois qu'ils me donneroient les Esclaves sur ma parole, ou que j'étois résolu de demeurer en ôtage chez eux jusqu'à ce que leur rançon fût arrivée.

Je le fus conduire jusqu'à la porte de la ruë, où je lui souhaitai en riant un bon voyage, & un prompt retour.

Cependant une troupe d'Esclaves François qui avoient crû leur liberté

T ij

aſſurée , & qui la croyoient bien éloignée par ce départ , crioient comme
des déſeſperez. Les uns ſe battoient
la tête contre la muraille , les autres
ſe vouloient enfoncer leurs couteaux
dans la poitrine , jamais je n'ai vû le
déſeſpoir plus marqué. M. le Vacher
& moi étions bien occupez à les con-
ſoler. J'avois beau leur dire que je ne
les abandonnerois pas , ils me répli-
quoient en pleurant. Il emporte tout
l'argent , que pouvez-vous faire ?

Je dépêchai un de ces Eſclaves au
Day avec un billet écrit en Turc , par
lequel je lui donnois avis que M. du
Moulin étoit à la Marine avec ſes
bagages pour s'embarquer , & que je
le priois de m'envoyer chercher , &
que je lui dirois le reſte. Cela fut
executé ſur le champ. Trois Archers
avec leurs gros bâtors à la main me
vinrent chercher , & me conduiſirent
au Château à la Chambre du Day. Je
lui dis ce qui s'étoit paſſé , & je lui
propoſai les moyens qui me parurent
les plus convenables pour rajuſter cette affaire Le Day me dit d'abord qu'il
étoit bien aiſe que cet homme im-
petueux s'en allât , qu'il falloit le laiſſer aller , & que nous terminerions
les affaires ſans lui. Je lui dis que cela

feroit impoſſible, parce qu'il emportoit l'argent. Il me répondit qu'il y
avoit un moyen pour cela, qu'il alloit faire arrêter l'argent , & que ſi
cet expedient ne me plaiſoit pas, il ne
laiſſeroit pas d'envoyer tous les Eſclaves avec moi à Marſeille, & qu'ils attendroient mon retour pour avoir leur
argent. Qu'ils me confieroient aiſément cela & toute autre choſe ſur la
parole du Roi, à qui ils donneroient
avis de quelle maniere M. du Moulin & moi nous étions comportez.

. Dans ce moment M. le Vacher arriva à la porte de la chambre du Day;
il me fit ſigne de me cacher. J'entrai
dans la chambre du caffé, d'où j'entendis tout ce que le Conſul lui dit
ſur la retraite de M. du Moulin. J'entendis que le Day lui dit en l'inter-
rompant : Qu'il s'en aille au Diable
s'il veut ; nous terminerons bien nos
affaires ſans cet homme emporté ; &
le congedia. Je rentrai dans la chambre, & je tâchai de l'appaiſer ; car il
étoit en colere , & à la fin je le priai de
lui envoyer quelques Officiers du Divan
en cérémonie le prier de revenir. Je
vous l'accorde, me dit-il, parce que
je vous eſtime, & auſſi-tôt il en donna ordre.

Les Chaoux du Divan monterent à
cheval, allerent à la Marine, & firent
mener un cheval en main pour M. du
Moulin. Ils le trouverent fur le bord
de l'eau, qui fe promenoit depuis quatre heures expofé au Soleil. Il peftoit
contre la chaloupe du Vaiffeau qui
ne paroiffoit point, & contre moi
qu'on lui avoit dit qu'on avoit conduit au Château. Les Officiers étant
arrivez lui firent compliment, & le
prierent de monter à cheval pour retourner à fon logis; il le fit fans ré-
fiftance. Ils l'y conduifirent avec toute fa fuite, qui revint à pied avec les
Portefaix chargez des bagages, qu'ils
rapporterent au lieu où ils les avoient
pris quatre heures auparavant. Il demanda d'abord où j'étois, & envoya
un homme me chercher au Château.
Nous étions à table quand fon mef-
fager arriva. Je lui dis que j'irois
quand j'aurois achevé de dîner. Le
Day me prêta un cheval, & j'allai
trouver M. l'Envoyé. Il me dit en riant:
Avez-vous goûté du bâton? Je lui répondis, que le bâton n'étoit pas pour
un homme comme moi, que j'avois
dîné avec le Day, & que nous avions
bû à fon bon voyage. Il donna une
gratification aux Chauux, & les conge-

dia , après les avoir prié de dire au
Day , que puiſqu'il l'avoit fait revenir , il ne vouloit plus ſe mêler de
ſien , & qu'on pouvoit faire tout ce
qu'on voudroit.

Il me ſdit enſuite que puiſque je
m'étois vanté de faire executer le Traité , il me conſeilloit d'y travailler
tout ſeul , & qu'il étoit aſſuré que
bien loin d'avoir le Chevalier tôt ou
tard , on ſe mocqueroit de moi ; qu'il
connoiſſoit les Barbares mieux que je
ne croyois les connoître ; qu'il attendoit ce prétendu bon ſuccès pour aller le dire à Rome , après l'avoir publié à Paris ; que Meſſieurs les Provençaux avoient beaucoup de ſolidité d'eſprit , & qu'au premier jour on
en verroit des marques.

Pendant ce diſcours on remeubla
la maiſon. M. du Moulin demanda à
dîner , & ordonna qu'on lui coupât
un tonneau pour ſe baigner dans l'eau,
pendant que je me baignerois dans mes
ſueurs.

Je lui conſeillai de ſe tenir en repos & de ſe rafraîchir , parce que les
chaleurs du Païs font aiſément monter des fumées au cerveau à ceux qui
étant nez dans un climat plus froid ,
n'y ſont pas accoûtumez comme les

T iiij

Provençaux. Nous nous féparâmes après ces railleries, & je me mis en l'état que je fouhaitois pour pouvoir faire ma commiſſion ſans être traverſé.

J'allai voir le même jour le Day & les Beigs, je leur contai ce qui s'é-toit paſſé entre M. du Moulin & moi, & le défi qu'il m'avoit fait de faire executer le Traité. Ils me dirent qu'ils auroient été ravis de ſon départ afin d'être délivré de ſes mauvaiſes ma-nieres; mais qu'ils avoient appréhen-dé qu'il ne me fît des affaires à la Cour, & qu'ils étoient ravis qu'il me laiſſât agir ſeul.

Mehmed Beig ajoûta qu'il avoit ſçû par des Eſclaves, que M. du Moulin & ſes gens trouvoient à redire à ce que je venois boire & manger avec lui ; qu'à cauſe de cela, quand mê-me il n'y auroit point d'autres raiſons, il vouloit abſolument que j'allaſſe au moins une fois le jour manger avec lui ; que ſi je ne le faiſois pas, il broüilleroit tellement les affaires, que je n'avancerois rien : & afin, dit-il, que vous ayez moins de peine, vous aurez tous les matins à votre porte un de mes Eſclaves, avec un de mes chevaux, dont vous vous ſervirez tou-

te la journée, ou même un carosse si
vous voulez. Il me dit encore que je
me tinsse prêt à recevoir le lendemain
matin les Esclaves du Divan, & à
compter l'argent à celui qui me les
conduiroit. Je le remerciai de ses bontez, & je lui donnai parole d'executer ses ordres ponctuellement. Je sou-
pai le même soir avec lui. Il me renvoya fort tard sur un de ses chevaux.

Le lendemain 27. Juin, je commençai à recevoir & à payer les Esclaves du
Divan. On leur avoit donné à chacun
une Haïque, ou capot blanc tout neuf.

M. du Moulin cessa de railler, &
moi voyant le bon succès de ma négociation, je fis l'indifférent à mon
tour. ....

J'appris le 28. que Cuchuk Murad
faisoit des efforts extraordinaires pour
rompre le Traité dont on avoit commencé l'execution. C'étoit un Renegat
Portugais qui, quoique fort accredi-
té dans la République, étoit Esclave du successeur de Ahmed Beig. On
trouvera peut-être cela étrange, mais
on cessera de s'étonner, quand on sçau-
ra que les Chrétiens qui se font Mahometans, n'acquierent pas pour cela
la leur liberté, & que quand ils se

T v.

roient en état de payer leur rançon
à leurs patrons, ils ne peuvent les
forcer de la recevoir & de les rendre
libres. Tout ce qu'ils gagnent par cette action indigne, c'est de ' vivre en
gens libres, en payant une certaine
somme tous les mois à leurs patrons,
& cette somme est fixée par le Divan.
On a vû l'Amiral d'Alger Esclave d'un
particulier , qui ne voulut jamais lui
accorder sa liberté, quoique son Esclave fût presqu'à la tête de la République, & qu'il eût gagné des biens
immenses, qu'il laissa à ses enfans
qui étoient libres, parce que la Loy
Romaine n'a pas lieu en Afrique,
quand même la mere seroit Esclave.

Cuchuk Murad avoit épousé la veuve de son maître, pere de Dom Philippe, & il avoit été tuteur de ses
enfans. Cette qualité & son merite
personnel lui avoient acquis beaucoup
de credit dans la République. Il avoit
un interêt personnel à empêcher l'execution du Traité de paix, parce qu'il
avoit dans son baigne les meilleurs
Esclaves François. Il fit grand bruit
dans le Divan, & gagna assez de suf-
frages pour faire échoüer ma négociation, quoiqu'elle fût en si beau
chemin.

Ce fut le muet du Pacha défunt, qui
me venoit voir tous les matins, qui
m'apprit cette mauvaise nouvelle. Je
m'étois accoûtumé aux signes de ces
gens pendant que j'étois à Seïde. Rien
n'est plus commode, car on parle
avec eux aussi aisément que si on
entendoit le son des paroles. Tous
les Turcs qui ont été élevez dans le
Serail entendent ce langage; mais
ceux qui n'ont pas eu cette éducation n'y entendent rien. Nos François se desesperoient quelquefois quand
ils me voyoient les heures entieres
en conversation avec ce muet, & moi-
même j'étois surpris comment cet homme sçavoit tout ce qui se passoit
dans la Ville, n'ayant point l'usage de
l'oüie; car ils ne sont muets que parce qu'ils sont sourds de naissance; mais
il faut avoüer qu'ils ont une péné-
tration admirable, & qu'au seul mouvement des yeux, des lévres, & des
autres parties du corps, ils compren-
nent aisément tout ce qu'on veut leur
faire connoître.

Je montai sur le champ à cheval,
j'allai chez Murad & chez Mehmed,
je leur fis connoître que j'étois informé des mouvemens que se donnoit
Cuchuk Murad pour empêcher l'exe-

T vj

cution du Traité. Je, leur repréſentai que leur parole & leur honneur y étoient engagez , & que ce ſeroit une honte pour eux ſi un homme du caractere de Cuchuk l'emportoit ſur des Princes , que leur naiſſance & leur merite mettoient à la tête de la République. Je leur repréſentai ſi vivement le tort qu'ils le feroient à eux-mêmes , & à la memoire de leur pere, qu'ils monterent à cheval , & s'en allerent chez le Day. Je les accompagnai. Nous trouvâmes le bon homme ſi ébranlé par les menées de Cuchuk , que ces Seigneurs eurent bien de la peine à le faire revenir.

Le Divan s'étant aſſemblé dans le même-tems , ceux qui s'oppoſoient à l'execution du Traité parlerent avec beaucoup de vivacité ; mais les Beigs leur répondirent hardiment, que quand bien même ils ne m'auroient pas engagé leurs paroles, ils avoient trop de reſpect pour la memoire de leur pere, pour ne pas executer un Traité qu'il avoit fait , & qui ſeroit déja executé ſi Dieu n'avoit pas diſpoſé de ſa vie ; que la République auſſi-bien qu'eux lui devoit ce reſpect , & qu'ils vouloient abſolument que tous les Eſclaves François fuſſent rendus. Leur fermeté em-

porta tous les ſuffrages. Ils prierent le
Day d'envoyer les ſiens le même jour, 1664.
& qu'auſſi - tôt ils renvoyeroient les
leurs.

Le Day le promit & tint parole,
malgré une nouvelle difficulté que Iſ-
ſouf Corſo fit naître. Ce Renegat expliquoit les articles d'une maniere qui
lui convenoit, & moi je les exp'iquois
d'une autre toute oppoſée. Le Traité
avoit été fait en Italien, que les Renegats n'entendoient qu'imparfaite-
ment, & que les Miniſtres du Divan
entendoient encore moins. Je me retirai au logis, après que j'eus conduit
les Beigs chez-eux, & je traduiſis le
Traité en Turc. J'en fis trois copies,
dont j'en envoyai une au Divan, une
au Day, & une à Murad Beig. Elles
furent fort bien reçûës, & acheverent
de perſuader Murad que j'étois Turc.
Cela paroîtra encore mieux dans la
ſuite.

Ces nouvelles broüilleries firent un
plaiſir infini à M. du Moulin & à ſes
courtiſans, & lui faiſoient eſperer que
j'échoüerois immanquablement. C'étoit
un triomphe pour lui, dont il goûtoit le
plaiſir à longs traits.

Mais ce plaiſir dura peu. On m'a-
mena dès le même jour tous les Eſcla-

ves du Day , à la referve d'un jeune garçon d'Aix, nommé Antoine Bonnet, qui étoit fort joli , & que l'on vouloit faire Turc. On prenoit pour prétexte de ne le pas donner , qu'il n'étoit qu'en dépôt chez le Day ; que fon Patron étoit un Capitaine de Tripoli , & qu'on feroit fort embaraffé s'il venoit le demander. Je ne me contentai pas de fes défaites , & je priai tant le bon homme', qu'à la fin il me l'accorda, en me difant , que c'étoit le plus riche préfent qu'il me pouvoit faire.

Le 29. Juin , on amena tous les Efclaves de Murad Beig. Toute la journée nous fuffit à peine pour les payer : car le nombre en étoit fort grand.

Le lendemain ceux de fon frere Mehmed-El-Haffy., vinrent au nombre de foixante & dix. Le Chevalier de Colombiere, & trois Savoyards, qui fe difoient Provençaux, ne s'y trouverent pas. Je me contentai de m'en plaindre modeftement; mais je ne voulois pas interrompre le marché.

M. du Moulin ne me dit rien. jufqu'au foir, qu'il me demanda d'un air railleur, fi j'avois abandonné le Chevalier. Je lui répondis de la même façon, qu'il devoit fe tenir en repos & fe rafraîchir, & que riroit bien qui ri-

soit le dernier. Je n'étois pourtant pas
sans inquiétude, parce que selon les
termes du Traité, on n'étoit pas obligé
de le rendre. Cela mettoit ce pauvre
Chevalier au désespoir, aussi-bien que
les trois Savoyards. En allant souper
chez le Beig. Mehmed, je passai au
Baigne où je les consolai de mon mieux;
mais le Chevalier avoit extrêmement
gâté ses affaires, en affectant de se faire
re appeller Chevalier. Je lui dis mon
sentiment, & de quelle maniere il devoit se conduire quand il seroit interrogé.

Il y avoit un Italien dans le Baigne
de Cuchuk Murad, nommé Dom Gaspard Biancalli Prêtre Modenois, qui
étoit fort recommandé par M. le Duc
de Beaufort : il étoit Aumônier d'un
Abbé de conséquence, & chargé de conduire à Rome ses bagages sur une
Chaloupe qui avoit été prise & lui
mené Esclave à Tunis, où il étoit depuis
quinze à seize ans. Les Turcs s'étoient
mis en tête que c'étoit un Cardinal, &
cela à cause des hardes dont la Chaloupe étoit chargée, & qu'on suppo-
soit lui appartenir. Il n'avoüa point
qu'il étoit Prêtre ; mais il dit qu'il é-
toit Gentilhomme, croyant qu'on auroit plus de consideration pour lui, ce

fut le plus mauvais conseil qu'on lui pût donner. Il l'avoit pourtant suivi, & cela fut cause que quand on voulut traiter de sa rançon, & qu'on offrit pour lui jusqu'à deux mille écus, les Turcs en demanderent vingt mille.

Dom Gaspard se voyant dans cette misere avoüa à M. le Vacher qu'il étoit Prêtre, & le Consul lui fit prendre l'habit Ecclesiastique. Cuchuk Murad crut que c'étoit dans son Baigne qu'on l'avoit ordonné Prêtre, & que c'étoit M. le Vacher qui lui avoit donné l'ordre de Prêtrise, afin de diminuer sa rançon. Ce fut encore pis, quand il sçût qu'il prétendoit passer pour François. Dès ce moment il le tint toûjours à la chaîne, ne lui permit plus d'aller à la porte du Baigne, & défendit aux Portiers de le laisser parler à personne, il le fit maltraiter plusieurs fois. Le contre-coup tomboit sur moi : car Dom Gaspard m'écrivoit au moins deux fois par jour, & ne me donnoit point de repos, non plus que le Chevalier de Colombiere, qui croyoit que je le négligeois. Mais j'aurois gâté leurs affaires, si j'avois dit à quelqu'un ce que je voulois faire pour eux : car ils n'auroient jamais pû s'empêcher de parler, & mon secret divulgué n'auroit point eu de succès.

Le premier jour de Juillet 1665.
nous reçûmes & payâmes les Efclaves
de Dom Philippe fans aucune difficulté. Nous reçûmes le même jour ceux
d'Ahmed Chalabı & d'Oufta Murad,
à la referve de quelques-uns qui étoient
à la campagne, avec le nommé Dom
Manuel Éfclave Portugais, qui étoit
l'Intendant de fa Maifon, & dont il
fallut attendre le retour pour les avoir.

Nous fîmes alors le compte des Efclaves que nous avions reçûs & payez,
& nous trouvâmes qu'il y en avoit fur
les rolles qu'on avoit envoyez en France, & que nous n'avions pas affez de
fonds pour payer les autres. Le remé-
de à cela étoit de prendre de l'argent
fur la Nation Françoife & fur les Barques qui étoient dans le Port.

Il eft vrai que nous avons retiré
des Peres de la Trinité de Marfeille
environ deux mille piaftres qu'ils devoient porter à Tunis. Nous avions reçû leur argent, afin de leur faciliter
le rachit des Efclaves, & leur épargner bien des frais, & nous leur avions
promis de leur en prêter un nombre
pour faire leur Proceffion. Le Pere An-
doire qui avoit fait le Voyage avec
nous avoit encore quelque argent, mais
cela ne fuffifoit pas.

M. du Moulin pria M. le Vacher
Conful de faire affembler les Marchands
& les Patrons des Barques. Il leur reprefenta que l'honneur du Roi étoit
engagé dans cette affaire, & qu'il étoit
du bien de fon fervice de prendre des
Marchands & des Patrons les fonds
qu'ils avoient, & de leur donner des
Billets fur Marfeille. Il ajoûta, qu'il avoit
des ordres du Roi pour faire ce qu'il
faifoit. Pas un de ceux qui compo-
foient l'Affemblée ne voulut dire fon
fentiment, & s'en rapporta à l'avis du
Conful, qui après s'être bien-fait prier,
dit que puifqu'il y avoit des ordres du
Roi, il paroiffoit à propos qu'on les
montrât, & qu'auffi-tôt tout le monde devoit s'y foumettre, & s'y foumet-
troit.

M. du Moulin fe voyant pris, parce
qu'il ne pouvoit montrer les ordres
dont il difoit être le porteur, fe mit
fort en colere, & dit qu'il feroit d'autorité ce qu'il jugeoit à propos de faire pour le bien du fervice du Roi,
qu'il étoit furprenant qu'on voulût l'o-
bliger à montrer fes ordres, & qu'il
en avoit encore d'autres dont il alloit
faire ufage fur le champ, & s'adreffant à M. le Vacher, il lui dit : Et
vous, Monfieur, qui ne voulez pas con-

sentir qu'on faffe ce qui eft du fervice
du Roi comme Conful, je vous déclare que vous ne l'êtes plus, & fur le
champ il fit apporter des Provifions
en blanc qu'on avoit furprifes de M. le
Duc de Vendôme, & les fit remplir
du nom du Sieur Jean Ambrozin. M.
le Vacher fe retira après avoir felicité
le nouveau Conful fur fa dignité. Le
refte de l'Affemblée en fit autant, &
tout le monde fe retira. M. le Vacher
remit en même-tems la Chancellerie,&
tout ce qui étoit du Confulat à fon fuc-
cefleur, & déclara qu'il alloit fe retirer
en France.

M. du Moulin l'ayant fçû, lui fit
voir dans fes inftruétions, que l'intention du Roi étoit qu'il demeurât à Tunis. Mais M. le Vacher lui répondit
qu'il avoit des affaires qui l'obligeoient
d'aller en France, & qu'il le prioit de
faire une enquête fur la maniere dont
il s'étoit comporté dans fon Confulat,
afin qu'il pût fatisfaire ceux qui fe plaindroient de lui.

Cette affaire fit du bruit & emba-
raffa M. du Moulin : car il n'avoit
point d'ordre de changer le Conful
fars une neceffité preffante & éviden-
te, & cela ne fe trouvoit point en la
perfonne de M. le Vacher, qui étoit

450

1665.

M. du Moulin
Conful de faire af
& les Patrons de
prefenta que l'b
engagé dans cer
du bien de fon
Marchands &
qu'ils avoient,
Billets fur-Marl
des ordres du
faifoit. Pas u
foient l'Affe
fentiment, &
Conful, qui
dit que puif
Roi, il par
montrât, &
de devoit s'
troit.

M. d
qu'il,

eſtimé de tout le monde, & qui ſe doit de ſervices importans à tous les Marchands, & à tous les Eſclaves dont il étoit le pere & le protecteur. M. du Moulin lui demanda à ſon tour un acte par lequel il parut qu'il ne le forçoit pas à ſe retirer en France. Il lui dit de le dreſſer, & qu'il le ſigneroit. L'Acte fut dreſſé, & il le ſigna ſans le lire.

M. du Moulin envoya l'Enſeigne du Vaiſſeau, avec le Sieur Payen aux Barques qui étoient moüillées dans la Baye de la Goulette, avec ordre de lui apporter tous les fonds qui ſe trouveroient dans les Barques: cela fut executé, & ils apporterent cet argent, parmi lequel il ſe trouva une quantité de pieces de cinq ſols qu'on envoyoit à Smyrne, dont une partie étoient fauſſes. On trouva moyen de les changer pour d'autres monnoyes, & on donna à quelques-uns de ces Patrons des Billets, & à ceux qui porterent des Eſclaves, on leur aſſigna leurs fonds à prendre ſur les Communautez de Provence, qui n'avoient pas entierement payé leurs contributions.

On donna auſſi aux Beigs Murad & Mehmed une partie des toiles de cotton pour faire des voiles, que M. du Moulin avoit embarquées pour ſon

compte; de sorte que nous trouvâmes
assez d'argent pour acheter les Esclaves qui restoient à payer, & quelques
autres choses que nous étions chargez
d'acheter pour le Roi.

Le 3. Juillet, j'allai au Baigne de S.
François avec Cuchux Murad. Il s'assit
sur un banc à côté de la porte, & moi
sur un autre devant lui. Il appella tous
les François, leur ordonna de prendre
leurs hardes & de les emporter, tandis que j'en prenois le rolle. Il avoit
les larmes aux yeux, les caressoit, faisoit leur éloge à mesure qu'ils passoient
devant nous. Il n'y en avoit point dont
il ne dit du bien. Je crois que ses larmes étoient plûtôt la marque du chagrin où il étoit de se voir enlever ses
meilleurs Esclaves, que de la compassion de leur misere. Il ne resta dans le
Baigne de tous ceux que je voulois
avoir, que Dom Georges & trois Suedois ou Danois, qui se disoient de Dunkerque, & par conséquent François.
Je n'en parlai point alors; de sorte que
Cuchux crut en être quitte pour ceux
que je lui payois. Mais il se trompoit.
J'étois bien résolu de les avoir, & j'avois pris mes mesures pour cela; de
sorte que mon silence fut cause que je
me séparai avec des témoignages d'a-

miné, du plus méchant homme qui fut à Tunis.

Depuis le 4. jusqu'au 7. Juillet, nous retirâmes tous les François qui étoient chez les particuliers sans aucune diffi, culté. Il n'y eut qu'un Marabout, qui avoit enchaîné le nommé Laurent Gai-nery, & ne le vouloit pas rendre. Je fus chez-lui avec main-forte, & je le fis enlever. Le Marabout vint au logis pour le rep endre; mais n'étant pas le plus fort, il fut obligé de le laiffer & de recevoir fa rançon.

Il y avoit encore un François aux Ifles de Gerbes. Nous fûmes obligez de le laiffer, avec ordre au Conful de le retirer dès qu'il viendroit à la Ville.

Le 8. nous fimes embarquer tous les Efclaves de Marfeille, dans la Barque du Patron Gabriel : M. le Vacher & fon Compagnon le Frere François, fe fervirent de cette occafion pour retour-ner en France.

Nous fimes la revûë de tous les Ef-claves qui reftoient à terre, & nous choisîmes les meilleurs Matelots, Sol-dats & Canoniers, pour fortifier l'E-quipage de notre Vaiffeau, qui fe trou-va par ce moyen de deux cens hommes, & en état de fe défendre des Anglois avec qui nous étions en guerre.

Nous fîmes embarquer tous les autres sur des Barques de Provence que nous fîmes partir ; de sorte qu'il ne resta plus que notre Vaisseau dans la rade, avec une Barque de Languedoc que M. du Moulin avoit envoyée sur les côtes d'Espagne pour chercher nos Galeres, & les prier de venir se faire voir à Tunis, dans le tems qu'il croyoit les affaires désesperées.

M'étant trouvé à la Marine pour faire embarquer nos Esclaves, je fus tout d'un coup enlevé par une légion de femmes, de Maures & de menu peuple, qui me menerent au Château sans me laisser toucher les pieds à terre. Ils firent la même chose à un matelot Provençal marié à Malte, qui avoit un Maure chez sa femme, contre lequel il devoit être échangé.

Etant arrivez au Château, nous trouvâmes le Day assis sous une halle de bois qui est au bout de la grande place vis-à-vis la porte. Il fut surpris de me voir entre les mains de ces canailles qui crioient comme des désesperez contre moi. Il leur imposa silence, & ils se tûrent. Pour moi sans attendre qu'il me parlât, je m'adressai à lui & aux principaux du Divan & de la Milice qui y étoient assemblez. Je

demandai s'il y avoit de ☐☐☐
traiter d'une maniere ſi indig☐☐☐☐
gens qui étoient venus ſur la ☐☐☐
foi de la paix.

Les Boulacbachis ou Capitain☐☐☐☐
Janiſſaires détacherent une vingt☐☐☐
de Janiſſaires qui ſe trouverent là,
qui avec leurs gros bâtons firent tomber une grêle de baſtonnades ſur cette
cohuë & la mirent en fuite, les uns
la tête caſſée, les aures les bras, les
autres les côtes froiſſées. Il y en eut
qui malgré cette grêle s'obſtinerent à
demeurer : on les pouſſa dans un coin,
d'où le Day leur défendit de ſortir,
& aſſurément il leur auroit été difficile de déſobéïr, à moins de s'expo-
ſer à être échignez ; car les Janiſſaires
le bâton à la main les environnoient.
Le Day me demanda ſi on m'avoit
battu. Je lui dis que je ne m'en étois
pas apperçû, mais qu'ils m'avoient
rompu la tête par leurs cris. C'eſt un
bonheur pour eux, me dit-il, il fit
ſigne aux Janiſſaires de les châtier, &
ſur le champ on entendit un cliquetis
de ſoufflets qui mirent les jouës & les
nez des femmes tout en ſang. Les
hommes eurent des coups de bâtons à
diſcretion, & puis on leur dit de parler. Les femmes s'approcherent mo-
deſtement,

deſtement, ſe jetterent aux pieds du
Day, & une d'elles qui étoit la Patrone de l'Eſclave François, lui dit que
cet Eſclave devoit être échangé contre
un Maure qui étoit dans ſa maiſon à
Malte, & que l'on en étoit convenu
avec lui. L'Eſclave en convint, & déclara qu'il demeureroit volontiers chez
ſa maîtreſſe, juſqu'à ce que le Maure
fût arrivé, pourvû que le Day voulût
bien lui promettre ſa liberté, dès que
le Maure auroit la ſienne. Je dis au
Day que ſi elles m'euſſent envoyé dire
leurs prétentions, j'y aurois conſenti
ſur le champ, & elles ſe ſeroient
épargné le vacarme & les ſoufflets.
Le Day fut ſatisfait de ma réponſe, &
dit aux Aſſiſtans tout ce qu'on pouvoit
dire d'honnête & d'obligeant à mon
ſujet. Il ordonna avant toutes choſes
que les cent ſoixante & quinze piaſtres
fuſſent renduës, & il dit à l'Eſclave
François de ſuivre ſa Patrone, à qui
il commanda de le regarder comme
un homme libre, & de le traiter ſur
ce pied-là. Elle s'en acquitta parfaitement bien, & jamais François n'a reçû
tant de careſſes & de bons traitemens
qu'il en reçût.

On s'imagine que les Chrétiens qui
ont le malheur d'être Eſclaves en Bar-

. . . ᵣ ſont tourmentez d'une ma-
. . . ᵣ a plus cruelle & la plus inhu-
. . . ᵣ. Il y a des gens qui pour exci-
. . . ᵣ charité des Fideles débitent avec
. . . ſiance ces pieux menſonges : leur
intention quoique bonne eſt toûjours
un menſonge : ils oublient dans cette
occaſion qu'il n'eſt jamais permis de
faire un mal pour qu'il en arrive un
bien. J'ai été dans cette erreur comme
bien d'autres, & j'y ſerois peut être
encore, malgré ce que j'avois remarqué dans les autres parties de l'Empire
Ottoman où je me ſuis trouvé ; mais
ce que j'ai vû à Tunis m'a détrompé.
Il eſt vrai qu'il y a des Patrons de
mauvaiſe humeur, durs, fâcheux &
même cruels. Nous voyons des maî res
en Europe qui ne ſont pas plus raiſon-
nab'es, & qui ſeroient peut-être plus
barba es que ceux de Tunis s'ils avoient
des Eſc'aves. Les Turcs ont intérêt de
menager les leurs, c'eſt une marchan-
diſe chez eux, ils les achetent au meil
leur marché qu'ils peuvent, & les
vendent le plus cher qu'il leur eſt poſ
ſib'e. Ils s'expoſeroient à perdre leur
argent, s'ils ma'traito ent leurs Eſcla
ves au point de les rendre malades
& de les faire mourir. Qui eſt le
Maquignon qui met les chevaux qu'i

veut vendre fur les dents & fur la
litttiere, à force de les faire travailler
& de les faire jeûner Il en eft de même des Barbarefques : ils regardent
leurs Efclaves à peu près de la même
maniere ; ils ont trop de bon fens pour
fe priver du profit qu'ils efperent en
tirer en les vendant. Quant à ce qu'on
dit qu'ils les forcent par les tourmens
à fe faire Mahometans, cela arrive fi
rarement, qu'on peut dire que c'eft
une chofe des plus extraordinaires. Il
eft vrai que les dévots fouhaitent ardemment de faire des Profelites ; mais
ils n'employent pour cela que les pro-
meffes, les exhortations, & tout ce
qu'il y a de plus féduifant, & fur tout
les femmes veuves, qui offrent affez
fouvent à leurs Efclaves d'être les maîtres de leurs biens en les époufant,
pourvû qu'ils fe faffent Mahometans :
ces exemples font ordinaires.

Mais ce que j'ai vû à Tunis m'a
convaincu que ces Peuples font hu-
mains : car j'ai été témoin que quand
nos Efclaves étoient fur les Bâtimens
en attendant le tems propre à mettre
à la voile, il ne fe paffoit point de
jour qu'ils ne leur envoyaffent des
Bateaux chargez de pain, de vin, de
viande, de poules & de fruits. Ils leur

envoyerent des hardes ; & quand ces
Efclaves venoient à terre , & qu'ils
alloient voir leurs Patrons , il n'y avoit
for e de bonne chere qu'i's ne leur
fiffent. Il y en eut même qui me prierent de trouver bon qu'ils demeuraf-
fent chez leurs Patrons jufqu'au jour
de l'embarquement, & j'y confentis,
fçachant qu'ils feroient mieux traitez
qu'à bord. Leurs Patrons les faifoient
manger avec eux , leur donnoient du
tabac, & les regardoient comme leurs
enfans. Ils les embraffoient en les quittant, & les affuroient que quand leurs
affaires ou leur malheur les condui-
roient une autre fois dans le Païs, ils
pouvoient venir librement chez eux ,
& qu'ils y feroient bien reçûs.

Il faut avoüer que les Efclaves s'attirent foüvent les mauvais traitemens
qu'ils reçoivent par leur propre faute.
Il femble que l'efclavage leur faffe
oublier ce qu'ils font : car ils deviennent voleurs au fuprême degré. Ceux
qui ne font pas refferrez dans les Baignes pendant la nuit, ou qui en fortent moyennant certaines conditions
qu'ils font avec les Gardiens , employent tout ce tems à courir la Ville.
S'ils trouvent des maifons ouvertes,
ils y entrent, & emportent tout ce qui

tombe fous leurs mains : ils rompent
les murs des boutiques, & les vuident
dans un moment. Les Gardes des
Baignes reçoivent & cachent leurs lar-
cins, leur en facilitent la vente, parçe
qu'ils en ont leur part. C'eft fur tout
aux Juifs qu'ils font le plus de mal.
Comme ces miferables n'ofent mettre
la main fur un Chrétien, & qu'ils ne
font prefque pas écoutez en Juftice,
il y a des Efclaves affez méchans pour
fe faire eux-mêmes des bleffures, &
pour aller fe préfenter tous fanglans à
leurs Patrons, & même au Day, &
fe plaindre qu'ils ont trouvé un Juif
yvre, qui les a excité à fe faire Juifs,
& qui les a voulu tuer, parçe qu'ils
ont refufé de commettre un fi grand
crime : d'autres Efclaves fe trouvent
tout prêts pour être témoins, & le
Juif a beau prendre le ciel & la terre
à témoin de fon innocence, & dire
que les Efclaves ont rompu fa porte,
l'ont volé & même battu, il n'eft pas
écouté, fouvent il eft condamné à
une rude baftonnade, & toûjours à
une groffe amende, à payer les frais
du Chirurgien, & à dédommager
le Patron de l'Efclave du travail
que la bleffure de l'Efclave lui fait
perdre.

On ne peut dire dans quel mépris
sont les Juifs chez les Mahométans ,
& avec quelle dureté ils sont traitez.
S'ils ont un Esclave Chrétien , il faut
qu'ils prennent bien garde de ne le
pas maltraiter , sans avoir des Turcs
pour témoins de la faute qu'il a com-
mise. Sans cela ils sont eux-mêmes
châtiez rigoureusement. Souvent le
Day les déclare libres , ou les confif-
que au profit de la Doüanne.

Nous nous vîmes en état de nous
repofer le dixiéme Juillet , & nous
avions réfolu de nous aller divertir à
la campagne pendant deux ou trois
jours ; mais il me reftoit encore huit
Efclaves à retirer qui me tenoient au
cœur. J'étois engagé d'honneur à les
retirer , & je n'avois garde de les oublier par cette raifon , & par les lettres continuelles dont ils me fati-
guoient : c'étoit Dom Gafpar & le
Chevalier de Colombiere , & fix
autres.

Ce Chevalier étoit d'auprès de
Moulins en Bourbonnois : il s'appelloit Gabriel de Bayaux de Colombiere de Gipfy. Il étoit Chevalier de
Malte depuis long-tems , & étoit venu
à Malte pour achever fes caravannes.
Il mit l'épée à la main contre un autre

Chevalier, & le bleffa, & fut obligé
de s'embarquer précipitamment avec
les Chevaliers dè Tonnerre & dè
Romilly, qui furent pris avec lui &
menez à Tunis. Cés deux derniers furent rachetez peu après.

Le nommé La Foreft valet de chambre du Chevalier de Romilly renia fa
foi, & fut appellé Bairam. Un Canonier du même Vaiffeau imita fon mauvais exemple, & fut nommé Soliman.
Ils appartenoient tous deux auffi bien
que le Chevalier à Mehmed Beig, qui
reconnoiffant du mérite dans Soliman
le fit Capitaine ou Rais d'un de fes
Vaiffeaux, & Bairam fut fon Cuifi-
nier. Il eft néceffaire de connoître ces
deux Renegats, avant dè diré lè refte
de l'hiftoire du Chevaliér dè Colombiere. Il y avoit long-tems qu'il étoit
Efclave, & feroit mort dans l'efclavage, fi je ne m'étois pas mêlé de fon
rachat.

Mehmed Beig avoit taxé fa rançon
à deux mille fix cens piaftres ; mais la
maifon du Chevalier étoit fi pauvre,
qu'il n'en avoit pû offrir que feizé
cens, & fon Patron ne l'avoit pas feulement écouté.

Voici comme je m'y pris pour le retirer fur le pied des autres Efclaves.

J'allai un jour rendre visite à Soliman Rais, & lui demandai à dîner. J'en fis avertir le cuisinier Bairam, afin qu'il nous fît un bon plat, & je fis porter du vin & des liqueurs pour mettre nos hôtes de bonne humeur. Nous fûmes plus de trois heures à table, on parla de différentes choses, & insensiblement je les fis tomber sur les avantures de leur voyage & sur l'affaire du Chevalier. Je leur dis que j'avois entendu parler en France de cet homme-là, & qu'on le blâmoit beaucoup d'avoir perdu sa croix & son rang par la querelle qu'il avoit euë avec ce Chevalier qu'il avoit blessé. Je leur dis que je sçavois que son pere l'avoit abandonné à cause de cela, & parce que c'étoit un fou & un débauché, & que ses parens qui étoient pauvres le laisseroient pourrir dans l'esclavage, puisqu'il ne lui restoit plus ni bien ni honneur. Je fis semblant d'ignorer que ces deux hommes le connoissoient, & ils furent les premiers à me le dire. Vrayement, leur dis-je alors, vous sçavez donc son histoire, contez-la moi comme vous la sçavez, puisque vous dites que vous étiez présens. L'un me dit qu'il étoit le Canonier du Vaisseau; & moi, dit

Bairam, on m'appelloit La Foreſt, & ——
j'étois Valet de chambre du Chevalier 1665.
de Romilly, nous fûmes pris tous enſemble. Puiſque cela eſt ainſi, leur
repliquai-je, vous me ferez plaiſir de
me dire ſi ce qu'on m'en a dit eſt veritable. Ils me le confirmerent, & me
raconterent mot pour mot tout ce que
je venois de leur dire, comme ſi c'eût
été une nouvelle qu'ils m'apprenoient.
Il n'étoit donc pas reçû Chevalier, leur
dis-je, & la croix qu'il avoit porté
pour la faire benir ne lui ſert donc de
rien? Sans douce, dit le Rais; mais
ſon imprudence & ſon emportement
lui a fait perdre ſa fortune. Nous bûmes là-deſſus, & je remis le Chevalier ſur le tapis, afin qu'ils n'oubliaſ-
ſent pas leur leçon, & j'eus le plaiſir
de voir qu'ils l'avoient ſi bien appriſe,
qu'il paroiſſoit que cette hiſtoire venoit d'eux-mêmes.

Je me retirai bien content de voir
mon deſſein en ſi bon train, & dès le
lendemain 13. Juillet, j'allai au Château ſur les quatre heures du matin.
On étoit ſi accoûtumé à me voir à
cette heure, qu'on ne me diſoit rien.
J'allai droit à la chambre du Day. La
porte & les fenêtres étoient ouvertes
pour donner du frais au bon homme,

qui étoit encore au lit. Il fut habillé dans un moment, il pria Dieu, & vint dans son vestibule où je l'attendois. Il s'assit dans un grand fauteüil à l'Italienne, il me fit asseoir dans un autre vis-à-vis de lui, & me fit approcher de maniere que nos genoüils se touchoient. On apporta le déjeûné aussi-tôt. C'étoit une petite fricassée de pieds de mou on. Nous la mangeâmes tête à tête, & nous bûmes du caffé. Il me demanda ensuite où en étoient nos affaires : Je lui dis, Seigneur, il ne tient plus qu'à vous que tous les articles du Traité ne soient executez, & que nous ne nous retirions bien contents. Je ne suis venu que pour vous informer de ce qui nous restoit à faire. Il seroit fâcheux qu'ayant fait tant de choses pour affermir la paix, elle se trouvât rompuë pour une bagatelle, & elle le seroit assurément si nous laissions ici un seul François. Mes peines seroient perduës, & je n'oserois plus me présenter devant le Roi mon Maître : car mes envieux & mes ennemis ne manqueroient pas de dire, que j'aurois negligé l'execution de ses ordres, & il n'en faudroit pas davantage pour m'ob'iger d'abandonner le Royaume & mon Païs. Vous avez eu tant de bon-

té pour moi jufqu'à prefent, que j'ef-
pere que vous voudrez bien m'en donner encore une marque, & me continuer l'honneur de votre protection jufqu'au bout. Vous êtes le pere de cette
République, vous en êtes le Roi & le
Souverain, vous pouvez, & même vous
devez en confcience lui procurer, & à
vos enfans qui font vos fujets, la tran-
quillité & le bonheur.

Le bon homme prit plaifir à m'entendre parler, il me fut aifé de le connoître. Il me promit de faire tout ce
qui dépendroit de lui pour me renvoyer joyeux & content, que je n'a-
vois qu'à lui dire de quoi il s'agif-
foit.

Je lui dis que Sid Mehmed Ellaffi ne vouloit pas me rendre un Efclave François, difant qu'il étoit Chevalier de Malte, & que j'offrois de faire
voir par bonnes preuves qu'il ne l'é-
toit point du tout. Qu'il étoit vrai qu'il
avoit eu deffein de l'être, qu'il avoit
fait les preuves de nobleffe neceffaires
pour être reçû dans cet Ordre, que
dans ce deffein il étoit paffé à Malte,
& qu'il avoit porté une croix pour la
faire benir. Qu'il étoit vrai que fon
Patron, tous les Efclaves en un mot,
toute la Ville le croyoient Chevalier

T vj

de Malte ; & que cependant il étoit vrai qu'il ne l'étoit point , & que par conféquent il devoit être rendu comme les autres , étant François , & compris comme les autres dans le Traité de Paix.

Seroit-il poſſible, me dit le Day, que cet homme ne ſoit pas Chevalier? On l'a pris avec une croix , tout le monde l'appelle M. le Chevalier , & les deux Chevaliers qui ont été pris avec lui le reconnoiſſoient pour tel. Cependant je ſçai que vous m'avez toûjours parlé dans l'exacte verité , il faut voir s'il en ſera de même dans celle-ci.

Je lui dis : Il eſt vrai, Seigneur, qu'il eſt de qualité à être Chevalier. Il a été à Malte dans ce deſſein, il y a porté une croix pour l'y faire benir ; mais ayant par emportement tiré l'épée contre un Chevalier, & l'ayant bleſſé, ce qui eſt un grand crime dans cette Religion, il a été chaſſé, & a été pris en s'en retournant en France.

Le Day me demanda quelles preuves je lui donnerois de ce que j'avançois, & que ſi j'avois ſeulement deux témoins qui vinſſent lui dire la même choſe, il me feroit rendre le Chevalier, quand même ſon Patron l'auroit caché dans la corne d'une chévre.

Je lui repliquai que cela étoit si vrai,
que je voulois le lui faire prouver par
des gens mêmes qui devoient m'être
suspects, & que pour ce sujet je le
priois de faire venir deux Renegats de
Mehmed Beig, qui avoient été pris
avec lui, & les interroger cathegori-
quement sur ce que je venois de lui dire, & qu'après les avoir entendus il me
rendroit justice.

Le Day envoya sur le champ querir
Soliman Rais & Bairam Cuisinier. Je
me cachai dans une petite chambre,
quand je sçûs qu'ils étoient arrivez. Ils
baiserent la main du Day en entrant, &
se retirant un peu, ils demeurerent
debout devant lui les mains croisées sur
le ventre. Le Day leur ayant parlé
d'abord de plusieurs choses, tomba
adroitement sur le Chevalier. Ils lui dirent la même chose, & à peu près dans
les mêmes termes que je les leur avois
dites. Le Day ayant leur témoignage
les renvoya, en leur disant : Allez, &
souvenez-vous bien du témoignage que
vous venez de me rendre.

Je revins trouver le Day après qu'ils
furent sortis. Il me dit qu'il n'avoit jamais reconnu que de la verité & de la
justice dans tout ce que je lui avois dit,
& que quand je voudrois il feroit ve-

nir Mehmed Beig. Je lui dis qu'il n'é-
toit pas neceſſaire qu'il ſe donnât cette
peine, & que je l'amenerois moi-même
dans deux heures.

Je m'en allai ſur le champ, chez
Mehmed Beig, & je le trouvai qui ſor-
toit du lit. Il avoit fait la débauche
toute la nuit, il avoit mal à la tête &
n'étoit guére de bonne humeur. Il fit
apporter le déjeûné qu'il commença
par un grand verre d'eau de vie, après
lequel il mangea une ſoupe à l'oignon,
bût trois ou quatre coups de vin, & reprit ſa belle humeur.

Je lui dis alors en riant que j'avois
un procès avec lui à décider devant le
Day, & que je le priois d'y venir avec
moi. Il prit cela pour une raillérie, &
me dit, qu'il s'y en al'oit, & que je pouvois y venir avec lui.

Nous montâmes à cheval, & nous
allâmes au Château. Le Day nous
voyant venir enſemble ſe mit à rire.
Il nous ſalua, chacun prit ſa place, &
s'adreſſant à moi, il me demanda ſi j'a-
vois encore quelque choſe à faire à
Tunis; & pourquoi je ne m'en alloit
pas. Je lui répondis que j'avois encore
un procès avec Mehmed Beig, & que
nous étions venus enſemble pour le
prier de nous rendre juſtice.

Mehmed Beig croyoit que ce n'é-
toit qu'un jeu pour divertir le Day, il
ne comprenoit pas les prétentions que
je pouvois avoir. Mais m'adreſſant au
Day, je lui dis : Seigneur, je demande à Mehmed Beig l'Eſclave qu'on appelle le Chevalier, Je dis alors ce que
j'ai rapporté ci-deſſus. Mon diſcours
ôta à Mehmed l'envie de rire. Il me
répondit gravement, que ſi la choſe é-
toit juſte, il me le rendroit volontiers.
Alors le Day lui dit qu'il étoit Chevalier de France ſans difficulté ; mais qu'il
étoit queſtion de ſçavoir s'il étoit Chevalier de Malte ou non, & qu'il falloit de bonnes preuves pour cela. Je
lui répondis que pour faire voir la juſtice de ma demande, & que rien ne
m'étoit ſuſpeſt dans cette occaſion, je
ne voulois point d'autres témoins que
les domeſtiques de ma partie, & ſur
le champ m'adreſſant à Soliman Rais
qui avoit ſuivi ſon Maître, & qui
comme je l'ai dit étoit Canonier dans le
Vaiſſeau où le Chevalier & lui avoient
été pris, je lui dis :

Soliman Rais, je crois que votre
Religion comme la mienne vous dé-
fend de mentir, & vous commande de
dire la verité. La juſtice eſt le bras de
Dieu, elle eſt aveugle & ne connoît

perſonne. Je veux croire que vous n'a
vez changé de Religion que pour vivre
avec plus de régularité. Ne regarde
pas, ſi c'eſt pour ou contre votre Maî
tre que vous allez parler. Vous ête
devant Dieu, & devant celui qu'il ;
établi pour adminiſtrer la juſtice dan
ce Royaume. Dites, je vous prie, c
que vous ſçavez en votre conſcienc
de ce prétendu Chevalier, & pendan
que vous parlerez, le Seigneur Da
aura la bonté de faire venir Bairam
qui eſt à la cuiſine de Mehmed Bei
afin qu'il puiſſe dire ce qu'il ſçait d
cette affaire, puiſqu'il étoit dans le mê.
me Vaiſſeau.

Soliman Rais ſe trouva embaraſſé
Il avoit engagé ſa parole au Day, qu
étoit homme à la lui faire maintenir
Il auroit voulu être bien loin, & ap
prehendoit fort de n'en être pas quit.
te comme il le fut. Il étoit entre l
Day & ſon Maître. Le Day le preſſ
de répondre. Après quelques momen
de ſilence, pendant leſquels la preſen
ce de ſon Maître le rendit un peu in.
terdit, il commença enfin à parler, &
regard int ſon Maître, il dit qu'il étoi
vrai, que ... Mehmed Beig l'inter.
rompit, & dit au Day en me montran
avec la main : Il y a long tems que c

Diable-là me tourmente pour avoir ce Chevalier, je lui en fais préfent, & pour n'avoir plus rien à démêler avec lui, je lui abandonne encore trois autres Efclaves, qui font de fins Savoyards, qui cependant prétendent être d'Antibes en Provence ; mais c'eft à condition qu'il m'apportera leur rançon lui même, & viendra dîner avec moi. Très-volontiers, lui répondis-je, je vous ferai mes remercîmens à table, & vous avoüerez que j'ai bien gagné ce que vous me donnez.

Le Day me congedia en riant, & demeura avec Mehmed riant enfemble, & parlant de moi d'une maniere fort avantageufe, ainfi que me le rapporterent des gens qui étoient prefens à leur converfation.

J'allai attendre Mehmed chez-lui, & dès que j'y fus arrivé, j'envoyai mes gens querir fept cens piaftres, qui étoient le prix des quatre Efclaves qui me devoient être livrez. Je les livrai à fon Treforier, qui les compta & les mit dans un fac, qu'il cacheta pour les prefenter à fon Maître.

Mehmed Beig s'arrêta chez fon frere jufqu'à midi. Soliman Rais étant venu au logis, pâle & défait, me dit, que j'avois voulu le perdre, en l'obligeant à rendre un témoignage si contraire aux intérêts de son maître. Je lui fis connoître que n'ayant agi que pour la verité, il étoit impossible que Dieu l'abandonnât, & là-dessus je lui fis boire un verre d'eau de vie qui lui remit le cœur.

Mehmed Beig étant arrivé me fit des reproches, de ce que je lui faisois perdre trois mille piastres : je lui dis que Dieu les lui rendroit avec le plus haut change, & que je serois caution. Là-dessus je fis apporter le sac où étoient les sept cens piastres. Il le fit porter dans sa chambre, & nous nous mîmes à table. On l'avoit placé sur le balcon d'une chambre qui donnoit sur la rue. Je me plaçai contre la fenêtre, afin d'avoir de l'air & voir les passans. J'étois vis-à-vis du Beig, & Soliman Rais Renegat de Toulon étoit à l'autre bout. Ce dernier étoit Vice-Amiral des Vaisseaux du Beig.

Nous bûmes & nous mangeâmes à l'ordinaire. Le Beig après avoir bû commença à chanter. Nous en fîmes autant, & franchement j'avois lieu de chanter : car je venois de remporter une victoire, à laquelle je ne devois guére m'attendre. Je dis au Beig, que lui ayant payé quatre Esclaves, j'étois furpris qu'il ne me les faifoit pas rendre. Il envoya fûr le champ un Valet au Baigne pour les amener. Je les vis arriver tous quatre faifis de peur, par-ce que le Gardien les avoit amenez d'une manière fort rude. J'apperçûs que le Chevalier avoit encore fa chaîne. Je le dis au Beig. Il fe mit en colere, fit monter le Gardien, & le menaça de lui couper la tête. Il lui commanda d'aller promptement au Baigne, de la lui ôter & de le ramener. Les trois Savoyards demeurerent dans la cour, fans fçavoir ce qu'on vouloit faire d'eux, non plus que le Chevalier qui tiroit un mauvais augure de ce renvoi. Il revint quelques momens après fans chaînes, mais fi pâle & fi abattu qu'il avoit peine à fe foûtenir.

Le Beig étant averti qu'ils étoient tous quatre dans la cour, les fit monter, & s'adreffant au Chevalier, lui dit: Venez baifer la main de cet homme, en me montrant: Vous ne devez votre liberté qu'à Dieu & à lui; mais prenez garde de n'être jamais ingrat du bien qu'il vous a procuré: car Dieu haït fouverainement l'ingratitude, & vous puniroit. Je ne voulois pas fouffrir qu'ils vinffent me baifer la main. Je leur dis de baifer la vefte de leur

Maître, ils le firent ; mais il fallut le souffrir à la fin pour obéïr à ce Seigneur.

Il fit donner à boire aux trois Savoyards, & fit signe au Chevalier de se mettre à table. Je le plaçai auprès de moi. Le Beig lui donna de la viande fort gracieusement, en lui disant : Vous êtes naturellement d'une qualité à manger à ma table. Vous êtes Chevalier, je le sçai bien ; mais ce Diable-là m'a fait perdre aujourd'hui un procès de trois mille piastres, aussi je vais le retenir à votre place. Je lui dis que je le voulois bien, & que je ne pouvois être avec un plus galant homme. Ce pauvre Chevalier étoit tellement saisi qu'il ne pouvoit manger, je lui fis prendre une grande razade de vin, & je fis trouver bon au Beig qu'il se retirât au logis. Je le priai de dire à M. du Moulin que j'étois demeuré à sa place. Nous demeurâmes à table jusqu'à ce que Mehmed eût besoin d'aller au lit. Je retournai au logis, j'appris que M. du Moulin & ses Courtisans avoient été dans la derniere surprise, quand ils avoient vû arriver le Chevalier & les trois Savoyards. Il sembloit que ce fussent des phantômes qui se presentassent devant eux. Ils doutoient de ce

qu'ils-voyoient. Je les trouvai encore
dans la furprife quand j'arrivai. M. du
Moulin m'en fit un compliment, dans
lequel malgré fa politeffe , il ne pût
s'empêcher de faire voir fa jaloufie. Il
ne reftoit que Dom Georges ; mais perfonne ne m'en parla , & je ne jugeai
pas à propos de dire ce que j'avois
deffein de faire pour lui. Quoique la
rançon de ces pauvres Efclaves fût
payée, & qu'ils fuffent dans une entiere
liberté, ils s'en tenoient fi peu affurez ;
qu'ils demanderent d'aller au Vaiffeau,
& on les y envoya fur le champ.

Leur arrivée au Vaiffeau caufa autant de furprife qu'à la maifon Confu-
laire, & y excita des cris de joye & des
réjoüiffances auffi éclatantes , qu'elles
cauferent de dépit aux Efclaves des autres Nations, qui virent bien que Mehmed Beig repeteroit fur eux la perte qu'il
faifoit fur le Chevalier.

Dès que Dom Georges eût appris la
délivrance du Chevalier, il ne douta
plus que la fienne ne fût poffible ; mais
il eut l'imprudence de s'en expliquer
d'une maniere qui fut rapportée à Cuchuk Murad , qui s'en fâcha fi fort,
qu'il lui fit dire que dès que nous ferions partis , il le feroit pendre par les
pieds dans une Matamore. Il connoif-

soit son Patron pour un homme violent & cruel, & il l'étoit en effet. Cette menace fit un effet si grand sur ce
pauvre Prêtre, qu'il m'écrivit que si je
ne le retirois de son esclavage, il é-
pargneroit à son Patron la peine de le
faire mourir par le supplice, dont il
l'avoit menacé, & qu'il se couperoit
la gorge au pied de l'autel du Baigne.
Cette résolution me fit horreur. Je lui
écrivis le plus fortement que je pus
pour l'en détourner ; car je m'étois apperçû que sa captivité lui avoit beaucoup dérangé la cervelle. Je l'assurai
pourtant que s'il prenoit des résolu-
tions plus raisonnables & plus confor-
mes à son état, je m'engageois à le
rendre libre dans trois jours, & que
je ne partirois point de Tunis sans lui;
mais qu'il fût secret & qu'il ne se décou-
vrît à personne.

Il ne cessa pas pour cela de me fatiguer par ses Lettres. J'en recevois trois
ou quatre tous les jours. Je résolus de
l'aller voir, quoique la chose fût presque impossible, à cause des défenses
que son Patron avoit faites aux Gardiens du Baigne de le laisser parler à
personne. J'en cherchois cependant
l'occasion. Elle se présenta heureusement le 16. Juillet. Je rencontrai sur

les neuf heures du matin un des six
Janiſſaires que nous avions ramenez
de Marſeille, & à qui j'avois fait civilité dans le Vaiſſeau. Nous nous embraſſâmes, je reconnus aiſément qu'il
avoit bû, & j'acceptai avec plaiſir l'offre qu'il me fit d'aller boire une bouteille de vin dans le cabaret du Baigne.
Nous y entrâmes & nous mîmes à table. Dom Georges qui en fut averti
paſſa devant moi, & me fit un ſigne
auquel je répondis par un autre, qui
lui fit connoître que je l'avois entendu. Nous demeurâmes à table juſqu'à
midi, qui eſt le tems que les Turcs vont
à la priere. Tous ceux qui y voulurent
aller ſe retirerent. La grande porte du
Baigne fut fermée, il ne reſta que la
petite ouverte. Mon Janiſſaire s'étoit
endormi ſur la table. Je le quittai,
j'entrai dans la Chapelle où Dom Georges m'attendoit. Je lui dis ce qu'i falloit répondre, quand je le ferois paroître devant le Day, & je le lui fis
écrire, afin qu'il s'en ſouvînt mieux.
Il avoit de l'argent, il me remit ce
qu'il en avoit ſur lui. Je lui dis ce
qu'il falloit que les trois Eſclaves Danois ou Suedois répondiſſent, &
je retournai trouver mon Janiſſaire. Je
l'éveillai, nous bûmes encore quel-

ques coups, & nous fortîmes avec d
grands témoignages d'amitié. J'enfoÿi
le foir deux de nos Efclaves avec ï
Billet à Dom Georges, fur lequel
leur remit le refte de fon argent, qu
montoit à près de deux mille piaftres

J'allai le lendemain 17. Juillet d
jeûner avec Mehmed Beig. Il fe m
de bonne humeur après que nous eû
mes bû quelques coups, & me déman
da fi toutes nos affaires étoient achè
vées. Je lui répondis que tous nos Ef
claves étoient embarquez, à la réfer
ve de quatre, qui étoient entre lï
mains de Cuchuk Murad, qui étoient
un Prêtre de Pignerol & trois Matelot
de Dunquerque, que Cuchuk vouloi
être Italiens & Hollandois ; qu'il étoi
fâcheux qu'un homme comme Cuchu
fût le feul dans un grand Royaume
qui mît obftacle à la conclufion d'un
Traité qui réüniffoit deux grands Etats
Vous vous êtes privé, Seigneur, dis-je
de vos meilleurs Efclaves par une gé
nérofité fans exemple, & dans la vu
d'un bien général. -Faudra-t'il qu'un
homme fi au-deffous de vous foit un
obftacle à l'heureufe conclufion de la
paix, malgré le grand exemple que
vous & tous les Grands de l'Etat lu
ont donnez ? Je le priai de faire atten
tion

tion fur ce que je lui difois, & de ne
pas fouffrir une injuftice fi criante : Je
ne la fouffrirai pas , me dit-il , tout
en colere , je ne fouffrirai pas que ce
Juif, cet infidéle fe mocque de nous
quand vous ferez partis. Allez demain
matin trouver le Day à cinq heures :
demandez-lui juftice, je m'y rendrai,
& vous verrez de quelle maniere je
prendrai vos interêts. Vous m'avez fait
perdre un procès de trois mille piaftres, je veux vous aider à en gagner
un autre, je fuis fâché qu'il ne foit pas
d'auffi grande conféquence.

Je le remerciai de mon mieux , & je
me trouvai au fouper avec lui. Pendant le repas , je le fis fouvenir de fa
promeffe, & je le priai de fe faire éveiller pour l'heure marquée.

Je dis le foir à M. du Moulin , que
s'il vouloit voir comment on plaidoit en
Turquie , je l'y invitois pour le lendemain.

Nous allâmes le lendemain à cinq
heures à l'Efquiffe. Nous trouvâmes le
Day dans fa Salle d'Audiance. Il nous
demanda fi nous venions prendre congé de lui. Je lui répondis , que nous
n'aurions plus rien à faire dès que
nous aurions retiré quatre Efclaves
qui étoient chez Cuchuk Murad, que

ne voulant pas nous les rendre, quoi
que je l'en avois preſſé pluſieurs fois
& offert le payement, nous veno̅is
lui demander juſtice. Je lui expoſai
mes raiſons. Mehmed Beig les appuy
fortement & pria le Day de faire ve
nir Cuchux. Cela fut executé ſur l
champ. Deux Chaoux l'amenerent, &
dès qu'il parut, le Day ſans ſe don
ner la peine de l'entendre, lui or
donna de répreſenter ces quatre Eſcla
ves. On les fit venir. Le Day priaDô
du Moulin de les interroger lui-me̅
me. Dom Georges parloit François. I
répondit fort bien, quoiqu'en trem
blant, aux demandes qu'on lui fit, j
ajoûta que ſi on vouloit lui rendre ſ
papiers, il prouveroit par ſon extra
Baptiſtaire, & par ſes lettres d
Prêtriſe, qu'il étoit né ſujet du Ro
de France. Les Suédois répondiret
avec fermeté qu'ils étoient nez à Dou
querque, & là-deſſus le Day les dé
clara François, & ordonna à deu
Chaoux qu'ils fuſſent conduits au Vai
ſeru. Je les fis accompagner par quel
ques uns de nos Officiers qui étoient
venus avec nous. Ils paſſerent au Ba
gne, prirent leurs hardes, & furent en
barquez ſur le champ, pendant qu
nous demeurâmes à diſputer vive

ment avec Cuchuk Murad. Il crioit
comme si on l'avoit écorché, prenoit
Dieu à témoin de l'injustice qu'on lui
faisoit, & voyant qu'il n'étoit point
écouté, il tourna brusquement le dos
au Day, & se retira sans le saluer.

Le bon homme se fâcha tout de
bon, envoya des Chaoux après lui
qui le ramenerent. Le Day le traita
de Juif & d'yvrogne, & ordonna qu'on
lui donnât des coups de bâton. Cuchux fut pour se jetter aux pieds du
Day, lui demanda pardon, lui baisa
la main & se retira. J'envoyai chercher sept cens piastres, qui étoient
la rançon des quatre Esclaves. On les
apporta, & le Day envoya dire à Cuchuk de venir recevoir son argent. Il
répondit qu'il n'en vouloit point. Sur
quoi le Day ordonna qu'il resteroit en
dépôt au Divan pendant un certain
tems, & qu'après cela il seroit con-
fisqué au profit de la République. Il
me dit ensuite : Il vaut mieux que vous
le remportiez, & que vous le rappor-
tiez, quand le Divan sera assem-
blé.

Nous remerciâmes le Day de la justice qu'il nous rendoit, & nous nous
retirâmes.

Dès que j'eus dîné j'allai au Divan,

accompagné de deux Gentilshomme
& de l'Enseigne du Vaisseau. La M
lice s'y étoit assemblée pour des affai
res de conséquence. Je fis mon com
pliment à l'Aga qui présidoit ; il étoi
assis dans un fauteüil, au bout d'un
galerie. Je lui dis que je venois pa
ordre du Day lui remettre sept cen
piastres pour le compte de Cuchul
Murad, pour le prix de quatre Es
claves François, qu'il n'avoit pas vou
lu recevoir.

A peine les Soldats eurent enten
du ce que je disois à l'Aga, qu'ils s'é
léverent tous contre moi en crian
comme s'ils avoient voulu m'égorger.
Cuchuk Murad les avoit si fort enve.
nimez contre moi, que mes gens cru.
rent qu'on m'alloit mettre en pieces,
ils s'enfuirent, & vinrent dire à M.
du Moulin ; qu'assurément j'avois été
assassiné dans le Divan.

Quoique je visse bien le danger où
j'étois ; je n'eus garde de faire paroître de foiblesse ; mais par précaution
je me plaçai auprès de l'Aga, & je
laissai crier ces Soldats mutinez tant
qu'ils voulurent ; & quand je vis que
le bruit commençoit à s'appaiser un
peu, je me mis à crier à mon tour :
A la justice de Dieu, & m'adressant à

la troupe, je leur dis qu'il étoit aifé
à cinq cens hommes d'en affaffiner un
feul qui étoit fans défenfe ; mais qui
ne craignoit rien, parce qu'il étoit fous
la bonne foi d'un Traité de paix, juré
& executé de part & d'autre ; que je
n'avois rien fait qu'eux-mêmes n'euffent fait s'ils avoient été à ma place ;
que je m'étois conduit avec toute la
bienfeance dûë aux Miniftres de la
République & aux Particuliers. Le
bruit ayant recommencé, je leur demandai à qui ils vouloient que je m'a-
dreffaffe, puifque leur bruit m'empê-
choit d'être écouté par une fi grande
multitude. Ils crierent que je parlaffe
à l'Aga & fe tûrent. Alors je propo-
fai mes raifons à l'Aga d'une maniere qui le fatisfit. Il me dit : C'eft affez,
& ayant impofé filence il harangua ces
féditieux d'une maniere fi forte & fi
pathetique, qu'une grande partie de
ceux qui paroiffoient les plus échauf-
fez, parurent contens.

Je priai l'Aga de faire recevoir
l'argent, il ordonna au Vifiteur de
le compter. Il le fit ; l'argent fut enfermé dans un fac, cacheté & remis au
Tréforier pour le donner à Cuchux
quand il le viendroit demander.

Pendant qu'on étoit occupé à cela

on amena un Boulanger dont le pain
s'étoit trouvé trop leger. L'Aga le
condamna à avoir cinq cens coups de
bâton fur les feffes. Sur le champ on
le fit coucher à terre fur le ventre,
un homme s'affit fur fes genoux, &
un autre fur fes épaules. On lui leva fa vefte de deffus, & on mit à fes
côtez deux paquets de bâtons qui é-
toient gros comme le bras & fort
noüeux. Deux Officiers fe leverent,
& prenant chacun un bâton, & l'élevant en l'air, comme font nos bat-
teurs en grange, ils lui en compte-
rent cinquante coups, après quoi ils
remirent leurs bâtons à terre avec refpect, & deux autres fe leverent &
lui déchargerent leurs cinquante coups,
& ainfi de fuite, jufqu'à ce que la
Sentence fût executée. Le Boulanger
cria de toutes fes forces pendant les
cent premiers coups; il appelloit à fon
fecours Dieu, le Prophete, tous les
Saints de la Loy, le Day, les Beigs,
tous les principaux de la République.
Perfonne ne fe prefenta; de forte qu'il
fut obligé de fe taire, & il fouffrit
fans rien dire les quatre cens derniers.
Ses habits furent mis en pieces. On
rompit fur fes feffes bien des bâtons,
& affurément elles étoient furieufe-

ment meurtries. Le fang ruiffeloit de
tous côtez. On le releva, deux hommes le prirent fous les bras & le pre-
fenterent à l'Aga, qui lui fit une affez
longue remontrance, fur la fidelité
qu'il devoit avoir. Il la conclud en lui
difant que s'il tomboit une autre fois
dans cette faute, il feroit pendu fur
le champ. On lui fit baifer la main de
l'Aga, & on l'emporta chez lui.

. Je fus fpectateur malgré moi de
cette execution. Je ne laiffai pas de
complimenter l'Aga fur la juftice qu'il
venoit de faire. Il me demanda comment on en auroit agi en France en
pareil cas. Je lui dis qu'il n'y avoit
point de peines corporelles marquées
par les loix, qu'on fe contentoit d'une
amande, & de faire fermer la boutique de celui qui à mal fait, & de le
tenir en prifon. Mais s'il retomboit
une autre fois, me dit-il, dans la même faute, que lui feroit-on ? Je lui dis
qu'on augmenteroit l'amande, & que
peut-être on le priveroit du droit
d'exercer fon métier. Il me répondit
qu'il ne blâmoit point nos ufages, ils
doivent être fondez fur de bonnes raifons ; mais ils ne fuffiroient pas dans
ce Païs. Le châtiment que j'ai fait à
cet homme vous paroît rigoureux, &

X iiij

il l'eſt en effet ; mais il le fera ſouvenir de ſon devoir , il ſervira à retenir les autres qui voudroient l'imiter , & nous empêchera de le faire pendre , comme nous ne manquerons pas de le faire , s'il retombe dans ſa faute. Nous ne manquerons pas de Boulangers , & ils ne manqueront pas d'être châtiez ſévérement quand ils agiront contre la juſtice,ou bien ils s'expoſeront à être mis en état de ne plus tromper perſonne.

La foule s'écoula inſenſiblement pendant notre entretien. Je pris congé de l'Aga , j'allai dîner chez Mehmed Beig , & je ne revins au logis qu'à l'entrée de la nuit. On parut ſurpris de me voir en parfaite ſanté.

Cuchuk Murad alla pourtant retirer ſon argent , il étoit trop avare pour faire un ſi gros preſent à la République. Mais il étoit tellement irrité contre moi , qu'il jura qu'il me feroit aſſaſſiner , mais il n'oſa ou ne pût l'entreprendre , quoique j'allaſſe par tout ſeul à mon ordinaire , & que je me re iraſſe quelquefois aſſez tard chez moi. Il ſe contentoit de me tourner le dos quand il me trouvoit dans les ruës, & qu'il étoit aſſis ſur quelque boutique dans le marché des Eſpahins ; j'en étois quitte pour quelques injures qu'il

marmottoit. contre moi entre ſes dents
dont je me ſouciois peu , parce que j'a-
vois rempli toute ma Commiſſion.

J'allai enſuite remercier le Day des
bontez qu'il m'avoit témoignées en tant
d'occaſions , & je le priai d'agréer que
nous allaſſions prendre l'air à la campagne pour nous délaſſer de nos fatigues. Vous en avez beſo'n. , me dit-
il , allez réjoüiſſez-vous bien ; ſi je ne
ſçavois que vous avez des amis qui
ont des maiſons de campagne , je vous
offrirois les miennes. Vous en êtes le
maître, & vous me ferez plaiſir de les
accepter : ſi je ne puis m'y trouver pour
vous y recevoir , je donnerai ordre
que vous ſoyez bien régalé.

Je crois devoir faire connoître au
Public ceux avec qui j'ai eu à traiter à
Tunis.

CHAPITRE XXV.

De la Famille de Mehmed Ben Hha-
monda Beig Pacha de Tunis.

MEhmed Pacha de Tunis étoit fils
d'un Renegat Corſe , appellé
Hhamonda, qui étoit parvenu à être
Beig de Camp , c'eſt-à-dire General

des Troupes. Il étoit monté à cet emploi après avoir passé par tous les degrez de la Milice, où il s'étoit acquis beaucoup de réputation. Il eut assez de credit pour faire recevoir son fil Mehmed en sa place. Il l'avoit élevé avec soin, & il avoit trôuvé un sujet très-propre pour recevoir toutes le dispositions qu'on lui voulut donner. Il se comporta avec tant de sagesse de modération & de justice, qu'on le regardoit comme le plus digne Officier qui pût être à la tête de la République ; mais il avoit des défauts considerables : le premier étoit une timidité & une irrésolution pour ce qui regardoit sa personne, qui a été dans la suite la cause de son malheur : car quoiqu'il fût très-brave & très-expérimenté dans la guerre, qu'il sçût prendre son parti en brave homme, & qu'il fût très-heureux dans toute ses entreprises quand il s'agissoit du bien de la République, il étoit telle ment timide quand il s'agissoit du sien qu'il nuisoit extrêmement à ses propres interêts.

Son second défaut étoit une superstition outrée pour sa Religion. Il passoit cinq ou six heures par jour dans un bain, où il se faisoit frotter & la

ver depuis la tête jufqu'aux pieds ; &
quand il fortoit de ces purifications ,
il retrouffoit fes habits , de peur qu'ils
ne touchaffent à terre, & qu'ils ne
contractaffent quelque impureté légale
qui pût l'empêcher de faire fa priere
avec un cœur pur & exemt de toute
foüillure.

Lorfqu'il étoit au Divan , & qu'il
paffoit dans les ruës, il falloit que fes
domeftiques priffent bien garde que
les Chrétiens , les Juifs , les chiens ,
les chevaux & autres animaux immondes ne l'approchaffent, ou ne fiffent
rejaillir fur lui de l'eau ou autre chofe ;
car il retournoit fur le champ au bain,
prenoit des habits neufs , & faifoit
fes prieres en fûreté de confcience.

Ces manieres lui attiroient des railleries de tout le monde. Le Day Caragus étoit celui qui s'étudioit le plus
à le défoler fur fes purifications. Il
s'avifa un jour qu'il fçavoit que Mehmed, qui avoit été fait Pacha de Tunis
par le Grand Seigneur, devoit venir
chez lui, il s'avifa, dis-je, de faire
enfermer un cochon dans une chambre voifine où l'on faifoit le caffé ,
& il donna ordre à un Efclave de
faire crier le cochon pendant que le
Pacha boiroit fa taffe de caffé. Il en

X vj

fut tout décontenancé, il jetta la t
se crut soüillé depuis la tête jusqu'
pieds, se leva, s'enfuit chez lui,
passa le reste du jour dans l'eau
faire frotter & laver de la belle
niere, & aima mieux se passer de f
la priere de midi, que de la fai
après avoir été soüillé du cri d
cochon.

Si un chien le touchoit en passa
il entroit sur le champ dans la premi
maison, & se faisoit mettre des
bits neufs, de peur de demeurer qu
ques momens immonde, & d'avoi
malheur de prononcer en cet éta
nom de Dieu, ou celui du Proph
ce qui auroit été pour lui un pe
énorme que cent sceaux d'eau n
roient pû effacer.

Le Day ne se lassoit point de
faire des pieces sur son attachem
excessif à sa pureté légale. J'ennu
rois le Lecteur si je les rapportois
dé il. Voici la derniere qu'il lui jo
& qui fut cause de sa mort. Il sça
la tendresse que le Pacha avoit p
ses enfans: il voulut lui faire peur
étoit alors ncommodé, & gardoi
chambre. Son fils Murad Beig.
commandoit l'armée étant venu p
le voir, on fit courir le bruit que

Day n'étoit pas content de lui. Le
Pacha le fçut & en fut allarmé. Il con-
feilla à fon fils de ne point aller au
Château, & de s'en retourner incef-
famment à l'Armée, fans paffer la fête
du Bairam auprès de lui, comme il
avoit réfolu. Ce jeune Seigneur ne
jugea pas à propos de quitter fon pere,
& de fe remettre en route le premier
jour de cette grande fête. Il eut fujet
de s'en repentir par le malheur que
fa préfence caufa à fon pere.

Car le jour du Bairam le Day l'envoya chercher par fes Chaoux après
la priere du matin. Il ne put s'empêcher d'y aller avec ces Officiers fuivi de deux valets feulement; mais
lè Day avoit donné fi bien fes ordres, que dès que Murad fut entré
on ferma la porte au nez des deux
domeftiques, contre la coûtume.

Ces Valets effrayez coururent en
porter la nouvelle au Pacha, & dirent
chemin faifant le foupçon bien fondé
qu'ils avoient que le Day avoit fait
mourir leur Maître.

Le Pacha ayant été informé de
cette trifte nouvelle tomba évanoüi.
On lui ouvrit la veine plufieurs fois,
fans pouvoir tirer du fang. Les autres
remedes qu'on lui donna furent fans

effet, & il demeura dans cet état ju
qu'à ce qu'on lui cria aux oreilles qu
fon fils étoit revenu, & qu'il étoit e
parfaite fanté, & fort content de f
vifite. Le bon homme ouvrit les yeux
& une autre foibleffe les lui fit refer
mer : elle dura deux heures, les reme
des le firent revenir. Il demanda à voi
fon fils, on le fit venir : il l'embraff
tendrement plufieurs fois, & lui de
manda ce qui s'étoit paffé au Château
Murad lui répondit qu'il avoit trouv
le Day dans fa chambre avec un gran
feftin préparé ; qu'il l'avoit fait affeoi
auprès de lui, l'avoit régalé à mer
veille, & lui avoit donné toutes le
marques de l'amirié la plus fincere. I
ne fçavoit pas qu'on avoit renvoyé fe
Valets, & il comprit que c'étoit nn
piece que le Day vouloit faire à for
pere, dont il jura de fe venger, &
s'en vengea en effet, comme nous
verrons ci-après.

Cependant le mal du Pacha aug
menta, & une fiévre continuë s'y
étant jointe, fans que les remedes puif
fent la vaincre, il mourut âgé d'envi
ron foixante-cinq ans regretté & pleu
ré generalement de tout le monde, à
caufe de fa douceur, de fa juftice, &
d'une infinité d'autres belles qualitez

qui le rendoient cher à tout le Païs &
à ses voisins. On lui fit une pompe
funebre des plus magnifiques ; on ne
le porta à la sépulture que deux jours
après sa mort, & dans cette ceremo-
nie il fut accompagné de toute sa Maison & de tous ses amis vêtus de noir,
ce qui étoit une chose des plus extraordinaires, & qui marquoit bien le
déplaisir qu'on avoit de sa mort : car
je n'ai jamais remarqué que les Turcs,
chez qui j'ai demeuré pendant plusieurs années, changeassent la couleur
de leurs habits, même pour la mort de
leurs plus proches.

Il ne laissa que deux enfans légiti-
mes, Murad & Mehmed, & un au-
tre qu'il avoit eu d'une Esclave noire,
qui n'entra pas en partage avec les
deux autres. Il avoit encore quelques
filles ; mais elles n'entrent pas en ligne
de compte dans ce Païs. On leur donne une dotte médiocre, & ceux qui
les épousent doivent songer au reste.

Le Pacha laissa en mourant des
biens immenses, tant en argent comptant. meubles, immeubles, Esclaves,
Vaisseaux & autres choses de prix,
qui auroient causé de l'envie & de
l'étonnement à tout l'Etat, s'il n'avoit
eu l'approbation & l'amitié de tout le

monde. Tout ſon argent & ſon oꝛ
étoit caché dans ſes maiſons de campagne, dans des endroits ſecrets, qu'il
découvrit à ſes enfans avant de mourir. Ils y allerent, & pour ne pas perd-
dre le tems à compter les eſpeces, ils
les meſuroient au boiſſeau, & chacun
cacha ſa portion dans les maiſons qui
leur échûrent. C'eſt la maniere de
tous les Orientaux : ils n'ont point l'u-
ſage des coffres forts, parce qu'une
puiſſance ſuperieure pourroit enlever
les coffres ; au lieu que l'argent étant
caché, il eſt plus aiſé de le ſouſtraire
aux recherches qu'on en pourroit faire.

Il faut à preſent faire le portrait
de ces deux Beigs.

Murad Beig fils aîné de Mehmed
Pacha étoit un homme de ſix pieds de
haut, quarré & gros à proportion de
ſa taille. Son teint étoit brun, ſa barbe
noire, bien fournie & réguliere, le
viſage beau en toutes ſes parties, ſes
yeux étoient noirs, grands, bien fendus & pleins de feu. Il avoit l'air
d'une perſonne de qualité, la déman-
che aſſurée. Il avoit beaucoup d'eſprit : il étoit naturellement doux &
poli : il étoit homme de parole, grave
dans ſes diſcours, ſérieux dans la
converſation, très-juſte, régulier dans

l'obſervation de ſa Religion, mais bien
éloigné des ſuperſtitions de ſon pere.
Sa douceur naturelle le portoit à la
patience : il faiſoit les fonctions de ſa
Charge ſans hauteur, ſans bruit, ſans
emportement, ſans violence : il s'en
faiſoit à-lui-même de fort grandes,
quand pour ſe rendre aux Loix & à
la politique du Païs, il étoit obligé de
faire ou d'ordonner quelque choſe de
vio'ent. Il commandoit le Camp, c'eſt-
à-dire toutes les troupes de Cavalerie
& d'Infanterie de l'Etat par terre,
pendant que ſon cadet commandoit
toutes celles de la Marine. Il avoit trois
enfans, deux garçons & une fille : l'aîné étoit fort laid, le cadet & la fille
étoient d'une beauté achevée.

Mehmed Beig, ſurnommé El hhaffi,
du nom de Hhaffa lieu de ſa naiſſance,
étoit d'une humeur bien différente de
ſon fiere. Il étoit un peu plus petit
que ſon aîné, mais gros & replet.
Son viſage étoit blanc, ſon poil blond,
il avoit les yeux b'eus & fort beaux.
Sa phyſionomie étoit celle d'un débauché, & aſſurément elle n'étoit point
trompeuſe ; mais il étoit bien moins
in'ereſſé que ſon aîné : la table étoit
toûjours ouverte chez lui ; & comme
les Capitaines des Vaiſſeaux & les au-

tres Officiers y étoient toûjours reçûs avec politesse, ils l'aimoient & lui obéissoient aveuglément. Il bûvoit avec eux depuis le matin jusqu'au soir, & tenoit quelquefois table pendant 24. heures. Ses offices étoient toûjours remplis de vin, de viandes, de Liqueurs, de fruits, de confitures, & de tout ce qui étoit néceffaire pour flatter le goût & faire bonne chere. Outre l'Arabe qui étoit fa Langue naturelle, il parloit parfaitement bien Turc & Italien. Il étoit libéral, bon ami, généreux, peu attaché aux obfervances de fa Loi, railleur, plein d'efprit. Ses manieres étoient nobles. Il étoit toûjours prêt à faire plaifir, & à la débauche près le plus aimable homme de toute la Barbarie, chez qui on étoit mieux reçû, & chez qui on vivoit avec plus de liberté.

Il avoit époufé la plus belle fille de Tunis, & ne l'avoit pas vûë depuis le premier jour de fes nôces. Il ne laiffoit pas de l'aimer ; mais il l'auroit aimé bien davantage, s'il ne fe fût point abandonné à des voluptez honteufes qui font haïr les femmes. Il lui donnoit cependant avec profufion tout ce qu'elle pouvoit defirer, l'or, l'argent, les pierreries, les habits, les meubles.

toient pas en peine de se mettre en li
berté. Il étoit rare qu'il les fît maltrai
ter, ou qu'il leur dît jamais rien de fâ
cheux. Ils avoient ordre de recevoi
poliment ceux qui venoient chez-lui
quand même il n'y étoit pas. On de
mandoit librement ce qu'on vouloit, &
on étoit servi sur le champ avec tout
la propreté & la civilité possible. Il ai
moit les Francs & sur-tout les Fran
çois, & quand ils pouvoient converse
avec lui en Italien, il leur faisoit mill
caresses. Ce que j'ai dit de lui ci-devar
est une preuve de ce que je dis ic
Il est bon de dire à present de quell
maniere il se vengea du Day Cara
gus, qui avoit été l'occasion de la mot
de son pere.

Histoire du Day Hagi Mustafa Ca ragus.

HAgi Mustafa Day de Tunis, sur
nommé Caragus, parce qu'i
avoit de grands yeux noirs & for
beaux, étoit un homme d'esprit & d
cœur. Quoiqu'il fût fort serieux, il n
haïssoit pas le plaisir. Il étoit vaillan
& doux, & ne laissoit pas d'être ex
trêmement severe dans l'administra
tion de la justice, cela le faisoit aime

des gens de bien & craindre des méchans. Il aimoit les François, & par-
ticulerement M. le Vacher Vicaire
Apoſtolique & Conſul de notre Nation. Il ne lui refuſoit jamais rien,
pourvû qu'il y eût tant ſoit peu de juſtice dans ce qu'il lui demandoit, il
ſuppléoit au reſte par ſon autorité.

Ses gens étoient toûjours en mouvemens pour attraper les voleurs, ſoit
dans la Ville ou à la campagne, auſſi-
tôt pris auſſi-tôt pendus. Si on les prenoit à la campagne, on les attachoit
ſans autre forme de procès au premier
arbre. On lui amenoit ceux que l'on
prenoit dans la Ville, & ſur le champ
il les faiſoit expedier, de maniere
qu'il purgea la Ville & le Païs de ces
canailles, & y établit une ſûreté ſi grande, qu'on pouvoit laiſſer ſes portes
ouvertes & les maiſons à l'abandon,
ſans crainte d'être inſultez ou volez.

Quoiqu'il veillât fort exactement ſur
la conduite de ſes Officiers, il ne
laiſſoit pas de s'informer par lui même
de quelle maniere ſes ordres étoient
executez. Il alloit la nuit par la Ville
incognito & ſans ſuite, & remaiquoit
s'il ne ſe gliſſoit point d'abus. Il trouva une nuit la porte d'une maiſon ouverte, il entra dans la cour, & vit au

fond d'une chambre un Turc affis e
tre une bouteille de vin & un plat
viande, qui bûvoit, mangeoit, ch
toit & se divertiffoit tout feul. Le D
lui cria de loin : Hé! Camarade, pou
quoi ne fermes-tu pas ta porte,
crains-tu pas les Voleurs? Le Turc fa
prendre la peine de se lever pour co
noître celui qui lui donnoit ce ch
table avis, lui répondit en criant e
core plus fort : Hé, d'où viens-tu C
marade? Crois-tu que tant qu'il pla
à Dieu de nous conserver ce Diab
Caragus, on entende jamais parle
Voleurs à Tunis? Si tu as peur, fer
la porte toi-même : car tant qu'il vi
nous n'aurons rien à craindre. Le D
sortit sans repliquer, & le lendema
il envoya querir ce Turc, lui fir
préfent, & lui donna des marques d'
mitié.

Ce fut avec ce Day & le Pacha Me
med pere des deux Beigs Murad
Mehmed, que M. le Duc de Beaufo
avoit conclu le Traité de Paix pour l'
xecution duquel j'étois à Tunis ; ma
il n'eut pas le plaisir de le voir ex
cuté.

Les deux Beigs avoient juré de
venger sur lui de la mort de leur pe
Ils trouverent moyen de lui faire do

ner un poison, qui le tint quelques
jours dans une langueur à ne pouvoir
ni mourir ni vivre. Mehmed alla lui
rendre une visite de civilité, & sçavoir des nouvelles de sa santé, il demeura quelques heures auprès de lui.
Il sortit ensuite pour aller prendre avec
son frere les mesures necessaires pour le
dépoüiller de l'autorité avant sa mort,
afin de lui faire plus de dépit.

Ils communiquerent leur dessein à
quelques vieillards, qui avoient beaucoup de crédit dans le corps de la Milice ; mais aucun ne voulut accepter
la Charge de Day, s'excusant les uns
après les autres de prendre une Charge où l'on étoit assuré de ne pas vivre
long-tems. Ce contre tems mit les Beigs
au désespoir. Mehmed retourna voir
le Day, & connoissant qu'il ne pouvoit
pas aller loin, il se pressa d'executer le
dessein qu'ils avoient formé de le dé-
posseder avant sa mort. Il trouva sous
la porte du Château deux vieux Capitaines, & un autre bon vieillard appellé Hagy Mehmed, qui étoit revenu
depuis peu de la Mecque. Il dit à un
des Capitaines : Sois Day, je te prie.
Il le refusa. Il en dit autant à l'autre,
qui le refusa aussi. Au moins, leur dit-
il, asseyons-nous, & nous consulterons

ensemble ce qu'il y a à faire, car le tems preſſe. Ils s'aſſirent, & après quelques momens de ſilence, Mehmed Beig ſe leva, baiſa la main & la veſte du vieillard Hagy Mehmed, & le ſalua Day. Le bon vieillard ſe défendit tant qu'il pût de l'honneur qu'on lui vouloit faire. Mais les autres s'étant levés, & lui ayant auſſi baiſé la main & la veſte, & ceux qui ſe trouverent aux environs ayant fait la même choſe, il fut proclamé Day. La nouvelle enfuite portée à Murad Beig, & répandue par toute la Ville. Tout le monde accourut. On fit entrer le nouveau Day dans le Château, & on le mit malgré toutes ſes réſiſtances en poſſeſſion de ſa dignité, pendant que les gens de Mehmed Beig emporterent le pauvre Caragus dans la maiſon qu'il avoit à la Ville, où il mourut quelques jours après regretté des honnêtes gens, comme le plus integre & le plus juſte Day qui eût jamais gouverné le Royaume de Tunis. Il ne manque aux Days que la qualité de Rois, ils en ont en effet toute l'autorité ; mais ils ſont amovibles à la volonté de la Milice, ou de ceux qui ont de l'autorité ſur elle.

Le bon Hagy Mehmed étoit un parfaitement honnête homme, incapable

de

de rien faire contre l'équité ; mais peu
craint, parce que ce talent si necessaire dans un Païs tel que celui-là lui
manquoit. Les Beigs Murad & Mehmed qui l'avoient mis en place le soû-
tenoient de leur credit , & le faisoient
respecter & craindre, parce qu'ils l'é-
toient beaucoup eux-mêmes.

CHAPITRE XXVI.

*Histoire de Mehmed Cheleby appellé
Dom Philippe.*

Mehmed Cheleby étoit fi's de
Ouzou Ahmed Khoage ou d'Ahmed le Long. Il étoit Secretaire du
Divan, quand il fut élevé à la dignité
de Day ; on disputoit à Mehmed la
qualité de Cheleby qui est considerable à Tunis, parce que son pere n'é-
toit encore que particulier quand il
vint au monde ; au lieu qu'on la donnoit sans contradiction à ses freres ,
qui étoient nez pendant que son pere
étoit dans la dignité de Day.

Bien des gens ont écrit ses avantures, & n'ont pas réüssi, parce qu'ils
ont écrit sur de mauvais Memoires. M.
Thevenot a plus approché que les au-

tres de la verité, & n'a pas laissé de
se tromper. Il en avoit appris quelque
chose par lui-même, & l'a donné au
Public dans la Relation de son Voyage au Levant. Il en avoit sçû beaucoup de Dom Gaspard Sicilien, qui le
sert encore aujourd'hui. J'ai vû Dom
Philippe avec beaucoup de familiarité,
& c'est de lui-même que j'ai appris ses
avantures, & la verité de son retour à
Tunis. J'avois crû jusqu'alors qu'il y
avoit été ramené par la trahison d'un
Capitaine Anglois qui le devoit conduire à Rome. Ce Seigneur m'a détrompé, & je dois détromper le Public. J'ai sçû aussi bien d'autres parti-
cularitez de sa vie par M. le Vacher Vicaire Apostolique de Carthage, qui é-
toit Consul à Tunis quand il y revint.
Ce sont de toutes ces connoissances
que je vais instruire le Public.

Dom Philippe étant âgé de dix-sept
ans, fit une campagne sur les Galeres
de Biserte en qualité de Volontaire, &
non comme General, comme on l'a dit,
sans se souvenir que cette Charge étoit
alors au-dessous de sa qualité.

Au retour de cette campagne, il fut
fait Gouverneur des Châteaux de Biserte. Son pere le maria peu après à la
fille du Pacha de Tunis; mais quoi-

qu'elle fût belle & fort digne de lui,
il ne l'aima jamais, & ne l'époufa que
pour ne pas déplaire à fon pere homme entier & violent, dont la colere
avoit toûjours des fuites funeftes. Après
les cérémonies de fes nôces, qui durerent quarante jours, terme un peu long
à la verité ; mais qu'on ne peut abreger dans cette cérémonie, quand elle fe
fait entre des gens de cette impor-
ance.

Mehmed Cheleby aimoit la Mufique, la Comedie & les autres diver-
tiffemens ufitez chez les Chrétiens,
dont fes Efclaves lui avoient donné le
goût. Il les faifoit exercer à des re-
prefentations, & s'y plaifoit infiniment.
L'envie de voir l'Europe dont on lui
avoit fait des peintures fort agréables,
lui firent prendre le deffein de s'y retirer. Par ce moyen, il s'éloignoit de
fa femme qu'il ne pouvoit aimer, &
de fon pere qu'il craignoit. Il en fit
confidence à fes Efclaves Chrétiens, à
qui l'efperance de la liberté fut un ap-
pas, qui leva toutes les difficultez qui
pouvoient fe préfenter. Il amaffa autant d'argent & de chofes précieufes
qu'il pût, & s'étant allé promener à
une maifon de campagne qu'il avoit à
la Marfe, dans le voifinage de celle

de Mehmed Elhhaffy, il n'y mena avec lui que les Efclaves qui étoient de fon fecret, entre lefquels il y avoit un Pilotte & de bons Matelots. Il fit venir un gros Bateau, & y fit mettre tout ce qui étoit neceffaire pour aller fe divertir fur la mer & faire une partie de pêche.

Le jour fuivant le vent s'étant trouvé bon pour gagner la Sicile, il fe défit de fes Matelots Maures fous differens prétextes, & mettant à la voile fous la conduite de fon Pilotte Chrétien, ils aborderent en deux jours à Mazare en Sicile. Les Efclaves étant débarquez, firent avertir le Viceroi de Sicile de l'arrivée de Mehmed Cheleby, & du deffein qu'il avoit formé d'embraffer la Religion Chrétienne. Il le fit conduire avec beaucoup d'honneur à Palerme, le reçût avec de grandes marques de diftinction, & le logea dans la Maifon des Jefuites, où il fut reçû & traité avec refpect, & inftruit de notre Religion avec foin.

Le Viceroi donna avis au Roi d'Efpagne de l'arrivée de ce jeune Seigneur. Sa Majefté Catholique lui ordonna de le traiter en Prince, & quand il feroit inftruit, de le faire baptifer en fon nom.

L'Archevêque de Palerme le baptifa
dans la Cathedrale. Le Viceroi & la
Vicereine le tinrent fur les Fonts au
nom du Roi & de la Reine d'Efpagne,
& le nommerent Philippe.

Quelque tems après fon Baptême il
alla à Rome. Le Pape Innocent X. le
reçût avec beaucoup d'honneur, & lui
fit des préfens confiderables, entre lefquels il y avoit un Crucifix d'or à la
Grecque qu'il conferve encore aujour-
d'hui.

De Rome il paffa en Efpagne, où il
ne reçût pas un accüeil moins favorable, que celui qu'il avoit reçû à Rome.
Le Roi lui affigna une penfion fuffifan-
te pour lui entretenir un Equipage felon fa qualité de Prince Afriquain
qu'on lui avoit donnée. Il choifit pour
fa demeure Malaga, où il devint amoureux d'une Demoifelle Efpagnolle peu
accommod'e des biens de fortune ;
mais bien pourvûë de ceux de l'efprit.
Elle joüoit du luth en perfection, fçavoit la mufique à fond, chantoit à
merveille. Il n'en falloit pas davantage
pour donner de l'amour à un jeune
homme qui aimoit la mufique, & qui
avoit un penchant très-fort à l'amour.
Quelques uns ont crû qu'il l'avoit é-
poufée fecrettement : Du moins eft il

certain qu'il l'entretenoit avec fa mere
fur la penfion que le Roi d'Efpagne lui
donnoit.

Cependant Ahmed Day pere de
Dom Philippe, ayant fçû que fon fils
Mehmed Cheleby étoit paffé en Europe & s'étoit fait Chrétien, entra dans
une colere effroyable, & ne pouvant
la paffer fur fon fils, il s'en prit à la
femme qu'il lui avoit donnée & à fa
mere, & les fit étrangler auffi bien que
les Efclaves Chrétiens, qui étoient demeurez à la maifon de fon fils, qu'il
accufoit d'avoir fçû fon deffein & de
ne l'avoir pas revelé. Il n'auroit pas
fait un meilleur parti à fon fils s'il
l'eût eu entre fes mains ; mais ne l'ayant
point, il le désberita entierement &
ne lui laiffa rien du tout. Il mourut
quelque tems après. Sa veuve qui aimoit paffionnément fon fils Dom Philippe, étoit fort affligée de ce que fon
pere l'avoit désherité, ne penfoit qu'à
lui amaffer du bien pour le faire fubfifter honorablement, & cherchoit tous
les expediens pour le faire revenir à
Tunis.

Dom Philippe fe divertiffoit de fon
mieux en Efpagne, il avoit un grand
train, & faifoit une dépenfe qui ex-
cedoit beaucoup la penfion que le Roi

d'Espagne lui faisoit. Il épuisa bien-tôt
le crédit qu'il pût trouver & se trouva
beaucoup endetté. 1665.

Il arriva un Capitaine Anglois à Malaga que Dom Philippe connoissoit
particulierement, parce qu'il avoit été
long-tems Esclave dans sa maison. Cet
Officier sçavoit la mort du Day, & la
tendresse que la mere de Dom Philippe avoit pour ce cher fils, sur cela il
lui prêta trois mille piastres, dont il
lui fit un billet payable à Tunis par sa
mere.

Le Capitaine vint à Tunis, reçût
son payement avec ordre de dire à
Dom Philippe de la part de sa mere,
qu'elle n'étoit plus en état de payer les
Lettres qu'il tiroit sur elle, comme elle
avoit fait les autres; mais que s'il vouloit revenir à Tunis il y seroit bien
reçû. Elle lui dit que le Day qui avoit
succedé, étoit sa creature, & qu'il n'a-
voit rien à craindre. Elle promit même au Capitaine Anglois une récom-
pense considerable s'il pouvoit engager son fils à revenir à Tunis, & que
s'il l'y conduisoit, elle lui donneroit
du bled pour charger entierement son
Vaisseau.

Le Capitaine executa sa Commission
en habile homme, & en Marchand

Y iiij

avare & fans Religion. Il trouva Dom
Philippe fort mécontent de la fituation
où il fe trouvoit. Il s'étoit mis fur le
pied d'une groffe dépenfe, il avoit un
grand train, il donnoit dans les plaifirs de toute efpece. Sa penfion étoit
mal payée, & il n'avoit plus de crédit.
D'ailleurs le libertinage dans lequel il
vivoit n'étoit pas du goût d'une Nation auffi religieufe que l'Efpagnolle.
On ne l'eftimoit plus comme on l'eftimoit dans les commencemens. Lui-
même étoit dégoûté des manieres Efpagnolles. Il avoit écrit aux protecteurs
qu'il avoit à Rome, & leur avoit marqué qu'il avoit deffein de s'y retirer.

Le Pape qui étoit bien difpofé en
fa faveur, lui offrit de le faire recevoir Chevalier de Malte, comme le
Roi d'Efpagne l'avoit reçû Chevalier
de S. Jacques, & il avoit ordonné au
Grand-Maître, en vertu du pouvoir ab-
folu qu'il a fur cet Ordre, de lui en
donner la croix. Dom Philippe feignit
de prendre ce parti, quoiqu'il eût déja réfolu d'en prendre un tout oppofé :
car le voyage de Rome n'étoit qu'un
prétexte pour fortir d'Efpagne. Le Capitaine Anglois qui avoit negocié toute l'affaire le favorifoit de fon mieux,
il lui prêta de l'argent pour payer fes

dettes , & pour faire des provisions.
Dom Philippe prit congé de ses amis
comme s'il eût voulu aller passer l'Année Sainte 1650. à Rome, & s'embarqua avec sa femme vraye ou préten-
duë, sa belle-mere, son Confesseur,
tous ses domestiques & les servantes
de sa femme. On mit à la voile, on
porta d'abord au Levant ; mais dès que
la nuit fut venuë, on porta au Sud.
Quelques-uns des gens de Dom Philippe , qui sçavoient la navigation s'é-
tant apperçûs de cette route l'éveille-
rent, & lui dirent que le Capitaine ne
prenoit pas la route d'Italie, mais celle de Barbarie. Il se leva , tira son é-
pée, & fit une rodomontade au Capitaine sur la route qu'il prenoit , qui
n'étoit pas celle d'Italie. Le Capitaine
s'excusa sur le vent & sur les courans ,
qui ne lui permettoient pas de faire
autrement. Mais il l'assura que le vent
changeroit infailliblement , & qu'aussi-
tôt il porteroit à route. Il changea en
effet & devint contraire, & les porta
à Maiorque. Le Viceroi y regala magnifiquement Dom Philippe & toute sa
maison , & le loüa extrêmement du
pieux dessein qu'il avoit d'aller passer
l'Année Sainte à Rome.

Le Vaisseau mit à la voile le lende-

main , & comme il étoit assez élevé
pour gagner la Goulette , ils ne furent
pas long-tems sans découvrir les côtes
d'Afrique. Ils se trouverent bien-tôt à
Porto Farine, & moüillerent à la Goulette. Dom Philippe content de se trouver où il souhaitoit être , fit semblant
de se mettre fort en colere contre le
Capitaine. Il lui reprocha le danger
où il l'exposoit , & le pressa de l'en tirer promptement : celui-ci s'excusa sur
les vents qui l'y avoient porté , & lui
dit que se trouvant-là , il n'y resteroit
qu'autant de tems qu'il lui en falloit
pour donner quelques effets à un Capitaine de sa Nation qui étoit dans le
Port ; que cela ne le retarderoit qu'un
jour ou deux , & qu'après cela il prendroit la route de Civita-Vechia. Il
assura tout le monde qui étoit effrayé
de se trouver entre les mains des Barbares , qu'il n'y avoit rien à craindre
pour leur vie , leurs biens & leur liberté ; qu'ils étoient sous le pavillon
Anglois, auquel les Tunesiens n'oseroient faire aucun outrage ; qu'ils pouvoient aller à terre , y chasser , se promener , voir la Ville , & y être dans une
sûreté aussi entiere que dans le cœur
de l'Espagne. Les gens de Dom Philippe regardoient la Ville de Tunis avec

des lunettes, & peu après ils eurent
envie de la voir de plus près. Celui
qui témoigna plus de curiosité fut un
Religieux Carme Confeſſeur de Dom
Philippe. Il le pria d'agréer qu'il ſatis-
fît ſon envie. Dom Philippe le lui accorda ſur le champ , & lui donna une
Lettre pour le Day , afin qu'il en fût
bien reçû , elle étoit écrite en Turc. Il
donnoit avis au Day qu'il étoit revenu bien repentant de la faute qu'il
avoit faite ; qu'il vouloit en faire pé-
nitence ; qu'il ſe jettoit entre ſes bras ,
lui demandoit ſa protection, & le prioit
de le faire enlever quand il iroit ſe promener dans l'étang de la Goulette.

Le Carme s'embarqua dans la Chalouppe du Vaiſſeau. Les Matelots le
conduiſirent chez le Conful Anglois ,
au lieu de le mener chez celui de France , comme il les en avoit prié. M. le
Vacher en ayant été averti l'alla chercher, le conduiſit chez-lui, & demeura fort étonné de ce qu'il apprit de Dom
Philippe. Il ne douta pas un moment
que ce qui ſe paſſoit ne fût un jeu pour
couvrir ſon évaſion.

Pendant le voyage du Carme, le Capitaine propoſa à Dom Philippe d'aller
ſe promener ſur l'étang , & de s'y divertir à la pêche avec ſes gens. Dom

Y vj

Philippe y confentit fans peine. Il fe
mit dans la Chaloupe qui étoit revenuë. Une partie de fes gens y entra
avec lui, & ils fe promenerent fur l'é-
tang; mais ils furent bien-tôt rencontrez
par deux Brigantins armez, envoyez
par le Day, qui après avoir tiré quelques coups en l'air, enleverent Dom
Philippe & fes gens, & les conduifirent
au Château.

Dom Philippe étoit alors habillé à
l'Efpagnole, il avoit le manteau, la
golille, la longue épée & le poignard,
le chapeau à forme platte & de longs
cheveux noirs qui lui tomboient fur le
dos.

Dès qu'il fut arrivé au Port, le Peuple affemblé en foule le conduifit avec
des cris & des huées extraordinaires
chez le Day, qui le voyant ainfi déguifé, lui dit des injures. Le Divan &
les gens de la Loi s'affemblerent pour
déliberer fur la réparation qu'on lui feroit faire. Tous conclurent qu'il falloit le brûler, mais qu'à caufe de la
memoire de fon pere on le brûleroit
fans fcandale.

Le Day qui étoit creature de fon
pere, & qui vouloit au moins lui fauver la vie, parla en fa faveur, reprefenta que la jeuneffe & la crainte de

l'humeur auſtere de ſon pere l'avoient
précipité dans ce malheur ; qu'il meritoit qu'on eût pour lui quelque indulgence , puiſqu il étoit revenu de lui-
même & ſans y être forcé , pouvant
demeurer chez les Chretiens avec honneur ; que ſon avis étoit qu'on le pro-
menât par toute la Ville dans l'équipage où il étoit , afin qu'il fût expoſé aux
cris & aux huées du Peuple , & qu'enſuite on le rendît à ſa mere. Cet avis
fut ſuivi. On le mit ſur le champ entre les mains des Chaoux , qui aimez
de leurs gros bâtons le fuent promener à petits pas dans preſque toutes les
ruës accompagné des enfans , & de la
populace qui le couvroit de honte par
ſes cris , & par les ordures & les œufs
qu'on lui jettoit. Il m'a avoüé que la
mort lui auroit fait moins de peine que
les affronts qu'il reçût en cette occaſion.

On le remit à la fin à ſa mere , qui
le reçût avec une joye que l'on peut
concevoir plus aiſément que l'exprimer. Elle baigna le viſage de ce cher
fils d'un torrent de larmes. Si elle n'a-
voit fait que cela , il n'y auroit pas
lieu de s'étonner beaucoup : on ſçait
que les femmes pleurent & rient quand
elles veulent avec ſujet & ſans ſujet,

tout leur est égal. Celle de Dom Philippe étoit une veritable mere. Ce qu'elle avoit fait pour lui jusqu'alors étoit une preuve de sa tendresse. Ce qu'elle fit pour lui dans la suite en convaincra tout le monde. Nous ne manquerons pas de le rapporter bien-tôt.

Elle le fit raser, lui fit prendre des habits à la Turque, & le lendemain matin il alla saluer le Day. Ce Seigneur le reçût avec bonté, lui representa d'une maniere pathetique la faute qu'il avoit faite. Il mêla des menaces à l'exhortation qu'il lui fit, & la termina, en lui disant qu'on attendoit de lui qu'il feroit le modéle de tous les Musulmans par la régularité de sa vie.

Dom Philippe qui a de l'esprit infiniment, & qui sçait s'expliquer en bons termes, ne manqua pas de faire son apologie d'une maniere qui satisfit le Day & le Divan. On fit débarquer le même jour sa femme qui étoit grosse, sa belle mere & le reste de ses gens. M. le Vacher obtint du Day qu'on feroit embarquer ces femmes sur un Vaisseau qui étoit prêt à mettre à la voile pour Livourne ; mais les gens de Loy s'y opposerent, disant qu'il ne fa'loit pas renvoyer chez

les Chrétiens le fang des Mufulmans
On vouloit encore que tous les gens
de Dom Philippe fuffent vendus comme Efclaves. Il n'étoit pas en état de
s'y oppofer. Dans cet embarras il envoya prier M. le Vacher de prendre
la protection de ces pauvres gens. Il
fit tant de démarches qu'il obtint qu'ils
s'embarqueroient fur un Vaiffeau qui
étoit prêt à partir. Sa femme préten-
duë & fa belle-mere demeurerent à
Tunis. Elle accoucha d'un fils qui fut
d'abord nommé Sid Ahmed , & enfuite Sid Hababo.

Après les couches de cette femme
M. le Vacher l'envoya à Gennes avec
fa mere , fur une barque qui y alloit,
& les recommanda à M. Leon de Marfeille , qui paffoit dans la même barque.

Elles entrerent en qualité de Pen-
fionnaires dans un Monaftere de Re-
ligieufes , où Dom Philippe fournit à
leur fubfiftance tant qu'elles vécurent.
Il ne refta auprès de lui que fon fils
Hababo & Dom Gafpar , ce Sicilien
fidéle qui ne voulut jamais l'abandonner , quoiqu'il eût fouvent bien des
chagrins à effuyer de la part des gens
de la maifon & des habitans du Païs.

J'ai remarqué ci-devant que Dom

Philippe avoit été désherité par son pere, de sorte qu'il n'avoit que ce que sa mere lui donnoit. Il s'étoit accoûtumé à une grande dépense, & la vouloit continuer. Il menoit sous l'habit Turc, la même vie qu'il avoit menée sous celui de Chrétien. Il couroit d'un jardin à l'autre, passoit les jours & les nuits dans la débauche du vin, des femmes & des jeunes garçons. Il avoit ramassé un grand nombre de ces sortes de gens.

Sa mere qui étoit fort riche le laissa en mourant heritier de tous ses biens, mais ses parens scandalisez de ses désordres, & craignant qu'il ne dissipât ses biens & qu'il ne leur fût à charge, lui firent donner un tuteur qui retrancha beaucoup ses dépenses ; mais les scandales continuels qu'il donnoit empêcherent qu'on lui donnât aucun employ dans la République. On en vint même jusqu'à le menacer de faire revivre le crime qu'il avoit commis, & de l'en châtier. On le regardoit toûjours comme Chrétien, & il avoit beau se nommer Mehmed Chelebi, les enfans lui crioient toûjours Dom Philippe.

A la fin se voyant méprisé de tout le monde, il rentra un peu dans lui-

même, & fit une campagne fur les
Galeres de Bizerte, & pour montrer 1665.
qu'il n'avoit plus les inclinations chré-
tiennes, il prit injuftement une Barque Françoife, dont tout l'Equipage
fut fait Efclave, à la réferve du Patron, de fon fils & de fon oncle, que
M. le Vacher fe fit rendre avec bien
de la peine par l'autorité du Day.

Dom Philippe vouloit obliger le fils
du Patron de fe faire Turc, il l'avoit
fait rafer, & étant en débauche il l'a-
voit voulu faire circoncire. Heureufement ce jeune homme vint à Tunis,
& M. le Vacher l'arracha de fes mains
par l'autorité du Day.

Malgré tout cela il ne pouvoit empêcher qu'on ne le crût toûjours Chrétien dans l'ame ; que n'auroit on pas
crû, fi on avoit fçû comme moi qu'il
portoit le Crucifix d'or que le Pape
lui avoit donné ? Car quoiqu'il le por-
tât très-indignement, étant comme
il étoit un apoftat & un débauché ou-
tré, il n'en auroit pas fallu davantage pour le faire brûler.

Il crut enfin que pour défabufer le
public il fal'oit faire le voyage de la
Mecque. Il le fit, il n'y avoit que fix
ans qu'il en étoit revenu quand je me
trouvai à Tunis.

C'étoit un homme de belle taille &
fort bien fait. Il avoit le visage beau
& fort blanc, les yeux noirs, grands
& fendus, la barbe noire & bien fournie. Il avoit de l'esprit infiniment, la
conversation agréable & pleine de politesse. Il parloit & écrivoit en perfection les Langues Espagnole & Italienne, aussi bien que la Turque & l'A-
rabe. Quoiqu'il aimât la Musique, la
Symphonie, les Balets, les Comedies,
& les autres divertissemens d'Europe, il
étoit bien plus reservé depuis son retour de la Mecque. Son fils *Hababo*
étoit âgé d'environ quatorze ans. Il
étoit bien fait, & paroissoit avoir beaucoup d'esprit, toutes les bonnes qualitez de son pere, & pas une des
mauvaises. Il est vrai qu'il étoit encore bien jeune pour pouvoir les y appercevoir.

Dom Philippe quoiqu'heritier de sa
mere n'étoit pas à beaucoup près aussi
riche que ses autres freres, qui avoient
partagé les biens immenses du Day
leur pere; mais l'œconomie de son
Tuteur le faisoit subsister avec honneur. Ses freres le craignoient, & n'o-
soient le regarder en face. Il eut le
bonheur d'accommoder un differend
qui étoit entre Murad & Mehmed

Beigs. Ils étoient fur le point de terminer leur differend par une bataille , ayant chacun quinze à vingt mille hommes prêts à s'égorger pour leur
querelle. Mehmed Chelebi fit ce que
leur parent Mehmed Pacha n'avoit pû
faire. Il s'y prit d'une maniere fi fage
& fi adroite qu'il les accommoda &
les fit embraſſer , & le Pacha en fut
fi content qu'il lui pardonna une vieille injure de famille , & le réconcilia
avec la Milice & le Peuple.

Mehmed Chelebi avoit aſſez fouvent des conferences fecretes avec M.
le Vacher fur l'état de fa confcience ;
mais ce qu'il falloit faire pour ren-
trer dans le giron de l'Eglife étoit fi
difficile , puifqu'il s'agiſſoit de fe faire brûler , que jufqu'au départ de M.
le Vacher ils ne purent rien con-
clure.

Tel étoit Mehmed Chelebi ou Dom
Philippe , & tels étoient les autres Seigneurs avec lefquels j'eus à traiter pour
l'execution du Traité de paix.

CHAPITRE XXVII.

Traité de Paix conclu entre M. le Duc de Beaufort pour le Roy, & le Pacha, Day, & Divan de Tunis.

LOüis par la grace de Dieu Roy de France & de Navarre : A tous ceux qui ces prefentes Lettres verront; Salut. Notre très-cher & bien amé coufin le Duc de Beaufort, Pair, Grand Maître, Chef, & Surintendant Général de la Navigation & Commerce de France. Etant bien informé des fincéres intentions que Nous avons de notre part, de maintenir l'amitié & bonne correfpondance qui a été établie par les Empereurs de France nos glorieux prédeceffeurs, & les Empereurs Ottomans, entre leurs Païs, Royaumes & Sujets, en vertu des Traitez & Capitulations faites entre eux en divers tems, pour le renouvellement defquels Nous avons envoyé à la Porte le Sieur de la Haye Vantelay, en qualité de notre Ambaffadeur, & notredit Coufin ayant trouvé le Pacha, Divan & Officiers de la Milice de la Ville & Royaume de Tunis, difpofez en con-

fequence des ordres qu'ils en avoient
reçû de l'Empereur Ottoman aujour-
d'hui regnant , de rétablir la même
bonne correfpondance qui avoit été
interrompuë depuis quelque tems, il
auroit le vingt-cinquiéme Novembre
dernier , après diverfes conferences
tenuës fur ce fujet , conclu & arrêté le Traité , dont la teneur enfuit.

Articles de Paix entre fa Sacrée &
Chrétienne Majefté Loüis XIV. Roi
de France & de Navarre , & les illuftres & magnifiques Seigneurs Mehemed Pacha , Divan de la Ville &
Royaume de Tunis, Agy Muftafa, Gé-
néraliffime de la Milice de ladite Ville & Royaume, Morat Bey & Mehemet Bey , conclus & fignez à la Baye
de la Goulette , le vingt-cinquiéme
Novembre mil fix cens foixante cinq ,
par François de Vendôme Duc de
Beaufort , Prince de Martigues, Pair
de France , pourvu & reçû à la Charge de Grand Maître , Chef & Surintendant Général de la Navigation &
Commerce de France , lefdits Articles
clos & arrêtez par le Sieur de Brevil-
let Capitaine entretenu dans la Marine , pour être fous le bon plaifir de
Sa Majefté Très-Chrétienne par Elle
ci-après confirmez.

I. Que dorênavant, à compter du jour de la fignature des prefens Articles, il y aura ceffation d'armes, & de toute hoftilité, tant de l'une que de l'autre part ; & que fi-tôt que S. M. T. C. les aura ratifiez, il y aura une bonne intelligence, amitié & paix ferme & ftable entre les Sujets de Sa Majefté Très-Chrétienne, & les illuftres & magnifiques Seigneurs Pacha, Divan & Day, & les Peuples dudit Royaume, & qu'en contemplation de la paix défirée, leurs Vaiffeaux, Galeres, Barques & autres Bâtimens navigeront en toute liberté, tant fur mer que fur terre, les Sujets de l'une & de l'autre part ne fe feront aucun acte d'hoftilité ; au contraire, qu'ils s'entr'aideront & ferviront les uns les autres, fans fe procurer aucun dommage ; ains fe donneront toute aide & confort : comme pareillement tous les Marchands de l'une & de l'autre Nation pourront négocier en toute liberté dans toute l'étenduë tant du Royaume de France que celui de Navarre & celui de Tunis, dans lefquels Royaumes ils feront traitez avec tous les témoignages d'une vraye & fincere amitié.

II. Que tous les Efclaves François qui font dans la Ville de Tunis, &

toute l'étenduë & domination d'icelui
Royaume, de quelque qualité & condition qu'ils soient, sans en excepter
aucuns : comme aussi tous les Esclaves Janissaires seulement qui se trouveront être du Royaume de Tunis,
seront mis en liberté de part & d'autre, & rendus de bonne foi.

III. Que tous les Vaisseaux, tant
d'une part que d'autre, qui se trouveront en mer, ou dans les Rades,
Havres, ou Ports, après avoir déployé
leurs pavillons, & s'être reconnus,
continuëront leur route sans se faire
aucun acte d'hostilité. Mais d'autant
que les Vaisseaux d'Alger, Tripoli &
Salé, & autres endroits de la Barbarie, portent un même pavillon que
ceux de Tunis : Pour prévenir tous
les inconveniens qui en pourroient arriver, il est arrêté que les Vaisseaux
dudit Tunis, après que les gens de
l'un & de l'autre bord se feront montrez sur leurs ponts, pourront envoyer
dans un bateau un ou deux hommes
au plus, outre ceux qui seront necessaires pour la conduite d'icelui à bord
des Vaisseaux de Sa Majesté Très-
Chrétienne, pour s'assurer s'ils sont
véritablement François, & y entrer
si bon leur semble, faisant apparoir un

certificat du Conful des François ré-
fidart à Tunis, après l'exhibition duquel les Co: mandans des Navires de
Sa Majeité Très Chrétienne les laiffe-
rort en toute liberté continuer leur
route, fans être fait aucun tort ni dommage à leurs perfonnes, robes & marchandifes, tant des Marchands que
Mariniers, Soldats & Paffagers, de
quelque Nation & condition qu'ils
foient, toutes autres recherches & vifites de part & d'autre étant défenduës,
ce qui s'obfervera femblablement par
les Vaiffeaux de Tunis, à l'égard de
ceux de Sa Majefté Très-Chrétienne,
qui feront obligez de faire apparoir
d'un paffeport de l'Amiral de France.

IV. En cas que quelque Vaiffeau,
Barque, ou autre Bâtiment marchand
de Tunis fuffent rencontrez en mer
par des Vaiffeaux de guerre ou autres de S. M. T. C. après avoir fait
leurs Pavillons, fuffent néanmoins
contraints de fe defendre, & obligez
de tirer leurs canons & pierriers, &
enfuite forcez & pris, étant après reconnus pour être du Royaume de
Tunis, ils ne feront pas réputez
de bonne prife; au contraire ils leur
feront rendus, & les gens auffi, avec
tous leurs biens, marchandifes, robes

&

& effets. Le semblable s'obseivera par les Vaisseaux de Tunis à l'égard des Navires Marchands de Sa Majesté Très-Chrétienne.

V. Quand les Vaisseaux de guerre ou autres de S. M. T. C. se rendront ès Ports ou Rades du Royaume de Tunis, avec des prises, excepté celles faites sur les Turcs, ils les y pourront vendre selon leur bon gré & plaisir, sans qu'il leur puisse être fait aucun empêchement par ceux du Païs, quels qu'ils puissent être, & ne seront pour ce obligez de payer aucun droit, sinon celui qui sera payé par les amis; & en cas que lesdits Vaisseaux ayent besoin de vivers, & autres choses necessaires, ils pourront les acheter librement dans les marchez du Païs où ils se trouveront, au prix ordinaire des Habitans dudit Royaume, sans pour ce payer droits quelconques à aucun Officier, & le même sera observé en France à l'égard des Vaisseaux de Tunis.

VI. Que quelque Sujet que ce soit de S. M. T. C. Marchand ou Passager; de quelque qualité & condition qu'il puisse être, qui se trouvera dans un des Ports ou Havres de l'étenduë du Royaume de Tunis, aura la liberté

Tome III.   Z

de demeurer dans son Vaisseau & d'en sortir, aller ou venir en terre, par tout où bon lui semblera, sans en pouvoir être empêché ; ce qui sera semblablement permis à ceux du Royaume de Tunis, quand ils seront dans les Ports de S. M. T. C.

VII. Si par quelque cas fortuit quelques Vaisseaux, Galeres, ou Barques & autres Bâtimens des Sujets de S. M. T. C. venoient à être attaquez par ceux d'Alger, Tripoli & Salé, ou autres de leurs ennemis dans les Ports & Rades dudit Royaume de Tunis, les Commandans des Places seront obligez de leur donner secours, & seront tenus de leur envoyer de leurs gens dans un ou plusieurs bateaux, pour y apporter remede & empêchement, & de les deffendre autant qu'il leur sera possible.

VIII. Que tous les Vaisseaux Marchands, ou autres Bâtimens des Sujets de S. M. T. C. qui se rendront à Tunis, Sussa, Porto-Farine, & autres Lieux dudit Royaume, pour y vendre leurs marchandises, le pourront faire en toute liberté & sûreté, en payant par eux seulement les droits ordinaires ; & à l'égard de celles qu'ils ne vendront pas, ils pourront les rem-

porter dans leurs bords, sans que pour
ce ils puissent être obligez de payer
aucuns droits pour icelles.

IX. Que les Vaisseaux tant de guerre que marchands, même les Galeres
& autres Bâtimens appartenants au Roi
Très-Chrétien, ou à ses Sujets, pourront venir à tel Port, Rades ou Havres dépendans dudit Royaume de
Tunis, tel que bon leur semblera,
pour se radouber, spalmer, carener
& suiser : même faire de l'eau, &
prendre des rafraîchissemens, sans
qu'il leur en puisse être fait refus, ou
pour ce exiger aucuns droits, avec
certe précaution toutefois à l'égard des
Galeres, qu'elles seront obligées avant
que d'entrer dans le Port, d'envoyer
un Caïque à terre, avertir les Commandans des Forteresses de leurs intentions, lequel Caïque restera à terre
pour ôtage, pendant que le Bateau des
Forteresses ira reconnoître lesdites Galeres, & apprendre leur volonté.

X. Qu'un Vaisseau, Galere, ou
autre Bâtiment de S. M. T. C. ou de
ses Sujets, qui par malheur fera naufrage dans les Ports, Rades, ou Côtes
dudit Royaume de Tunis, ne sera
point réputé de bonne prise, ni les
effets pillez, ni les hommes de quel-

que qualité & condition qu'ils foient, Marchands ou Paſſagers, être réputez Eſclaves. Au contraire que leſdits Gouverneurs des Fortereſſes, & les Peuples dudit Royaume de Tunis feront leur poſſible pour leur donner aide & confort pour ſauver leurs perſonnes, leurs Vaiſſeaux, leurs biens & marchandiſes, ſans que ledit Pacha, & le Divan y puiſſent rien prétendre, ni contrevenir. La même choſe ſera obſervée en France, à l'égard des Vaiſſeaux de Tunis, au cas qu'il leur arrivât pareille diſgrace.

XI. Si quelque Eſclave du Royaume de Tunis ou de quelque autre Nation que ce ſoit, vient à ſe ſauver à la nage juſques aux bords de quelque Vaiſſeau de France, le Conſul de ladite Nation reſidant à Tunis, ne pourra être obligé ni contraint à payer le rachat dudit Eſclave, ſi ce n'eſt qu'il eût été averti à tems de la fuite dudit Eſclave, & ſi bien qu'il eût eu le loiſir d'y apporter remede; que ſi le Conſul avoit negligé cet avis, en ce cas il ſera tenu de payer le rachat dudit Eſclave, au prix que ſon Patron l'aura acheté au marché, ou au ſurplus trois cens piaſtres pour toutes choſes.

XII. Que si aucuns Vaisseaux de Tripoli, Alger, Salé, ou de quelque autre part que ce soit, amene dans Tunis, Porto-Farine, ou autre Rade que ce soit de l'étenduë dudit Royaume, des Vaisseaux, Barques, ou autres Bâtimens, Matelots, Passagers, ou biens qui appartiendront aux Sujets de Sa Majesté Très-Chrétienne, ne permettra pas qu'ils soient vendus dans ledit Royaume ; ce qui sera observé en France à l'égard des Vaisseaux de Tunis.

XIII. Que désormais aucuns des Vaisseaux de guerre, Galeres, ou autres Bâtimens de Tunis, ou du Royaume de France, ne pourront faire Esclave aucun François, ni autre, pas même les Chevaliers de croix, ni pareillement les Sujets dudit Royaume de Tunis, sous l'une & l'autre Banniere ; mais sous des autres Pavillons ou Bannieres Étrangeres, les Passagers de quelque condition qu'ils soient, & les Marchands seront libres ; & quant aux gens de solde, Canoniers, Soldats & Matelots François, ils pourront être faits Esclaves, & seront rachetez moyennant la somme de cent cinquante piastres par tête, les Cavaliers de Malté exceptez ; le semblable se pratiquera

Z iij

& autre marchand audit Levanne, ne
pourront en cas de perte, avarie ou
méfait, être saisis ou mis en question
par qui que ce soit audit Tunis, au
contraire, demeureront es mains du
Conful François, même que les Sujets
de Sa Majesté Très-Chrétienne auront
liberté de se retirer en France, ou ailleurs que bon leur semblera, avec leurs
femmes, enfans, domestiques, biens
& effets généralement quelconques,
fans qu'il leur soit fait aucun empêchement.

XX. Que les Confuls François ni
aucun des sujets de Sa Majesté Très-
Chrétienne, ne sera tenu des dettes
d'un autre François, ni d'aucun d'une
autre Nation, que qui puisse être,
ni pour ce pourra être emprisonné,
ni la maison dudit Conful scellée, &
qu'aucun témoignage ne sera reçû contre aucun d'eux, ni ne pourront être
actionnez, à moins qu'au préalable ils
ne s'y fussent obligez par acte signé de
leurs propres mains.

XXI. Qu'en cas que quelqu'un des
Sujets de Sa Majesté Très-Chrétienne
frappe ou maltraite un Turc ou More,
on pourra le punir s'il est pris; mais au
cas qu'il vienne à se sauver, on ne pourra
s'en prendre audit Conful François, ni à

aucun des Sujets de Sa Majeſté Très-
Chrétienne.

XXII. Que nul Sujet de Sa Majeſté
Très-Chrétienne pour les differends qui
lui ſurviendront, ne ſeront ſoumis
à aucun autre jugement que celui du
Day, non du Divan ou du Cady.

XXIII. Que pour ce qui regardera
les differends que les Sujets de Sa Majeſté auront entre eux, en particulier,
ou avec ceux de toute autre Nation,
qui négociera ſous la protection du
Conſul des François, ils ne ſeront tenus de les décider par devant autre que
ledit Conſul, auquel ſeul en appartien-
dra la connoiſſance.

XXIV. Que ſi quelques Marchands
François ou autres, étant ſous la protection dudit Conſul François, vient
à mourir dans l'étenduë dudit Royaume de Tunis, les facultez qui ſe trouveront lui appartenir en cas qu'il teſte,
ſeront remiſes au pouvoir de celui qui
aura été nommé par lui ſon executeur
teſtamentaire, pour en tenir compte à
leurs heritiers, ou autres en faveur
deſquels il auroit diſpoſé; mais au cas
qu'il vînt à décéder ſans faire teſta-
ment, que le Conſul François ſe ſaiſi-
ra de leurs biens & facultez, pour en
tenir pareillement compte à leurs he-

Z ꝟ

ritiers, fans que qui que ce foit du
Royaume de Tunis en puiffe prendre
connoiffance.

XXV. Que déformais aucun des Sujets de Sa Majefté Très-Chrétienne qui
fera reputé Efclave, foit qu'il foit de
Levant ou de Ponant, ne fera vendu
au Bazar, ou Marché.

XXVI. En cas que quelque Vaiffeau
de guerre, Galere, Marchand, ou autre Bâtiment appartenant à Sa Majefté
Très-Chrétienne ou à fes Sujets, viennent par quelque infortune à s'échouër
où brifer en quelque Ifle ou Place in-
habitée, & que par hafard il vînt à
paffer un Vaiffeau, Galere ou autre
Bâtiment de Tunis, ils feront obligez
de les aller fecourir, même prendre
leurs gens, robes & marchandifes,
lefquelles ils configneront ès mains du
Conful François de Tunis, fans qu'ils
les puiffent porter ou vendre ailleurs;
le même s'obfervera par les Vaiffeaux
de France, à l'égard de ceux de Tunis
en cas que pareille difgrace leur arrivât.

XXVII. Qu'au même-tems que ces
prefens articles feront fignez & confirmez, tous les dommages & dépréda-
tions qui auront été faites, & fouffer-
tes de part & d'autre, avant qu'on

ût pû avoir connoissance de la presente paix, seront incontinent reparez, & d'iceux donné reciproquement une pleine & entiere satisfaction, même sous ce qui se trouvera encore en nature rendu & restitué : c'est pourquoi pour prévenir tout inconvenient, on avertira de ceci en toute diligence les Commandans des deux partis. Il est arrêté aussi qu'en attendant l'entiere restitution des Esclaves de part & d'autre, on les traitera avec toute sorte de douceur & d'humanité, sans souffrir qu'il leur soit fait aucun mauvais traitement, tort, ou dommage.

XXVIII. Si quelque grief arrive de part ou d'autre, il ne sera loisible à aucune des parties de rompre la paix jusqu'à ce qu'on ait refusé d'en faire la justice.

XXIX. Que le Consul de la Nation Françoise Residant à Tunis, en cas qu'il arrive quelque differend quel qu'il puisse être, qui fasse une rupture de paix entre les deux partis, ledit Consul aura la liberté entiere de s'en aller & de se retirer quand bon lui semblera en son Païs, ou ailleurs ; & que lorsqu'il partira, il lui sera loisible d'amener avec lui sa famille, & domestiques, même deux Esclaves à son choix ; &

ſes biens generalement quelconques, ſans, qu'il lui en puiſſe être fait aucun empêchement; & pour ce faire pourra aller & venir librement ſur les Vaiſſeaux qui ſeront ès Ports, même vacquer à ſes affaires à la campagne. Fait à bord de l'Amiral à la Baye de la Goulette le jour & an que deſſus.

Lequel Traité ayant vû & examiné, nous l'avons agréé, approuvé & ratifié, agréons, approuvons & ratifions par ces Preſentes ſignées de notre main, & promis en foi & parole de Roy, de le garder & l'obſerver inviolablement de point en point ſelon ſa forme & teneur, ſans jamais aller ni venir directement au contraire, ſans préjudice neanmoins des Capitulations & Traitez qui pourroient avoir été ou être faits à la Porte par ledit Sieur de la Haye notre Ambaſſadeur ; en témoin de quoi nous avons fait mettre le ſcel de notre Secretaire à ceſdites Preſentes. Donné à Paris le quatriéme jour de Janvier, l'an de grace mil ſix cens ſoixante ſix. Signé LOUIS. Et plus bas, Par le Roi. DE LIONNE, & ſcellé.

Fin de ce Traité.

M. le Duc de Beaufort n'ayant pas

voulu faire paroître dans les Traitez
généraux, qu'on donnoit de l'argent
pour retirer nos Esclaves, fit mettre
dans le second article, qu'ils soient
mis gratuitement en liberté de part &
d'autre, & fit cet accord secret avec
les Tunisiens à l'imitation des Anglois
qui en avoient fait un aussi ; & c'est
du Traité suivant qu'on a tiré le principal fruit de la Paix de Tunis.

ACCORD

Entre très-haut & très-puissant Prince François de Vendôme Duc de Beaufort, Prince de Martigues, Pair de France, pourvû & reçû à la Charge de
Grand-Maître, Chef & Surintendant
General de la Navigation & Commerce de France. Et les Illustres & Magnifiques Seigneurs Mehmed Pacha,
le Divan, Hagi Mustafa Day, & toute
la Milice de la Ville & Royaume de
Tunis.

Que tous les Sujets Naturels des
Royaumes de France & de Navarre,
Païs conquis, & generalement de tous
les lieux de la domination Royale de
Sa Majesté Sacrée & Très-Chrétienne
Loüis XIV. du nom, Roi de France &
de Navarre, qui sont presentement

détenus Efclaves, tant des principaux
que des particuliers, dans les Baignes,
Maifons, Métairies, & dans tous les
autres lieux de la domination de la
Ville & Royaume de Tunis, de quelque maniere & fous quelque Banniere
qu'ils puiffent avoir été pris par mer,
ou par terre, & tranfportez de Tetuan,
d'Alger, de Tripoli, de Candie, & de
quelque autre endroit que ce foit à la
Ville & Royaume de Tunis, de quelque condition & qualité qu'ils foient,
& fans exclufion aucune, quand même quelqu'un auroit déja traité de fon
rachat & ne l'eût pas encore payé,
& tous ceux auffi, qui depuis la fignature du Traité jufqu'à l'entiere execution d'icelui, pourront être pris en mer
fous quelque Banniere que ce foit,
ou conduits de Salé, Tetuan, Tripoli, Candie ou d'ailleurs à la Ville &
Royaume de Tunis; feront de bonne
foi remis en liberté par lefdits Seigneurs Pacha, Divan & Day, & conduits dans les Vaiffeaux de Sa Majefté Très-Chrétienne au Port de la Goulette. Et pareillement S. A. M. le Duc
de Beaufort promet au nom & fous le
bon plaifir de Sa Majefté de reftituer
de bonne foi, tous les Janiffaires ou
Soldats de paye tant feulement qui fe-

ront au fervice de la Ville & Royaume de Tunis, lefquels du jour de la
fignature du prefent Traité jufqu'à l'entiere execution d'icelui, auront été pris
par mer ou par terre par les Sujets de
Sa Majefté Très-Chrétienne, & de les
faire tranfporter à la Goulette ou Baye
de Tunis, pour y être ces Janiffaires
échangez contre autant de François Efclaves. Et après que l'échange de ceux-
là aura été faire en la fufdite maniere,
les Efclaves François qu'il y aura de
furplus, feront payez à raifon de 175.
piaftres chacun, fuppofé que les Anglois n'en ayent pas payé moins: car
en ce cas ladite fomme fera diminuée
à proportion du prix qu'ils en auront
donné, ainfi qu'il a été convenu entre
ledit Seigneur Duc de Beaufort & les
fufdits Seigneurs Pacha, Divan &
Day.

Que le payement de ces Efclaves
François ayant été reçû à la Goulette
dans les Vaiffeaux de Sa Majefté, par
ceux qui auront été envoyez par les
fufdits Seigneurs, Pacha, Divan & Day
de Tunis, les Efclaves François, qui
par leur ordre & diligence auront é:é
amenez à la Goulette, partiront &
s'embarqueront dans les Vaiffeaux de
France, & en même-tems les Janiffai-

res Esclaves qui auront été amenez de France, ayant été remis à ceux qui porteront les ordres desdits Seigneurs, seront débarquez à la Goulette.

Que pour executer le present Traité avec plus de facilité & d'affurance, lesdits Seigneurs Pacha, Divan & Day feront des bans & toutes les diligences qu'ils jugeront necessaires, afin que tous ceux qui auront des Esclaves François dans la Ville & Royaume de Tunis, & autres lieux de leur domination, les envoyent à Tunis pour y faire écrire leurs nom & surnom, avec ceux de leurs Patrons, & la même chose se fera aussi de ceux qui se trouveront dans leurs Baignes, Maisons, Métairies, & autres lieux de ladite Ville & Royaume, afin que le rolle en étant fait & donné au Consul François, pour être envoyé en France à M. le Duc de Beaufort, & Son Altesse étant par ce moyen informée du nombre certain des Esclaves François, elle puisse faire envoyer la quantité d'argent qui sera necessaire, pour payer le nombre des François qui excedera celui des Janissaires Esclaves.

Que pour ôter tout le soupçon que lesdits Seigneurs pourroient avoir qu'on voulût leur retenir en France aucun Ja-

niſſaire de leurs Sujets, Son Alteſſe M.
le Duc de Beaufort, leur offre de recevoir
à bord de l'Amiral de Sa Majeſté,
tel Turc qu'il leur plaira d'envoyer
en France, afin qu'il revienne
leur en rendre compte.

Qu'au cas que quelque Eſclave François
n'eût pas eu le moyen de ſe faire
écrire ſur le rolle par inadvertance cu
autrement, ou que ces Eſclaves fuſſent
cachez ou enlevez par leurs Patrons ou
autres, cela étant connu & prouvé,
leſdits Eſclaves feront mis d'abord en
pleine liberté ſans qu'aucun puiſſe l'empêcher.

Et pour l'obſervation de ce Traité,
Son Alteſſe M. le Duc de Beaufort
ſous le bon plaiſir de Sa Majeſté, & leſdits Seigneurs Pacha, Divan & Day
de Tunis, ont promis & promettent
reſpectivement de l'executer ponctuellement
ſelon ſa forme & teneur, &
avec toute la diligence poſſible. En témoignage
de quoi ils ont ſigné la Preſente
de leur propre main, & à icelle
appliqué leurs ſceaux accoûtumez. Fait
à la Goulette à bord de l'Amiral le 26.
de Novembre 1665.

Fin du Traité.

CHAPITRE XXVIII.

Etat des Esclaves rachetez à Tunis.

IL y en avoit de deux fortes. Ceux qui n'étoient pas de Provence furent rachetez aux dépens du Roi. Ils étoient au nombre de quatre-vingt-cinq, qui à raifon de cent foixante-quinze piaftres chacun, faifoient la fomme de quatorze mille huit cens foixante & quinze piaftres.

Ceux qui furent rachetez aux dépens des Communautez de Provence étoient au nombre de deux cent cinq, qui au prix de cent foixante & quinze piaftres par tête, montent à la fomme de trente-cinq mille fept cens piaftres, qui avec les quatorze mille huit cens foixante & quinze piaftres mentionnées dans le premier article, font la fomme de cinquante mille cinq cens foixante & quinze piaftres, pour le prix de deux cent quatre vingt-neuf Efclaves que nous avons ramenez en France. J'obmets leurs noms & leur Païs, comme une chofe affez indifferente au public.

CHAPITRE XXIX.

Etabliſſement du Commerce au Cap Negre.

COmme le rétabliſſement du Commerce au Cap Negre étoit un des principaux objets de la paix que M. le Duc de Beaufort avoit concluë avec le Divan de Tunis, M. Colbert Miniſtre & Secretaire d'Etat ayant le département de la Marine & du Commerce, nous avoit donné ſur cela des ordres ſi précis, que nous euſſions manqué au plus eſſentiel de notre commiſſion, ſi nous n'étions pas venus à bout de ce point.

J'y travaillai avec toute l'application dont je ſuis capab'e : j'en parlai au Day pluſieurs fois. Le bon homme goûta mes raiſons, mais il ne voulut pas prendre ſur lui cette affaire ſans en avoir parlé aux Beigs Murad & Ahmed, qui étoient bien plus en état que lui de la faire réüſſir, ou de la faire échoüer. J'eus pluſieurs conférences avec Mehmed qui goûta auſſi mes raiſons, mais il me dit qu'il falloit en parler à ſon frere. Il me pro-

────── mit de le prévenir, afin que j'eusse moins
de peine à l'amener au point que nous
souhaitions. Je vis bien que c'étoit une
adresse de ces Messieurs pour tirer un
meilleur parti de cette affaire ; car elle
leur étoit pour le moins aussi avantageuse qu'à nous par l'interêt qu'ils ont
que leurs bleds, leurs légumes & leurs
autres denrées soient enlevées ponctuellement, & bien payées. Il est vrai
que les Genois & les Peuples du Nord
les enlevent quand ils en ont besoin ;
mais ce besoin n'est pas toûjours pres-
sant, comme il l'est sans cesse en Provence, qui ne produit jamais assez
de bled pour la nourriture du Peuple,
des Galéres, des Vaisseaux & des
troupes.

Ce Commerce avoit été si avantageux au Sieur Rinier, qui l'avoit fait
long-tems à la tête de quelques particuliers, ses associez, qu'il excita la
jalousie de beaucoup d'autres qui sou-
haitoient ardemment d'avoir part dans
ses profits, & qui sçûrent si bien re-
présenter leurs raisons au Ministre,
qu'il résolut de remettre ce Commerce à
une compagnie plus nombreuse, afin que
ceux qui la composeroient fussent plus
en état de supporter les pertes s'il y en
avoit, & que le profit étant partagé.

ſe répandît davantage & fît fleurir le
commerce.

·La guerre avoit interrompu ce commerce , ſi utile & ſi neceſſaire , & c'é-
toit de ſon rétabliſſement dont il étoit
queſtion.

. J'eus une longue conference ſur
ce ſujet avec Murad Beig. Ce Seigneur , comme je l'ai dépeint ci - devant , parloit peu , penſoit beaucoup,
& ſçavoit ſes interêts mieux qu'homme du monde.

Il me fit des objections, j'y répondis , & après bien des diſcuſſions il
me donna jour pour me trouver à ſon
jardin des Bardes , où il inviteroit ſon
frere Ahmed , & que là nous finirions
l'affaire.

Le Cap Négre eſt un petit Port ſur
les confins des Royaumes de Tunis &
d'Alger. Il n'eſt pas éloigné de Tabarque , Ville du Royaume de Tunis,
où les Genois ont été long tems Maîtres du commerce de bled & de légumes qui s'y fait. Il s'agiſſoit d'avoir
ce commerce privativement à tous les
autres Chrétiens , & bien des raiſons
ſembloient s'y oppoſer. Il étoit même
de l'interêt du Divan que ce commerce fût libre , afin que les Marchands
achetant les denrées à l'envi les uns

des autres , les portaſſent à un plus
baut prix , & que les Vendeurs & le
Divan en retiraſſent davantage , les uns
en le tenant cher , & le Divan rece-
vant davantage pour le droit de ſortie.

Le prix du bled & des légumes va-
rie , ſelon que les récoltes ont été bonnes ou mauvaiſes. Pour l'ordinaire la
charge de bled froment peſant trois
cens vingt livres poids de Marſeille ,
coûte dans le Païs quatre livres tour-
nois argent de France , & dans les années ordinaires on en peut tirer du
Cap Négre , de Funaiſe , de Salade ,
de Tabarque & des environs , deux
cens mille charges , qui font environ
vingt mille muids de Paris , & quarante mille charges de légumes.

Ce froment crû dans un Païs très-
chaud eſt dur. Il rend cependant beaucoup de farine bien blanche & pleine
de ſubſtance. Les gens délicats ont
pourtant peine à s'y accoûtumer , mais
on le trouve excellent pour le peuple ,
pour la fourniture des Vaiſſeaux ,
des Galéres , & des troupes de terre , quand il y en a en Provence. Ce pain ne ſe fait pas tout-à-fait
comme le nôtre. Au lieu de tourner
la pâte à force de bras , on la bat avec
des barres de fer ; à peu près comme

on fait la terre à Potier, par ce moyen
on fait de très-bon pain, & du biscuit 1665.
excellent. On tire encore des mêmes
endroits des cuirs verds ou en poil, des
laines & de la cire.

Je trouvai Ahmed Beig au jardin
de Murad. Il nous y donna un grand
dîné, après lequel nous entrâmes en
conversation : Et après trois heures de
contestation, nous convînmes enfin
des articles suivans.

Traité pour le Commerce du Cap Ne-
gre, Punaire, Salade, Tabarque &
autres lieux adjacens, traduit de
l'Arabe.

I, QUe les Marchands François qui
viendront resider au Cap Né-
gre y seront sous la protection du Divan, qui ne souffrira pas qu'ils soient
molestez dans leurs personnes, leurs
effets, leur commerce, qu'ils feront
privativement à tous autres Francs sans
restriction.

II. Ils feront réparer les maisons, les
magasins, & autres bâtimens dont
leurs prédecesseurs joüissoient, sans
les aggrandir ni diminuer ; mais les
laissant comme ils étoient auparavant.
Ils les environneront d'une muraille de

huit pieds Arabes de hauteur, & de trois palmes d'épaisseur. En cas que lesdits bâtimens ne suffisent pas pour le commerce, il leur sera permis de faire trois autres magasins près des anciens, & de la même figure & grandeur, comme aussi de faire rétablir le lieu destiné pour la Chapelle qui y étoit auparavant, & d'y faire l'exercice de leur Religion. Mais sans faire dans les susdits lieux & murailles aucuns crenaux, embrazures, ni autre chose ayant apparence de forteresse sur lesdites maisons, mais seulement des meurtrieres dans le mur de clôture, & quatre guerites aux angles, pour contenir chacune deux hommes, qui fassent la garde, & qui se puissent défendre des voleurs. On est aussi convenu que la Tour qui est sur la hauteur du Cap où on tient une garde, sera réparée aux dépens de la Compagnie, pour s'y réfugier dans un besoin avec ses effets, sans qu'on en puisse être empêché par la garde qui y résidera, qui aura ordre de défendre les personnes & les effets.

III. Qu'il sera commis pour commander ausdits Lieux le Sieur Emanuël Payen de Marseille, qui sçachant très-bien la langue Arabe aura soin de faire donner satisfaction aux gens du Païs qui apporteront leurs denrées; auquel la Compagnie donnera mille piastres tous les ans pour son entretien.

IV. Que tout le Négoce qui se faisoit auparavant avec les Marchands Francs établis à Tabarque, sera transporté entierement à la Compagnie des François ; & pour empêcher qu'on le continuë directement ou indirectement avec les susdits Marchands, il sera ordonné par les Beigs tel nombre de Cavaliers & Fantassins qu'il sera necessaire pour l'interdire absolument. Si malgré ces précautions on s'appercevoit que le commerce se fît clandestinement, il sera permis aux François de diminuer six mille piastres des trente-cinq mille dont on parlera ci-après. Et ne trouvant leur compte dans le commerce, & voulant l'abandonner & se retirer, ils le pourront faire en payant outre les trente-cinq mille piastres, les six mille que payoient les Genois établis à Tabarque. Il a encore été conclu que les François ne pourront acheter des cuirs & des cires que de ceux qui étoient accoûtumez de les vendre à Tabarque. Et si

par hazard ils acheroient de ceux que
l'on portoit aux Fermiers de Bege,
Teſſator, Kaf, & Bizerte, ils feront
obligez de les leur rendre, ou de s'en
accommoder avec eux.

V. Il a été convenu que la Compagnie feroit compter tous les ans à
Murad & Ahmed Beigs trente-cinq
mille piaſtres qui feroient partagez
en cette maniere; ſçavoir douze mille
au Pacha pour la paye des Janiſſaires,
deux mille au Day, treize mille pour
la ſolde & entretien de la Milice or-
donnée pour la ſûreté des lieux de
commerce, trois mille pour les Grands
& Chefs des Arabes, cette derniere
ſomme payable de deux en deux mois
par portions égales. A l'égard des deux
mille pour le Day, elles feront payées
par avance au commencement de l'année; & à l'égard des cinq mille piaſtres
reſtantes qui feront pour les Beigs
Murad & Ahmed, il en fera parlé
dans le quatorziéme article.

VI. Le tems du payement qui fe
fera, comme on vient de l'expliquer
dans l'article précedent, courera du
jour que la Compagnie fera établie
au Cap Negre & ſes dépendances, &
qu'ils auront la ratification du préſent

Traité de M. le Duc de Beaufort, &
celle du Pacha, du Day & du Divan
de Tunis.

VII. Le prefent Traité a été fait
pour vingt années entieres & confé-
cutives, après lefquelles il fera renou-
vellé & ratifié de part & d'autre.

VIII. Tous les Principaux ou Chefs
des Arabes qui ont accoûtumé de vendre le bled, l'orge, les pois chiches,
les féves & autres légumes aux Genois
de Tabarque, feront obligez de venir
vendre toutes ces chofes & autres marchandifes aux François du Cap Negre
au prix courant, fans pouvoir rien
exiger davantage; mais ils pourront
recevoir ce qu'on leur voudra donner
par gratification. Et en cas que les
gens du païs n'executent pas ce Traité exactement, les Beigs Murad &
Ahmed y envoyeront des foldats qui
les y contraindront.

IX. Les François réfidans au Cap
Negre & autres lieux de fa dépendance,
pourront aller à la campagne pour
chaffer, faire du bois, fans que perfonne les en puiffe empêcher. Ils pourront même prendre deux ou trois foldats avec eux pour les accompagner &
empêcher qu'ils ne foient infultez. Et

quand les François voudront blanchir leurs maisons, réparer leurs terrasses & leurs magasins, il leur sera permis de faire des fours à chaux autant qu'il leur en sera nécessaire, comme aussi de faire un moulin à vent & un appentis pour y construire deux fours à cuire leur pain & le biscuit des soldats de la garde.

X. La Compagnie pourra entretenir tel nombre de bateaux & de chaloupes ou corallines qu'elle jugera nécessaire pour la pêche du corail.

XI. Si les Vaisseaux François venant de France ou d'autres endroits font naufrage aux lieux mentionnez dans le présent Traité & leurs dépendances, les hommes & les effets seront rendus à la Compagnie, sans que le Divan ou autres y puissent rien prétendre pour quelque raison que ce puisse être.

XII. La Compagnie aura pouvoir de faire construire un moulin à vent & deux fours sur les terres qui sont spécifiées par le présent Traité.

XIII. Toutes les marchandises que la Compagnie fera venir au Cap Negre & ses dépendances étant transportées à Tunis pour y être venduës, paye-

ront la Doüanne à raison de dix par
cent, & les marchandifes qu'elle ti-
rera de Tunis & fes dépendances,
payeront la Doüanne ordinaire de
Tunis, felon l'ancienne coûtume; &
toutes celles qui s'acheteront tant dans
le reffort de Tabarque que du Cap
Negre & autres lieux mentionnez au
préfent Traité, ne payeront aucune
Doüanne ni droits.

XIV. Quant aux cinq mille piaftres
reftantes des trente-cinq mille mentionnées en l'article cinquiéme, & qui
doivent être payées à Murad & Mehmed Beigs, on eft convenu qu'elles
ne leur feront point payées la premiere année, parce qu'ils en font une re-
mife pure & fimple à la Compagnie,
& que le payement defdites cinq mille
piaftres ne fera dû que la feconde
année, & continuera ainfi jufqu'à la
fin de la vingtiéme année inclufive-
ment.

Fait à Tunis le 11. de la Lune de
Safer, l'an de la fuite du Prophete
1077. qui eft le deuxiéme Août 1666.
Signé MURAD & MEHMED BEIGS,
& LAURENT D'ARVIEUX.

Ces fortes de Traitez s'appellent
des Ottomans : ils font fignez par ceux

qui y ont intérêt, & munis de leurs
sceaux, avec la signature & le sceau
du Secrétaire du Divan.

Fin du troisième Volume.

TABLE

DES MATIERES
du troisiéme Volume.

A

A 2   iiij

B.

A a v

C

DES MATIERES.

A a vj

D

F

G

H

P

R

S.

T

V

DES MATIERES.

Z